本书受到教育部人文社会科学研究青年基金项目"高管团队注 ⬛⬛⬛⬛总後性技术创新行为研究（项目编号：18YJC630080）"的资助，是该项目的研究成果

高管团队注意力风格、企业家社会资本对不连续创新的影响研究

The Effect of TMT's Attention Style and Entrepreneurial Social Capital on Firms' Discontinuous Innovation

李寅龙　著

中国财经出版传媒集团

经济科学出版社
Economic Science Press

图书在版编目（CIP）数据

高管团队注意力风格、企业家社会资本对不连续创新的
影响研究/李寅龙著. —北京：经济科学出版社，2019.9
　ISBN 978 - 7 - 5218 - 1005 - 9

　Ⅰ.①高…　Ⅱ.①李…　Ⅲ.①企业创新－研究
Ⅳ.①F273.1

中国版本图书馆 CIP 数据核字（2019）第 206771 号

责任编辑：陈赫男
责任校对：靳玉环
责任印制：李　鹏

高管团队注意力风格、企业家社会资本对不连续创新的影响研究
李寅龙　著
经济科学出版社出版、发行　新华书店经销
社址：北京市海淀区阜成路甲 28 号　邮编：100142
总编部电话：010 - 88191217　发行部电话：010 - 88191522
网址：www. esp. com. cn
电子邮件：esp@ esp. com. cn
天猫网店：经济科学出版社旗舰店
网址：http://jjkxcbs. tmall. com
北京季蜂印刷有限公司印装
710×1000　16 开　13.75 印张　230000 字
2019 年 9 月第 1 版　2019 年 9 月第 1 次印刷
ISBN 978 - 7 - 5218 - 1005 - 9　定价：48.00 元
（图书出现印装问题，本社负责调换。电话：010 - 88191510）
（版权所有　侵权必究　打击盗版　举报热线：010 - 88191661
QQ：2242791300　营销中心电话：010 - 88191537
电子邮箱：dbts@ esp. com. cn）

前　言

　　尽管中国企业的创新能力逐年增强，但许多企业仍然处于价值链分配体系主从次序的末端。在推动"中国制造"向"中国创造"转型的过程中，创新型企业依然面临被技术锁定的严峻挑战。由此，寻求新的创新突破口对于中国企业而言仍然任重道远。面临新形势下企业创新战略选择的新命题，不连续创新理论的提出、发展以及逐渐成熟为陷于创新发展困境中的中国企业提供了理论指导。越来越多的学者、企业家开始关注不连续创新，并且获得了丰硕的研究成果。但是，当前关于不连续创新理论与实践的研究主要聚焦于不连续技术环境下企业的应对策略、战略选择，以及提升企业不连续创新能力在宏观环境层面、中观网络联盟层面和微观企业个体层面影响因素的挖掘，而高层管理团队对企业不连续创新的影响以及企业家社会资本（entrepreneur social capital）在不连续创新生成与演进过程中扮演角色的微观作用机制，我们还知之甚少。

　　为了探索企业不连续创新在高管团队及企业家社会资本层面的影响因素，本书在中国新兴经济体背景下探讨企业高管团队注意力风格倾向、企业家社会资本对企业不连续创新的影响机制。基于当前学者关于企业不连续创新的研究现状，本书将研究的核心议题聚焦于四个方面：（1）企业高管团队注意力的风格倾向如何影响企业不连续创新行为，其内在机理是怎样的？（2）哪些人口统计学特征变量对企业高管团队注意力风格倾向具有显著影响？（3）企业家制度社会资本（entrepreneurial system social capital）、商业社会资本以及技术社会资本分别如何影响企业不连续创新行为？（4）企业家制度社会资本、商业社会资本以及技术社会资本如何影响高管团队注意力风格倾向与企业不连续创新之间的作用关系？为了能够清楚地回答这些基本问题，本书首先通过文献综述对所要研究的变量进行系统的回顾与评述，在此基础上提出了理论研究假设，然后使用 2011 ~ 2016 年

203 家中国上市公司的面板数据对所提出的理论假设进行实证检验，最后得出研究结论。

为了丰富不连续创新理论在企业高管团队认知以及企业家社会资本影响因素上的理论建构与内涵延伸，进一步探索企业不连续创新在企业内部微观层面的影响，我们基于企业高管团队注意力风格倾向与企业家社会资本视角对企业不连续创新的影响研究入手，建构影响企业不连续创新的高管团队注意力风格倾向与企业家社会资本影响机制模型。基于高阶理论（upper echelon theory）与注意力基础观（attention-based view），以高管团队注意力风格为切入点，在企业不连续创新行为形成机制的高管认知层面上，差异化的高管团队注意力风格倾向与企业家社会资本在影响企业不连续创新的过程中表现出显著的作用。

基于沪深 A 股上市公司的样本数据，本书的实证检验为企业不连续创新在高管团队与企业家层面的前因影响机制提供了可靠的经验证据。首先，通过检验高管团队注意力风格的异质性与企业进行不连续创新行为的倾向证实，高管团队越倾向于整体性注意力风格，企业进行不连续创新的倾向性越弱；高管团队越倾向于分析性注意力风格，企业进行不连续创新的倾向性越强。其次，通过挖掘不同注意力风格倾向下高管团队人口统计学变量的形态，进一步验证了高管团队性别与职能背景的多样性有利于促进其倾向于分析性注意力风格。再次，我们通过考察企业家社会资本对不连续创新行为的影响，验证了企业家社会资本在技术与商业两个维度上对不连续创新的积极影响。最后，为了检验高管团队注意力对企业不连续创新影响的情境因素，研究基于企业家社会资本三个维度的概念框架，进一步验证了企业家商业社会资本（entrepreneur commercial social）与技术社会资本在促进企业不连续创新行为的同时，正向调节了高管团队注意力风格倾向对企业不连续创新影响的关系。对于企业家制度社会资本同时在影响企业市场不连续创新以及调节高管团队注意力风格倾向与企业不连续创新过程中表现出的不显著性，原因可能在于企业家制度社会资本存在效率减损、时间迟滞以及认知惰性，从而降低了其在二者影响过程中的功效。

本书的主要贡献包括：（1）探究高管团队注意力风格倾向对企业不连续创新的影响机理，既拓展了注意力基础观在创新领域的应用，同时也丰富了高管认知在不连续创新理论完善和演化过程中的重要作用。从高管团队注意力与企业家社会资本层面观察不连续创新发生的影响机制，是对当前不连续创新研究的重要补充和有益深化。(2) 厘清企业高管团队注意力风格倾向与企业家社会资本影响不连续创新的微观机制,进一步深化高管团队认知及企业家社会资本在不连续创新战略选择中的重要角色。(3) 构建不连续创新理论的认知—行为分析路径,进一步桥接高阶理论与不连续创新理论的内在关联,深度挖掘企业不连续创新行为的前置因素,为探寻不连续创新理论在团队和个人层面的因素拓展做出理论贡献。

目录

第一章　绪　　论

本章统领全书的研究思路及框架。首先，基于当前企业管理实践与战略管理理论研究的现实与理论背景提炼出本书的主要研究问题与相应的子研究问题。其次，就本书研究的目的与意义予以阐述。再次，简要概述全书的主要架构、研究方法及技术路线。最后，总结研究可能的创新点及理论贡献。

第一节　研究背景与问题提出

一、研究背景

1. 现实背景

企业如何在快速变革中推动技术创新、产品创新以及市场创新，从而赢得竞争优势，成为组织与战略管理研究的重要问题，特别是对于那些技术密集型企业而言尤为显著（Weerawardena & Mavondo，2011）。当众多创新型在位企业沉醉在当前主导技术优势中津津乐道时，不连续技术创新带来的冲击将重新塑造未来的竞争格局与市场地位（Christensen & Bower，1996）。不连续创新技术变革中，很多企业同时面临新进入者的颠覆性技术以及行业中现有竞争对手在创新领域突破的双重压力。如果不能有效应对不连续创新带来的影响，在位企业可能会面临生存危机（Christensen，1997）。然而，能否在不连续创新的冲击下存活，一定程度上取决于企业能否在现有技术创新战略的基础上发起跨越式、颠覆式变革（Maula et al.，

2013）。保洁公司第十二任首席执行官麦睿博（Robert A. McDonald）① 将当前的商业世界概括为"VUCA"时代即不稳定（volatile）、不确定（uncertain）、复杂（complex）、模糊（ambiguous）。为了有效适应"VUCA"时代，作为建立在新的知识、资源和能力之上的不连续创新逐渐被企业家们所关注并重视（Kishna et al.，2016）。与此同时，作为掌舵企业航向的高层管理团队的认知模式、注意力焦点成为企业战略变革、技术转型升级以及企业战略重新定位的重要影响因素（Eggers & Kaplan，2009；Kaplan et al.，2003）。具体而言，研究的现实背景包括三个方面：

第一，从高管团队注意力与企业发展的影响关系看，高管团队的认知与企业行为密不可分。企业的现实表现与战略意图很大程度上与高管团队的思维模式、认知方式以及注意力焦点存在无法割裂的关系（Hambrick & Mason，1984），企业的战略选择过程是在决策者的认知框架中形成的（Child，1972；Kaplan，2008；彭长桂和吕源，2016）。企业的高层管理人员，特别是企业的创始人对企业竞争优势获取（尚航标和黄培伦，2010）、创新战略实施及国际化（关斌和吴建祖，2015；吴建祖等，2016）会产生重要的影响。企业技术环境动荡多变，动态竞争的市场游戏规则使高层管理团队的注意力与认知模式发生了颠覆性变革，在一些技术迭代迅速的行业，原本稀缺的注意力资源在信息爆炸时代显得更加弥足珍贵（Ocasio，2011）。谁能在海量信息中快速锁定有效信息并从中攫取出制定企业战略决策的关键性依据，将决定企业的战略反应能力和适应能力。

第二，从应用技术层面看，不连续创新对后发新兴经济体实现技术赶超提供了有利的战略机遇。对于以往以发达国家的企业或企业群主导的优势设计及行业标准而言，由于多数技术话语权、技术标准以及相应的技术保护形成强大的壁垒，致使我国很多企业在技术上依附于"强权"。经济全球化及超级竞争背景下，企业在原有技术轨道上"小步快跑"的追随模式很难实现后发企业在新技术领域的重大突破。然而，随着近年来全球经济互联互通的出现，很多新兴技术迅速蔓延，开放型创新、开源技术以及跨界合作创新等的不断涌现，导致在全球范围内出现了新一轮重大技术变

① 麦睿博（Robert A. McDonald）毕业于西点军校并在美国陆军服役5年，曾获得"皇家艺术、制造及商务促进协会"颁发的特别银质奖章。2009年12月，55岁的麦睿博出任保洁公司总裁，以业务面广和国际经验丰富著称。

革。在此背景下，很多国家和地区的行业及企业面临重新洗牌。对于像中国这样的新兴经济体而言，其优势在于面临不连续创新所带来的重大机遇时，可以向以往主导技术优势及既得利益集团发起进攻。如果能够在新一轮技术升级的浪潮和快速迭代的不连续技术创新中实现跨越式赶超，将是在未来重新塑造竞争格局与商业规则的重要时间窗口。不连续创新所具备的多维创新空间使得原有的知识搜索和信息获取不再局限于通过"坐标轴"确定的平面体系和通过"长、宽、高"计量的空间格局。这种多维创新空间的提出，帮助在技术创新积累方面较为薄弱的中国企业重新点燃实现技术赶超的希望之火。

第三，从研究所处的现实情境来看，企业家社会资本对企业培养核心能力、提升绩效及获取竞争优势等方面均表现出显著的影响（Fornoni et al.，2013；耿新和张体勤，2010；孙俊华和陈传明，2009；张振刚等，2016）。研究表明，中国的企业家除了作为企业的战略决策者和精神领袖之外，其外联角色对企业日常经营与重大变革中的影响不容忽视（耿新和张体勤，2010）。所以，经济转型背景下的中国企业在面临不连续创新变革时需要重视企业家嵌入的社会网络对其产生的影响（Peng，2005）。虽然有研究指出，中国转型经济中企业家社会资本贡献率呈下降趋势（孙俊华和陈传明，2009），但这并不能否定企业家社会资本在促进企业战略管理变革方面的积极作用。本书所定义的企业家社会资本除了原有的商业社会资本和制度社会资本外，更加注重技术社会资本在影响不连续创新中的作用。总之，对不连续创新研究中高层管理团队注意力及企业家个人社会资本的深入挖掘将极大程度地关联当前宏观经济形势、微观企业生存与技术更迭，对其影响机制的洞察是释义不连续创新发生机制的重要路径。

2. 理论背景

企业竞争优势的获取及保持是战略管理研究的重要议题（Barney，1991；Ethiraj et al.，2016）。围绕这一问题，组织与战略管理研究的学者们先后提出了产业结构理论、资源基础观、能力观和知识观（萧延高和翁治林，2010）。随着研究的不断推进与深化，产业结构理论、资源基础观、能力观和知识观固有的局限性也愈加显现出来。例如，产业结构理论以完全理性的决策者为前提进行假设，导致难以解释相同产业环境下，同类企业战略行为以及绩效的差异；资源基础观过于强调资源异质性的决定作用，而忽略了考察资源配置背后企业高层管理者的能动性；知识观、能力观等虽然体现出了高层管理者的作用，但未深入探究其内在的根源。针对先前理论中存在的不足，研究者开始将"有限理性"作为决策者重要的特性纳入研究范畴，而决策者的有限理性首先应该体现在其认知的有限性（尚航标和黄培伦，2010）。

自西蒙（Simon，1962）把注意力（attention）的概念引入管理学以来，个人及团队的注意力对组织决策及行为的影响成为组织行为学和管理学研究的重要问题（Ocasio，2011）。西蒙（1957）认为，管理就是决策，而决策的关键是决策者如何有效地配置其有限的注意力。由于决策者面临的信息纷繁复杂，而决策者又是有限理性的，因此，对于企业而言，信息并不是稀缺资源，处理信息的能力才是稀缺资源（Teece et al.，1997）。决策的成败取决于决策者把注意力聚焦于何处。从这个意义上讲，决策理论也可被称为注意力搜寻理论（March & Simon，1958；Simon，1962）。在决策过程中，管理者如何通过有选择地关注相关信息，有效地配置其有限的注意力，提高自己的信息处理能力，从而做出正确的决策，是注意力理论研究的基本问题（Ocasio，2011）。注意力理论研究中，企业高管的认知对企业绩效、创新与国际化战略的影响均得到了证实（Kaplan et al.，2003；Yadav et al.，2013；关斌和吴建祖，2015）。此外，高阶理论也指出，组织绩效是高层管理者价值观和认知的反映，高层管理者的背景特征能够部分预测组织的战略选择和业绩（Hambrick & Mason，1984）。从1984 年汉布里克（Hambrick）和梅森（Mason）发表在《美国管理学会评论（AMR）》的论文开始，关于高阶理论的理论构建和实证论据逐步丰富了企业高管对组织影响的内在机理。在此背景下，高层管理者的特征与创新战略、公司绩效以及高管团队构成与组织创新行为的研究相继展开。至此，有关高管团队与企业行为的理论与实证研究为本书提供了丰富的理论背景，也为后续理论扩展提供了良好的理论依据。

二、研究的主要问题

随着不连续创新的研究引起越来越多学者的关注，一些学者把研究的焦点聚集于组织应对不连续技术变革时管理者注意力的重要作用，而且承认高管团队注意力配置是企业应对不连续技术冲击的先决条件（Christensen，1997；Kaplan，2008；Kaplan et al.，2003；Tripsas & Gavetti，2000）。这些研究在很大程度上认同这样一个基本观点，即企业实施不连续技术创新行为（或者对某种不连续技术做出战略性响应）是高管人员对不连续创新现象的密切关注与释义，从而最终形成战略行动的结果。而且，在不连续变革频繁发生的时代，高管团队的注意力分配过程为企业应对新技术范式起到了至关重要的作用（Eggers & Kaplan，2009；Maula et al.，2013）。高管团队注意力配置是管理者对过去、当前和未来企业重要议题的聚焦和集中，在此过程中，注意力体现了高管对企业战略目标、战略形成与变革路径、战略行动的基本认知（Eggers & Kaplan，2009；Kaplan et al.，2003）。不连续技术（技术不连续性意味着一种主导技术转向另一种主导技术，而且经常是发生在产业边界或产业之外）变革的发生，经常会带来全新的产品、服务及新的商业模式，甚至会改变行业的结构、竞争的规则以及行业中主要参与者的身份（Christensen，1997；Maula et al.，2013）。然而，在管理实践中，由于认知结构以及信息处理系统等方面的原因，很多管理者并未将注意力的焦点配置到不连续技术变革中（Kishna et al.，2016；廖中举，2014）。

组织与战略管理理论中，先前的学者研究了个人及企业层面在组织经验、企业资源及组织结构等方面的异质性对企业创新行为的影响（Barney，1991；Burt，2004；Teece et al.，1997），随着创新研究的不断深化，一些学者认为管理者认知对理解技术创新演化至关重要（Kaplan & Tripsas，2008）。但管理者认知对企业创新行为影响的机制仍然知之甚少（Bergman et al.，2015）。例如，对管理者认知与企业不连续创新行为之间的关系表现出抑制与促进两种不同的观点。一方面，有学者认为，管理者认知会抑制企业进行不连续创新，管理层的注意力通常倾向于关注企业目前经营的产品领域，对于那些与当前技术或产品相差较大的新领域，管理者无论是在决策上还是行为上均表现出困难性（Csaszar & Levinthal，2016）。此外，管理者受到原有认知惯性的影响，很难迅速地在当前技术或产品领域进行不连续创新（Tripsas & Gavetti，2000）。另一方面，一些学者的研究表明，如果企业的高层管理人员在认知层面对不连续创新赋予战略意义，那么他们就可以使企业克服对现有技术及产品组合的结构性惯性，并促进企业进行不连续创新（Eggers & Kaplan，2009）。而且，高管认知是驱动企业技术发展中组织行为导向（Eggers & Kaplan，2009）和企业战略变革（Cho & Hambrick，2006；Ethiraj et al.，2016）的重要力量。两种观点表明，对于不同的企业，高管的认知对企业进行不连续创新的影响存在显著差异。

心理学研究中关于人对信息的处理至少包括整体性与分析性两种不同的认知过程，其外在表现为两种不同的注意力风格，即整体性注意力风格与分析性注意力风格（Markus，1991）。面临不连续创新决策或进行不连续创新行为时，高层管理者的认知表现为与对象或事件的不同关联程度，形成两种不同的注意力风格（Nisbett et al.，2001）。如果企业高管的注意力风格表现出不同的倾向，说明高管在面临不连续创新决策或进行不连续创新行为时可能表现出不同的认知，从而导致管理者认知与企业不连续创新行为之间表现出抑制与促进两种不同的结果。因此，为了进一步探究管理者认知与企业不连续创新的内在作用机制，本书的第一个问题研究不同的高管注意力风格对企业不连续创新的影响。

另外，企业家社会资本与企业技术创新的关系引起了学者的极大关注（王涛，2016）。虽然有学者认为，企业家社会资本可以帮助企业获取创新资源、降低创新成本、扩散创新成果以及提升创新能力（Maskell，2000；Tsai & Ghoshal，1998；姜卫韬，2012；张振刚等，2016），但其他学者的研究表明，企业家社会资本也可能禁锢企业家的认知，在一定程度上限制决策视野，由此导致企业家社会资本对创新的负面效应大于其带来的积极功效（Adler，2002；白璇等，2012）。上述研究结论的分歧可能源于两个方面：其一是关于企业家社会资本与企业创新之间影响的研究还不完善，二者之间的作用机制尚不清楚；其二是学者们研究的企业家社会资本虽然区分了不同类型的社会资本对创新能力或创新绩效的影响（王涛，2016），但并未区分创新的类型，之前的研究结论多数是基于连续性创新而获得，对于企业家社会资本在企业不连续创新行为中扮演的角色还不明确。所以，本书的第二个研究问题聚焦于研究企业家社会资本如何影响企业不连续创新，以及企业家社会资本在高管团队注意力倾向与企业不连续创新影响中的调节效应。

本研究的结果将促进学术界对高管团队注意力在不连续创新行为演进中扮演角色的认知。对上述问题的系统性回答，将有利于企业高管通过转换思维而促进企业不连续创新。相对于改变组织的结构、获取特定的资源或者与其他企业形成战略联盟等战略性变革相比，高管团队成员注意力风格的转变更容易，代价更小。

围绕研究主题，可以将主要问题分解为两个子问题：

子问题一：企业高管团队注意力风格如何影响企业不连续创新？

当前关于企业不连续创新的研究主要涉及三个方面：一是将不连续创新作为一种背景情境（Kaplan et al.，2003；姜晨等，2011）；二是将不连续创新作为解释变量探讨其对组织绩效（财务绩效、创新绩效）的作用机制研究（Zhou et al.，2005；冯军政，2012）；三是将不连续创新作为被解释变量研究其引致因素和触发机理（Maula et al.，2013；Rothaermel，2002；Zhou et al.，2005）。针对当前不连续创新影响因素研究领域中关于企业高管认知对企业不连续创新影响机理的研究尚为不足，本书的第一个子问题在卡普兰等（Kaplan et al.，2008）基于认知视角的技术变革以及企业对这种变革的反应等相关研究的基础上，进一步探讨企业高管团队注意力风格倾向如何影响企业不连续创新，该问题的深入挖掘构成了主效应分析。按照马苏达等（Masuda et al.，2006）学者的建议，将管理者注意力风格划分为整体性注意力（holistic attention）与分析性注意力（analytic attention）；按照当前不连续创新研究的相关文献的建议，将不连续创新划分为技术不连续创新与市场不连续创新（Sood & Tellis，2013；魏江和冯军政，2010）。在此基础上分别探讨不同高管团队注意力风格倾向对企业不同类型不连续创新的影响。为了延伸研究的理论与实践意义，在研究差异化高管团队注意力风格倾向对企业不连续创新影响的基础上，基于高阶理论进一步研究具有不同注意力风格倾向的高管团队其人口经济特征具有何种形态。

子问题二：企业家社会资本在不连续创新过程中扮演了什么样的角色？

企业家社会资本构念在本文中视为一个包含企业家商业社会资本、企业家制度社会资本与企业家技术社会资本（entrepreneur technology social capital）的合并型多维构念（姜卫韬，2012；王涛，2016）。按照资源基础观的主要观点，企业家社会资本作为企业资源的一部分，其异质性会形成差异化的能力并导致不同的绩效（Barney，1991，2001；Wernerfelt，1984）。所以本书的第二个子问题首先研究企业家社会资本的三个不同构成维度对不连续技术创新的直接影响。另外，基于之前相关研究的基础，我们将探讨企业家社会资本在企业高层管理团队注意力风格倾向上对企业不连续创新影响的权变性，因此，我们的第二个子问题的第二部分主要研究企业家社会资本在企业高管团队注意力风格倾向与企业不连续创新之间关系的调节作用。

第二节 研究目的与意义

一、研究目的

针对要解决的核心问题与相应的子研究问题，本书的总体研究目的是在中国新兴经济体背景下探讨企业高管团队注意力风格、企业家社会资本对企业不连续创新的作用机制。或者说，从组织高管团队认知和企业家社会资本的视角研究不连续创新的影响因素。具体的研究目的可以从以下两个方面加以阐述：

研究目的一：深入挖掘企业高管团队注意力风格倾向对企业不连续创新的作用机制。基于中国制造业、信息技术业上市公司样本数据，深入揭示高管注意力风格对企业不连续创新的作用机制。通过文本分析、统计分析等方法，采纳尼斯贝特等（Nisbett et al.，2001）学者的建议，研究高管团队注意力风格倾向对企业不连续创新的影响。

研究目的二：深度剖析企业家社会资本在企业不连续创新行为中的角色。为了实现将企业家社会资本的构念深度融入本书的研究框架中，采纳耿新和张体勤（2010）、王涛（2016）的建议，在企业家社会资本维度构成上将其拓展为企业家商业社会资本、企业家制度社会资本与企业家技术社会资本。所以，本书的第二个目的是深度挖掘企业家社会资本在企业不连续创新形成过程中所扮演的重要角色。

二、研究意义

1. 理论意义

第一，关于发掘企业家及高管团队层面诱发不连续创新的认知因素，组织理论与战略管理理论的研究已经形成一些观点，以解释不连续创新中企业家和高管团队层面的异质性。例如，组织经验、财务和知识资源以及正式和非正式的组织结构（Barney et al.，2001；Eggers & Kaplan，2013）。但是，高管团队认知层面的构念在理论和实证上的发展仍然存在不足。一些学者的研究表明，高管认知可以推动企业在技术开发（Eggers，2014）、战略变革（Hedlund，2007；Pavlou，2002）方面的行为方向，但关于企业高管认知是否以及如何改善不连续创新行为方面的研究尚未得到系统的考察。研究企业家社会资本及高管团队层面的认知是否及如何促进企业不连续创新的问题在组织理论和战略管理理论中有重要的理论意义。

第二，国内外学者对高管团队注意力的关注，成为战略管理领域研究中的重要问题。很多学者试图结合不同的情境来研究高管团队注意力的构成维度、前置因素以及测量模型，聚焦于高管团队注意力对企业绩效、创新绩效的影响（Maula et al.，2013）。然而，随着研究的深入推进，学者们发现，现有关于高管团队注意力与企业不连续创新，特别是面向不连续技术创新之间内在机理的研究存在不足（Eggers & Kaplan，2009）。同时，也缺乏对高管团队注意力风格倾向与企业不连续创新关系的调节效应或中介效应的检验（Cho & Hambrick，2006）。本书改变以往只关注企业高管认知对企业绩效（战略）的影响，或主要关注外部产业环境、内部企业资源与能力及企业联盟对不连续创新行为的影响，将研究的视点聚焦于高管认知层面，将高管团队注意力风格、企业家社会资本与企业不连续创新这几个关键要素整合在一个框架中，从理论推演与实证检验两方面研究要素之间的作用关系。这个新的研究视角，在学术研究上具有创新性，在研究成果上具有理论贡献。

第三，不连续创新作为一个研究热点引起了众多学者的广泛关注，学者们将研究聚焦于如何应对不连续创新带来冲击的同时，在一定程度上忽略了对不连续创新诱发因素的深层次分析。本书清晰、全面地阐释了不连续创新的新内涵和构成维度，在理论上对高管团队注意力风格倾向与企业不连续创新的作用关系予以解释，同时深入揭示企业家社会资本对二者之间影响关系的调节作用。研究结论将全面、深入地揭示高管团队注意力风格倾向对企业不连续创新影响的微观机理，是对当前该领域研究的有效扩展和重要补充，为进一步深化相关研究做出贡献。

2. 实践意义

第一，从对现实管理现象解释的角度来看。高管团队注意力风格倾向对企业不连续创新的影响，从认知的视角解释了企业在进行不连续创新决策或者不连续创新行为方面优于其他企业的原因。虽然从企业内外部环境、资源以及其他视角解释企业之间战略绩效的差异是当前组织行为与战略管理的惯用手段，但并不能忽略基于企业家或者高管团队层面的认知因素对企业不连续创新的刺激作用。因为，无论是从应对环境变化还是从资源获取的角度，改变企业的认知方式或者改变企业高层管理人员的注意力风格都会更为容易。毕竟，通过组织设计、资源获取和重组以及与其他企业联盟的形式来促成创新，特别是不连续创新，其时间花费和资源消耗相对于改变企业的认知模式（或高管团队的注意力风格）是极其巨大的。

第二，从本书的研究对管理实践的启示来看，一旦企业的高管意识到他们如何思考以及应该如何思考，他们可能最大限度地提高能力并战略性构建自己的认知过程。这种战略性的认知和注意力风格不是随意形成的，也不是企业高层管理者自发的认知表现，而是有意识地将企业战略规划和战略目标与高管团队注意力连接的具体表现。

第三，从本书的研究对企业高管团队的构成看，高管团队性别与职能背景的多样性有利于促进其倾向于分析性注意力风格。其管理实践意义在于，提高女性在高管团队中的比例可能会使公司更具创新性，高管团队性别与职能背景的多样性可以使高层管理团队关注不连续创新，进而获取新的商业机会或者对当前商业机会有重新认知。本书的研究将高层管理团队的组成架构扩展到了成员性别与职能背景的多样性，研究结论不仅揭示了多元化团队为组织带来的益处，而且异质性高管团队有利于企业在多个创新领域关注机会和威胁，并促进整个高管团队拥有更广阔的战略视野，以实现卓越的战略规划与企业绩效。

第四，本书为创新驱动发展战略背景下解释企业不连续创新过程中高管团队如何形成分析性注意力风格提供建议。根据我们的研究结论，倾向于分析性注意力风格的高管团队有利于促进企业不连续创新。一些企业由于其高管团队的注意力风格与实施的战略决策不适应而导致企业不能再进行不连续创新。此外，当企业家社会资本的三个维度（制度、商业及技术）作为资源提升竞争优势时需要区别对待，因为三种企业家社会资本在直接影响和间接调节高管团队注意力风格倾向对企业不连续创新之间关系的过程中表现出差异化的影响。总之，基于认知优势的企业在进行不连续创新的过程中比其他企业更容易进行适合于本企业技术变革的不连续创新战略。

第三节 研 究 内 容

本书以企业不连续创新为核心，分别探讨高管团队注意力风格以及企业家社会资本对其的影响。全书共包括六章，按照行文的先后顺序分别为：绪论，理论基础与文献综述，理论推演与研究假设，研究设计与方法，假设检验与研究发现，研究结论、启示及展望。具体内容概要如下：

第一章为绪论，主要介绍本书的理论背景和现实背景，在此基础上提出本书的研究问题，并给出研究的理论意义和现实意义。最后对全文的内容及章节安排做出陈述性概括并指出可能的创新之处。

第二章为理论基础与文献综述，主要介绍与本研究相关的基础理论。根据研究的主要问题，所涉及的基础理论包括：注意力基础观和高阶理论。本章的重点是围绕所研究的问题对相关核心构念的理论内涵、构成维度以及测量方面的相关文献予以回顾性评述，主要包括两个方面的内容：一是高管注意力、不连续创新以及企业（家）社会资本的定义和研究维度与测量方法；二是当前文献对上述三个概念的研究现状，并对相关文献做出评述，为后续的模型构建与研究假设奠定理论基础。

第三章为理论推演与研究假设。在文献回顾的基础上提出研究的基本理论模型以及相关变量之间的关系，并在理论推演的基础上提出研究假设。内容涉及的主要构念包括高管团队注意力风格倾向、企业不连续创新（技术不连续创新与市场不连续创新）以及企业家社会资本。通过本章的理论推演与研究假设为后续实证研究打下基础。

第四章为研究设计与方法，本章主要对第三章理论推演与提出的研究假设进行实证验证进行总体性规划。研究设计部分给出实证研究样本选择、数据搜集、计量模型构建以及研究构念测量。所涉及的研究方法主要包括文献研究法、文本分析法以及回归分析法。本章的重点是对每个核心构念的测量方法进行说明、数据搜集的程序以及数据筛选等。

第五章为假设检验与研究发现。主要利用文本分析软件和统计分析软件进行大样本统计分析，给出变量的描述性统计结果以及回归分析结果，并对第三章提出的假设进行检验，每节均对相关实证结果进行了稳健性检验。

第六章为研究结论、启示及展望。所涉及的内容包括高管团队注意力风格倾向对企业不连续创新影响的结论、企业家社会资本对企业不连续创新影响及调节效应的结论。通过对研究结果的讨论，系统回答最初提出的研究问题。在此基础上，结合本研究成果与现有的理论观点进行对比分析，进一步指出本研究中存在的不足、未来研究中需要改进的地方以及对今后的研究方向做出展望。

第四节　研究方法与技术路线

一、研究方法

根据研究选题，采用适当的研究方法是确保研究课题顺利进行以及研究结果真实可靠的保证。为了实现研究目的、科学回答本书提出的问题，在研究设计与方法的选择上，本书决定采用文献研究、文本分析及统计分析等方法进行理论与实证分析。具体而言，在研究的理论构建阶段主要运用文献法进行理论归纳与演绎，在研究的实证分析阶段主要采用文本分析以及大样本统计分析方法。

1. 文献研究法

文献研究方法（literature research）是通过阅读、分析以及对所属相关文献进行分类，从而识别文献本质属性的研究方法（Dr. Mann，2013）。文献研究法与其他方法的差异在于该方法不直接处理正在研究的对象，而是间接吸取来自各种文献的信息（Lin，2009）。通过文献研究系统梳理企业不连续创新、高管团队注意力以及企业家社会资本等领域的相关理论、概念、变量测量以及研究现状等。首先，从国内外核心期刊①搜集关于不连续创新、企业高管团队注意力及企业家社会资本的相关文献，在此基础上对相关文献的主要研究成果和研究脉络进行梳理，并提出本书的研究框架和主要研究问题。在高阶理论和注意力基础观等基础理论以及相关实证研究结论的基础上，通过严谨的推理为高管团队注意力风格倾向、企业家社会资本以及不连续创新行为之间构建一个统一的理论分析框架。

文献研究法为研究的顺利开展与有效实施奠定了三方面基础：其一，文献研究确保本研究的理论基础与逻辑关系是基于当前学者研究的整体分析框架之中的，对不连续创新在企业高管团队与企业家社会资本层面的探讨是基于学者对不连续创新前因机制影响因素的拓展与延伸。其二，文献研究对本研究核心构念的内涵释义以及测量手段提供了坚实的基础，通过文献研究汲取当前学者在研究相关问题时采用的分析视角以及构念衡量手段，以明确研究的理论脉络与实证进展。其三，文献研究的广度与深度反映了本研究是否具有真正的创新性，在文献研究的基础上经过反复考问以确保本书研究的理论与现实意义，并对当前组织与战略管理做出贡献。

2. 文本分析法

文本分析（text analysis）是一种从文本格式的数据源中提取信息的研究方法。由于文本格式的数据在数据描述与存储的方式上非常灵活，所以大量的信息被存储和分配为文本（Nasukawa & Nagano，2009）。随着数据挖掘工具与文本处理技术的不断升级，文本分析研究方法大量运用于文本主题发现（黎楠等，2015；王庆福和王兴国，2016；隗玲等，2017）研究领域，本书对文本分析的运用主要是通过文本分析软件对文本中的主题进行识别，在此基础上确定每份文本中主题的数量以及各不同主题之间的关联性，透过文本分析结果对高管团队的注意力风格倾向进行判断。

在文本分析、自然语言处理及无监督机器学习的主题模型研究中，隐

---

① 涉及的国外核心期刊包括但不限于《美国管理学会学报》（AMJ）、《美国管理学会评论》（AMR）、《管理科学季刊》（ASQ）、《应用心理学杂志》（JAP）、《战略管理杂志》（SMJ）、《管理科学》（MS）、《组织行为研究杂志》（JOB）、《管理科学杂志》（JMS）；国内核心期刊包括但不限于《管理世界》《南开管理评论》《管理科学学报》《中国管理科学》《中国工业经济》《管理评论》等。

含狄利克雷分布（latent Dirichlet allocation，LDA）文档主题生成模型是一种将文本语料等离散数据集合的主题生成概率模型，它是一种从层次上包含了词、主题以及文档三个层次的贝叶斯概率模型。主题模型的生成过程体现了特定的文本，表现了由若干主题构成的逻辑表述（Blei et al.，2003），而文档中的词语以出现的概率选择了对特定主题的表达（Newman et al.，2007）。所以，基于 LDA 主题生成模型的文本分析法为本研究开展量化管理者注意力风格倾向提供了有效而现实的技术基础工具。同时，在技术上增加了研究的可行性。本书第四章第二节关于企业高管团队注意力风格倾向的测量部分详细论述了 LDA 的原理与应用。

3. 统计分析法

统计分析通过对数据的科学处理为理论假设提供经验证据。实证研究中的统计分析可以帮助我们萃取和提炼隐藏在数据中用肉眼或常识无法感知的信息，并为研究理论提供数据支持，发现研究对象之间的一般规律（Baltagi，2001）。当然，实证研究是基于全书的研究问题、研究假设以及研究数据而进行的，没有坚实理论导向的实证分析也是无本之木、无源之水，我们并没有为了追逐数据间的关联性而忽视变量间的内在逻辑（史密斯，2010）。本书实证研究中的统计分析阶段主要是对前期采集的二手数据进行描述性统计分析、模型的适用性检验、假设检验与回归分析。鉴于所使用面板数据在个体差异与时间维度方面的独特性，每节实证部分都对模型设定及相关问题处理方面的内容进行详细的介绍，实证验证阶段的统计分析方法包括面板数据固定效应分析、混合普通最小二乘法（OLS）分析以及广义矩估计（generalized method of moments，GMM）等方法。通过统计分析发现样本数据中潜在的变异与预测变量之间的影响关系，并在基本回归分析的基础上进一步检验模型的稳健性。所用的统计软件是 Stata 12。

二、技术路线

本书的技术路线如图 1 - 1 所示。

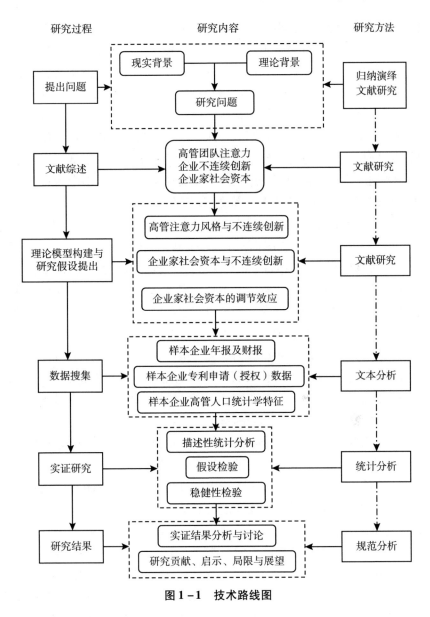

图 1-1 技术路线图

第五节 可能的创新点

本书从高管团队注意力风格倾向对企业不连续创新的影响研究入手,

深度挖掘影响企业不同类型不连续创新的高管团队注意力风格因素。在此基础上，探讨企业家社会资本所扮演的重要角色，从而在更丰富的研究层面上补充与拓展企业不连续创新形成的机理。在原有研究基础之上，我们的研究将进一步丰富与补充不连续创新理论与组织行为理论的内容与边界，本研究可能的创新点主要包括两方面：

创新点一：深入探究高管团队注意力风格倾向对企业不连续创新的影响机理，既拓展了注意力基础观在创新领域的应用，同时丰富了高管认知在不连续创新理论完善和演进过程中的重要作用。虽然很多学者将企业实施不连续创新行为的动机作为研究的焦点（Landry et al.，2002；Zhou et al.，2005），其中的因素从环境层面（Koberg et al.，2003）、网络层面（Rothaermel，2002）、企业层面（Jiang et al.，2015；Zhou et al.，2005）到个人层面（Eggers & Kaplan，2009）均有不同程度的涉及。但是，从现有的研究及其取得的成果来看，大多数研究是基于西方经济体的企业样本以及研究情境下取得的。国内有学者研究了不同制度因素情境下的企业不连续创新行为（冯军政，2012），但是企业高管团队与企业家层面对不连续创新的影响没有引起学界足够的重视。虽然一些研究关注了高管团队的能动作用，但仍然缺乏对高管团队认知影响企业不连续创新的深层研究，从高管团队注意力倾向以及企业家社会资本等层面观察不连续创新发生的机理，是对当前不连续创新研究的重要补充和有益深化。

创新点二：厘清并廓定企业高管团队注意力风格倾向与企业家社会资本影响不连续创新的微观机理，进一步深化高管团队认知及企业家社会资本在不连续创新战略选择上的重要作用。研究发现，高管团队越倾向于分析性注意力风格，企业进行不连续创新的倾向性越强。企业家社会资本三个维度对不连续创新的影响存在差异化作用机制，其中企业家社会资本对技术不连续创新表现出显著的正向影响，而企业家商业社会资本与技术社会资本分别表现了负向和正向两种不同的影响。同时，企业家制度社会资本由于可能存在效率减损、时间迟滞以及认知惰性的影响而导致对不连续创新的影响不显著。通过构建不连续创新理论的认知—行为分析路径，进一步桥接高阶理论与不连续创新理论的内在关联。通过深度挖掘企业不连续创新行为的前置因素，为探寻不连续创新理论在团队和个人层面的因素拓展做出理论贡献。

第二章 理论基础与文献综述

本章首先对高阶理论与注意力基础观进行回顾性综述，在此基础上桥接了基础理论与本书研究的核心内容，为研究开展提供充分的理论支撑。其次，对研究涉及变量的基本概念、测量方法以及实证研究现状进行回顾，在此基础上进一步明确当前研究存在的局限以及本书研究的核心价值。最后，依据研究设计对相关变量的内涵、维度划分以及测量方法等问题进行批判性评述。为后续章节理论假设的提出以及实证提供理论支持。

第一节 高管团队注意力理论与文献综述

一、高阶理论回顾

1984 年 4 月，发表于《美国管理学会评论》（AMR）第 9 卷第 2 期的文章①指出："高阶：组织作为高层管理人员的反映"，拉开了高阶理论研究的序幕（史密斯，2010）。有学者在对高阶理论的产生与发展进行回顾性评述时，把高阶理论的核心要义概括为："高层管理人员对其所面临的情境和选择做出高度个性化的诠释，并以此为基础采取行动，即高层管理人员的行为中注入了大量自身所具有的经验、性格、价值观等特征。在某种程度上，这些行为非常重要，能够决定战略的形成或影响他人的行动，组织因而成为高层管理人员的反映。"（Hambrick & Mason，1984；史密斯，2010）

---

① Hambrick D C，Mason P A. Upper Echelons：The Organization as a Reflection of Its Top Managers [J]. Academy of Management Review，1984，9（2）：193－206.

　　高阶理论认为，组织绩效、战略选择和绩效水平可以通过管理者的背景特征进行预测（Hambrick & Mason，1984）。其理论的核心思想有两个相互关联的部分：第一，管理人员基于他们面对战略形势的个性化解释做出行动；第二，这些个性化的解释取决于管理者的个人经验、价值观和个性（Hambrick，2007）。汉布里克和梅森（1984）的开创性成果发表以来，相关学者对高管的研究引起极大的关注，例如高管的背景特征和心理特征如何影响他们做出的决定（Nielsen，2010）。除此之外，其他学者也强调企业的首席执行官（CEO）或高管团队在企业创造与获取价值中扮演着至关重要的作用（Burgelman & Grove，2008；Buyl et al.，2011）。鉴于公司高层管理团队在确定公司未来战略方向上有很大的自由裁量权，所以，如果想了解企业为什么要做这些事情，或者为什么要以这样的方式做这些事情，那么对其高管的认知和行为方式以及其注意力分配的关注是非常必要的（Child，1972；Hambrick，2007）。

　　高阶理论的构建可以描绘为有限理性（Cyert & March，1963；March & Simon，1958）下战略选择中对企业高管人员进行的现实诠释。其原理表现了在一定战略情境下，组织高管的心理因素及现实经验因为受限的洞察力做出选择性认知，从而做出相应战略决策，输出组织绩效的理论构建过程（Hambrick & Mason，1984），如图 2－1 所示。

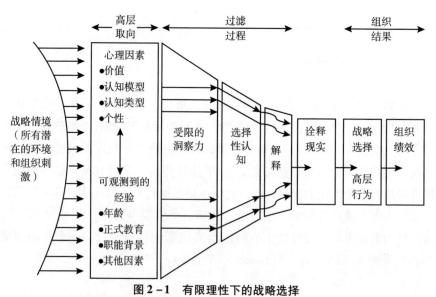

图 2－1　有限理性下的战略选择

资料来源：汉布里克和梅森（Hambrick & Mason，1984）；肯·史密斯和迈克尔·希特（Ken G. Smith & Michael A. Hitt，2010）。

图 2-1 显示了有限理性下的战略选择的过程，其实质是一种信息筛选和过滤机制，即高阶理论是将高层管理人员的认知转化为行为的信息甄别过程。在这个过程中，高管面对着组织内外纷繁复杂的事件、对象和变化趋势（其不确定性与不可预测性往往比高管的认知能力高出很多）的行为称为"高层取向"，其内容包含了高管的心理因素（个性及价值观）与可观测到的经验（年龄、受教育程度及职能背景）。高管以高层取向为基础，通过对所有感知到信息的甄别和过滤而产生对现实的诠释。在信息筛选过程中，高管人员的取向会影响其注意力的洞察范围，而在有限的注意力范围中，其认知将进一步受到限制，直到在此基础上对现实赋予意义或者做出反应（史密斯，2010）。

除了理论建树成果颇丰之外，关于高阶理论的实证研究也取得了很多成果。近 30 年的发展过程中，高阶理论开发的同时，吸引了许多学者展开了一系列富有成效的实证研究以获得证据支持。早期关于高阶理论的实证研究考察了高层管理团队异质性（类似于年龄、职业经历和教育水平等可观测的背景特征）对各种组织结果（包括企业的竞争行为、多元化水平、创新能力、企业的战略变革和最终绩效）的影响（Nielsen，2010）。而且，关于高管团队与国际化及组织绩效（Herrmann & Datta，2005）、高管的外部连带与企业战略（Geletkanycz & Hambrick，1997）以及高管注意力模式与战略绩效关系（Cho & Hambrick，2006）的研究为高阶理论的拓展提供了证据支持。

此外，一些学者的研究为高阶理论的构建提供了良好的例证。例如，由迪尔伯恩和西蒙（Dearborn & Simon，1958）主持的研究认为，经理人对特定目标的认识以及对其自身职能背景的强化，会导致他们对复杂商业情境中的某些信息进行特别关注，然后用其擅长的专业术语来诠释这些信息。米勒等（Miller et al.，1982）关于 CEO 控制观对企业创新以及环境动态性的影响研究认为，相对于由外控者领导的公司，由内控者领导的公司更具创新性，并且更可能处于动态的环境之中，在其原文中总结道："相信命运掌握在自己手中的经理，更有可能积极地控制命运。"最后，他们通过比较认为，相对于 CEO 任期较短的情况，CEO 任期越长，其控制观同组织创新、环境动态之间的相关性越强，从而促使研究人员得出进一步的结论，即管理人员的个性塑造了战略，而非反之。古普塔和戈文达拉扬（Gupta & Govindarajan，1984）关于部门经理的系统性研究表明，企业战略与管理人员特征的一致性有利于企业绩效。

综上所述，高阶理论无论从理论构建还是经验证据均取得了学术界的认可，其研究的主要工作揭示了高管团队对于公司的成功至关重要（Krishnan & Park，2005）。比如，汉布里克和梅森（1984）、汉布里克（2007）就高管人口统计学特征与潜在的战略结果之间的关系建立了一系列理论命题，他们判断，那些拥有年轻决策者的企业在制定战略时更加倾向于风险偏好型战略而非风险规避型战略；或者，同质性程度高的组织比具有异质的组织能更快地做出决策。

一些学者承认高阶理论成就的同时，也对其涉及的一些悬而未决的问题提出了不同的观点。当然，这些学者提出的问题也是客观存在的，比如阿巴特考拉和科瑞斯图法鲁（Abatecola & Cristofaro，2016）在其最新研究成果中认为，汉布里克和梅森提出的理论框架本质上基于两个基本前提，而且这两个前提理论上也是相互交织在一起的。一方面，高阶理论研究的是组织的高层管理团队，不应该只是具体的某一个人（比如最高决策制定者），或其中几个高层管理人员。这个观点汉布里克和梅森（2007）也是承认的，在他们的研究框架中高管是较为准确地解释组织的战略行为和绩效的代理变量。这个观点背后的理由是，公司的治理是一项复杂的活动，其中除了最高决策者（或少数几个高管）的个人特征在一个单一的层面上影响组织最终绩效及战略决策与行动之外，还有很多其他互动事件的累积效应。另一方面，虽然组织的最高决策者及其团队的人口统计学特征可以在一定程度上反映他们认知情况，但这些可观测到的社会心理特征也存在一定的不完整性和不精确性（Loewenstein et al.，2015）。当然，上述这些观点的提出对高阶理论的进一步发展也是有益的，毕竟没有哪一个理论在其开发与构建的过程中没有遭受过批判甚至质疑（史密斯，2010）。就测量的精确性而言，高阶理论关注人口统计学特征变量也是有其实际原因的。因为，对于测量人的个性和认知价值数据，无论是心理学家还是组织行为学者都会经常面临这样的难题（Abatecola & Cristofaro，2016）。客观上讲，这些特征一部分是由外部环境变量确定，例如公司的环境设定和监管框架。另外一部分是由公司的所有权结构及其他内部变量组成决定的，而准确地把握这些决定变量会面临更多的困难。总之，学者们对高阶理论部分存疑并不能认为其学术价值受到质疑，这也是本书将其作为基础理论的理由。

二、注意力基础观

1. 注意力基础观回顾

组织行为学理论研究中，以西蒙、马奇（March）以及希尔特（Cyert）等①为代表的卡内基—梅隆学派的研究成果构成了当前主流战略管理范式的关键假设前提（Gavetti & Levinthal，2004）。他们在决策者有限理性（bounded rationality）假设前提下为公司行为与管理研究做出重要的贡献。西蒙（1958）最初在组织理论中关注注意力的概念时主要集中于注意力的渠道、结构以及注意力配置。马奇和希尔特（1963）及其他学者在研究组织决策制定中对注意力配置问题进行了深入探讨，其中涉及的主要问题包括注意力惯序理论、模糊选择理论中的注意力结构等。从西蒙在管理者决策过程中对注意力做出新的诠释以及后来的学者分别从注意力的内容（占据决策者意识的主导刺激因素）和注意力研究的过程（注意力配置的过程）来界定注意力的概念之后，注意力的概念在组织行为理论与战略管理和决策理论中受到了更多的关注。西蒙的决策等同于管理的内涵中包含了决策者如何配置有限注意力的重要隐喻，因为对于管理者而言，其决策的情境中从来就不缺乏信息，而缺乏对信息的有效处理，或者说有限理性的决策者只能部分关注其周围的信息，并从中汲取对他们决策有利的情报，这也是有限理性在决策理论中作为假设前提的重要观点（曾宪聚等，2009）。

在西蒙等对注意力概念定义以及分类的理论基础上，奥卡西奥（Ocasio，1997）发表在 SMJ 上的文章全面阐述了注意力基础观的理论内涵，其核心议题讨论了企业的行为是如何引导和分配决策者的注意力的结果，

① 2003 年，两位管理学者制作了一个 200 人的管理大师排行榜。他们问了上榜的大师们一个问题：谁是你心目中的大师？结果排在第一位的是 20 世纪最伟大的管理思想家彼得德鲁克（Peter Drucker），他的名字如雷贯耳。排在第三位的是诺贝尔经济学奖获得者赫伯特·西蒙（Herbert A. Simon），也是为人熟知。而在德鲁克之后、西蒙之前居于第二位的则是几乎没有公众知名度的詹姆斯·马奇（James G. March）。此外，理查德·希尔特（Richard M. Cyert）作为组织和战略管理知名学者，其地位在决策理论学派中也不容忽视（马奇等，2013）。他们的代表作《管理行为》（Simon，1947）、《组织》（March & Simon，1958）以及《公司行为理论》（Cyert & March，1963）构成了公司行为与管理研究的三大基石（希特，2008）。

决策者做出何种决策取决于他们关注的问题和答案。具体而言，决策者关注什么样的问题和答案取决于决策者所处的特定决策情境、企业的决策规则、资源以及问题和答案的各种分配程序和关系（Ocasio，1997）。奥卡西奥（1997；2011）在注意力资源观中将管理者注意力定义为对某一特定主题、问题、机会和威胁以及特定技能、流程、计划、项目和程序等在时间和精力上的分配，并且确定了以注意力为基础的三个原则：（1）管理者的行动与其关注的重点存在很大的关联；（2）管理者的注意力往往是嵌入在特定情境之中的，而且这种情境会影响从关注到决策的整个过程；（3）注意力呈结构化分布。

注意力基础观的提出为组织行动理论与组织适应性理论奠定了基础，这些概念与西蒙最初提出的高管人员在决策的制定过程中建立决策者注意力的方法有机结合在一起（Ocasio，2011）。尽管如此，奥卡西奥在注意力基础观中对注意力概念的阐述与西蒙在组织理论与决策理论中关注的注意力在释义的重点及方向上存在一定区别，奥卡西奥更强调注意力形成的过程，而西蒙更多地关注决策者对组织中下属的控制力来源（Ocasio，2011）。虽然他们在注意力理论形成的不同阶段对注意力理论形成的贡献不同，但并不会影响这些学者在积极推动注意力基础观理论构建过程中的重要作用。而且，在他们的研究基础上，更多的学者将注意力基础观作为基础理论应用到理论和实证研究中（Barnett，2008；Bouquet et al.，2009；Sullivan，2010；吴建祖和曾宪聚，2010；曾宪聚和吴建祖，2011；关斌和吴建祖，2015；买忆媛和叶竹馨，2016）。

前述研究进一步在理论构建与实证研究方面拓展了注意力基础观。例如，巴尼特（Barnett，2008）关于注意力基础观与实物期权理论（real options reasoning）的研究中，将决策中实物期权理论的有效性与及时性假设在实际管理操作中如何提供的问题进行深度分析，基于注意力基础观描述各种结构情境下的管理行为，从注意力基础观的视角研究了实物期权，提出了在特定企业背景及注意力结构之下高管如何在投资组合中关注、获取与持有、行使与放弃各种实物期权的一系列命题。例如，其第一个命题（Proposition）为：一个企业高管的注意力结构越趋向于外部（内部）导向，决策者对现有市场的关注的可能性越小（大），更多（少）倾向于关注新兴市场。

此外，布凯等（Bouquet et al.，2009）对国际化注意力①与跨国公司财务绩效的研究中使用135家跨国公司调查问卷与二手数据实证了三个重要发现：第一，国际化注意力由三个相互关联的维度构成，分别是全球扫描（global scanning）、海外沟通（overseas communications）与全球对话（globalization discussions）；第二，国际化注意力与跨国公司绩效之间呈倒U型曲线关系；第三，行业动态性（industry dynamism）、总部高管的国际化经验（international experience of HQ executives）及价值增值活动的独立性（independence of value-adding activities）调节了国际化注意力与跨国公司绩效之间的关系。沙利文（Sullivan，2010）在研究不同背景下组织为了应对新问题而对其注意力进行配置时，通过对美国联邦航空管理局制定的安全法则形成研究表明，组织对每个问题都会进行一定范围内的搜索，从而找到解决办法。虽然不同类型的研究在问题解决的早期阶段都争相得到关注，但在最终定案阶段，新问题的总体趋势带来的"紧迫感"引导了企业的注意力。这些新问题与一些制度因素相互作用，而且对不同类型的规制予以不同的优先级。

2. 注意力分类

注意力的分类可以从认知科学研究领域中对注意力的研究层面与形成机制中找到根源。奥卡西奥（2011）对注意力基础观进行回顾性评述时，遵循认知科学与认知神经系统科学家的研究成果（Fan et al.，2005；Posner et al.，2016），归纳性地识别了三种不同形式的注意力②即选择性注意力（selective attention）、警觉性注意力（attentional vigilance）以及执行性注意力（executive attention），并对注意力在组织研究中的分类予以阐述。

选择性注意力是个体在面临复杂的信息冗余决策环境中对部分信息进行筛选和遗弃，从而将自身的注意力收敛到某些重要信息的过程（Chang et al.，2016）。个体在进行决策的过程中，他们会同时受到各种外来的刺激，但是个体对信息处理的能力（有限理性）往往与其面对的信息量不成

① 布凯等学者将国际化注意力（international attention）定义为跨国公司（multinational enterprise，MNE）总部的高级管理层在公司进行全球化战略的过程中，为了了解全球市场而投入的时间和精力（具体表现为相关活动、沟通与讨论）。

② 在认知科学与认知神经系统科学的研究领域中，可以采用一种被业界称作"脑成像技术"（brain imaging techniques）的方法来识别注意力的三种不同的形式（Posner et al.，2016）。

比例。所以，如何从众多刺激信息，特别是存在一些干扰性信息对决策产生偏差的多个信息群或者来源中选择有价值的信息，或者是否具有对有价值信息攫取的洞察力（选择性注意力）的能力是非常重要的。

警觉性注意力是决策者始终保持对特定刺激关注的注意力过程（Ashby & Rakow，2016）。在这个过程中，决策者会在某个决策信息信号显示节点上设置其关注的信息阈值，或某种刺激的信号，一旦这种信息阈值出现异常或者某种刺激信号出现就会引起决策者对其关注。在组织变革决策中（例如本书研究的企业不连续创新），警觉性注意力对高管的决策有很强的影响。在实际决策过程中，警觉性注意力程度的大小（定义了决策者对特定刺激量大小的不同感知程度）可能会有所不同。或者说，在某一段持续关注的时期内，决策者对某种特定信息的关注度很高，但是这种持续性不能继续维持或逐渐消退时，警觉性注意力的程度就会降低（Ocasio & Joseph，2008）。这个层面上的注意力与经济学范畴的注意力经济学①所提到的注意力的含义有相似的地方。

执行性注意力是决策制定、冲突解决及战略规划的中心（Kaber et al.，2011）。执行性注意力会将认知资源配置到决策主体在处理外界信息过程中对不同模式数据的感知中，并不断补充识别刺激过程中丢失的信息片段。当决策目标不清晰、没有明确的行动任务计划以及多个决策目标之间存在冲突的时候，执行性注意力会指导决策者的认知模式和具体行动来处理相关的异常情况。这种执行性注意力在心理学的研究领域与个体的记忆和思维方式有关，而且有效的执行性注意力对决策者高效率地做出决策有很强的促进作用。执行性注意力不会锁定具体的刺激源或信息源，它会使决策者同时关注不同的刺激源，同时与储存在记忆中的经验性认知进行配对和组合，从而为决策做出参考并辅助管理者进行决策制定（Ocasio，2011）。

3. 注意力风格

对注意力风格倾向的界定可以追溯到尼斯贝特（Nisbett）及其同事关

---

① 决策理论中注意力的概念与经济学理论中的注意力有一定的区别。从经济学视角解释的注意力注重注意力配置于经济效率之间的关系。二者在"有限理性"假设的前提上是相同的（汪丁丁，2000）。

于思维方式差异的研究。尼斯贝特关于不同文化中人的思维方式差异的研究中对比了东方文化（古代中国）与西方文化（古希腊）差异之下人的不同思维方式，并将整体性思维（holistic thought）定义为将涉及的领域或思考环境作为一个整体进行全局性思维的方式，包括关注核心问题与所处环境之间的关系，并且倾向于在这种思维方式上对一些事件做出解释和预测；而将分析性思维（analytic thought）看作一种将对象与环境分离的思维方式，分析性思维倾向于将思维的焦点集中于思维对象的基本属性及类别上，并且偏好于使用分类的规则来解释和预测对象的行为（Nisbett et al.，2001）。基于整体性思维方式的个体，其注意力风格倾向于整体性注意力；基于分析性思维方式的个体，其注意力风格倾向于分析性注意力（Peng & Nisbett，1999）。

本书关于注意力风格的划分遵循尼斯贝特等学者的研究成果。但是研究的重点并不是解释不同文化背景中个体思维方式（注意力风格）差异的原因。即本书的焦点问题并不是研究不同注意力风格的形成机理，而是在借鉴前人关于不同注意力风格分类的基础上研究企业高管的注意力风格对企业决策及行为的影响机制。虽然心理学家的研究证实表明，不同的文化背景导致不同的思维方式（Peng & Nisbett，1999）。比如，西方人思维方式倾向于分析性思维，而东方人的思维方式偏向于整体性思维。但是，这并不意味着单一文化中人的思维方式就不存在差异，只是这种分析重在阐述不同思维方式的文化因素。这里有两个重要的问题需要说明：（1）影响不同思维方式（整体性思维方式和分析性思维方式）或者不同注意力风格（整体性注意力和分析性注意力）的因素除了文化的因素以外还有其他很多因素。所以，文化的因素只是影响思维差异众多因素中的一个。（2）不同文化导致的不同思维方式重在研究差异化思维方式（注意力风格）的影响机理，或者说重在研究不同类型思维方式（注意力风格）的前因。在这个研究层面上，文化因素是自变量，而思维方式（注意力风格）的类型是因变量。而本书重在研究不同思维方式的后果，即差异化注意力风格对组织层面不连续创新的影响。在这里，注意力风格倾向是解释变量，不连续创新是被解释变量。借鉴迈耶等（Meyer et al.，1995，1997）学者关于注意力风格的可塑性非常强的观点，在尼斯贝特等（2001）对注意力风格分类的基础上，本书研究企业高管团队注意力风格倾向对企业不连续创新的影响。

本章之前关于注意力基础观以及之后关于高管注意力实证研究的大量文献综述显示，对管理人员注意力的关注已经得到学术界的重视并已经取得了一定的研究成果。但是，在尼斯贝特等（2001）对不同思维方式和注意力风格的研究之后，学者们并没有就思维方式差异化以及注意力风格差异化对企业行为作出更深入的探讨。这也是为什么我们将研究的焦点集中于注意力风格对企业不连续创新研究的主要原因。所以，本部分对注意力风格的回顾只是简要地对注意力风格概念在组织行为与战略理论中的来源做出描述与梳理。之所以做这样的安排，很大程度上是因为研究的核心问题是一个战略管理问题而不是一个心理学问题。本书后面的理论推理、研究假设以及实证研究内容都将企业高管团队注意力风格倾向作为一个组织层面的变量进行研究，而并未将企业 CEO 或某一个高管个人的注意力风格倾向及其形成机理作为主要内容①。

三、高管注意力实证研究

自 1997 年奥卡西奥对注意力基础观进行全面阐释以来，组织和战略管理研究领域中关于注意力的实证研究取得了丰富的成果。奥卡西奥（2011）对注意力基础观总结性评述的论文中，按照学者们对注意力研究的结构、过程和结果把当前实证研究中关于注意力的研究划分为三类：（1）注意力视角（attentional perspective）；（2）注意力投入（attentional engagement）；（3）注意力选择（attentional selection）。注意力视角是组织中从上至下的认知结构，体现了组织对相关刺激和反应的关注。包括前瞻性（forward-looking）注意力视角和回顾性（backward-looking）注意力视角，前者基于组织对环境的认知知识，后者基于组织过去累积的各种经验（Gavetti & Levinthal, 2000; Ocasio, 2011）。注意力投入是组织决策者有意图地、持续地分配认知资源的过程，通过完成这样的过程从而对组织制定决策、解决问题以及制定战略规划做出有效指导。注意力投入的主要问题是针对组织决策者将时间和精力放到对外部环境刺激的选择以及相应的

---

① 本书研究的是高管团队的注意力风格，这是一个组织层面的变量，而不是个人层面的变量。因为这里所指的高管是指一个高管团队。在对其进行测量时，数据采用公司年报中的相关信息进行文本分析，而公司年报并不是某一个个人的意思表示。

战略响应上。注意力选择是一种有意识或者无意识的注意力结果，它的结果导致决策者将注意力集中在所关注的信息上或对其他未关注信息的忽视。我们在奥卡西奥及相关学者研究的基础上对部分具有代表性的高管注意力的实证研究进行汇总，如表2-1所示。

表2-1　　　　　　　　高管认知及注意力的研究现状及其成果

自变量	因变量	中介/调节变量	主要观点	文献来源
	●		事件的行业关注度取决于行业对事件是否负责以及行业内部人士对行业形象的关注程度	Hoffman & Ocasio（2001）
●			企业高管认知模式系统地与战略行动相关联。认知是行为的重要指示，特别是高管团队的认知对企业响应不连续创新具有重要的作用	Kaplan，Murray & Henderson（2003）
		○	航空业放松管制的时候，管理层的注意力发生了转变，管理者注意力在管理者特征与战略变革的关系中起部分中介作用	Cho & Hambrick（2006）
●			CEO 的注意力是创新的关键驱动力，特别是当注意力的目标是基于未来世界或外部环境时，这种驱动力更明显。CEO 的注意模式倾向于更多地聚焦外部环境将更加有利于识别新的技术机会	Yadav et al.（2013）
●			企业高层管理者对战略规划系统设计的认知对企业战略规划的持久性及中心性至关重要	Ocasio & Joseph（2008）
●			CEO 对一项新技术的关注与后来企业在该领域对该项技术投资的增加有关；组织的能力（经验）对其 CEO 对组织投资于一个新技术领域的注意力有抑制作用	Kaplan（2008）

续表

自变量	因变量	中介/调节变量	主要观点	文献来源
	●	○	行业发展速度对高层管理人员对整个行业的关注产生负面影响；高层管理人员对一般行业的关注与其对该行业变革的反应速度正相关而与其对任务行业变革的反应速度负相关	Nadkarni & Barr（2008）
●			管理者注意力是一种动态的管理能力，可以重新塑造在位企业对突破性技术的适应能力。管理者对新兴技术及相关行业的密切关注能够促进企业更快地进入有关不连续创新技术领域；而对现有技术的关注延缓进入不连续创新技术领域	Eggers & Kaplan（2009）
●	●		企业行为与能力演化的过程中，高管认知很关键。高管在决策过程中对环境中信息搜寻和诠释是其管理认知的表现，高管认知在决定企业战略行为的影响上要比环境本身更重要	尚航标和黄培伦（2010）
●		○	高管团队的特征是高管认知的前因，高管认知是高管团队特征影响企业战略决策的中介变量。高管团队的一些构成特征可能对管理认知的不同维度具有不同的影响	Buyl et al.（2011）
	●		在位企业与合作伙伴（例如战略联盟）之间的同源关系对其及时关注不连续技术创新呈负向影响，异质性关系（例如以冒险资本家作为投资的结果）应该呈现积极的关系，而异源关系（例如与风投企业共同投资）对其关注不连续创新呈正向影响	Markku et al.（2013）
		○	企业高管团队国际化经验与教育程度水平越高，越有可能把注意力聚焦于外部因素带来的潜在机遇，进而影响企业的国际化进入方式	关斌和吴建祖（2015）

续表

自变量	因变量	中介/调节变量	主要观点	文献来源
	●		高管团队的创新注意力转移（体现为开发性创新与探索性创新的双向转移）与研发投入跳跃性相关。组织冗余调节了这个过程	肖书锋和吴建祖（2016）

注：中介变量中，○表示中介变量，●表示调节变量。
资料来源：根据 Ocasio（2011）及相关文献整理。

　　表2-1整理的文献主要以实证研究为主。从文献发表的时间来看，关于高管注意力实证研究的文献大部分是2000年以后开始的。所以，表2-1中整理了2001~2016年间有关高管注意力实证研究的部分成果。但是，这并不意味着在2000年以前没有出现过相关实证研究的文献。实际上，在奥卡西奥（1997）系统阐述注意力基础观之前，很多关于管理认知与组织绩效的研究就已经存在了，只不过之前关于此类研究的焦点聚集于管理者认知而非管理者注意力上。例如，布尔乔亚（Bourgeois，1985）的研究认为，当企业处于动荡的外部环境中时，企业高管的认知与企业经济绩效之间存在重要的关系。具体而言：第一，外部环境动荡与管理者对环境不确定性感知的匹配越好，企业的经济绩效越高；第二，高层管理团队对环境不确定性感知的同质性越大，企业经济绩效越好。

　　从研究的关注点来看，对管理者（特别是高层管理者）注意力形成的类型、注意力分配过程机制（Hoffman & Ocasio，2001）的研究认为，高层管理人员注意力的分配过程是以企业应对新技术范例为中心的，所以导致不同注意力过程机制的形成机理（例如，解决技术不连续性同时也是对高层管理人员的注意力系统带来极大的认知挑战的研究）方面出现了大量研究（Eggers & Kaplan，2009）。随后一些研究的焦点集中在战略联盟、企业外部风险投资机构等一些微观外部环境的研究上。例如，有研究显示，企业外部风险投资机构对其高管注意力方面的影响远远大于该机构为企业所带来的知识增加对企业的影响（Maula et al.，2013），研究显示，高管通常将注意力集中在较为熟悉的领域，比如现有竞争关系或者战略联盟成员等方面（Nadkarni & Barr，2008）。

　　从国内学者对管理者注意力的研究情况来看，中国学者关于管理者注意力在组织与战略管理方面的研究也取得了一定成果。国内一些学者对国外注意力基础观的研究状况进行综述之后，相继出现了一些实证研究成果（曾宪聚等，2009；关斌和吴建祖，2015；刘景江和王文星，2014；肖书锋和吴建祖，2016），只是在发表的时间上相对较晚。尽管如此，管理者注意力已经引起了国内学者的重视，从理论构建、测量量表开发以及中国情境下的管理者注意力研究等问题正在迅速展开。这一趋势将吸引更多的学者对管理者注意力进行深入的研究，从而推动管理者注意力理论进一步完善，进一步指导国内企业管理实践。

四、管理者注意力测量

管理者注意力的实证研究取得重大突破的前提是能够对管理者注意力进行科学、准确的测量（Venkatraman，2008；曾宪聚等，2009）。目前对管理者注意力测量的方法主要借鉴管理者认知研究领域的相关做法。但是，由于管理者认知和管理者注意力的主观内隐性很强，导致当前学术界对二者测量的方法都不理想（Lewis & Herndon，2011；Ocasio，2011）。就管理者注意力测量的内容方面，主要是管理者关注的议题、事务以及注意力聚焦的战略方向，或者说，注意力体现了一些事件、趋势、想法等在多大程度上占据着管理者的意识空间。例如，从管理的职能层面来看，有人力资源、财务、市场营销等议题；从企业内外环境来看，有关注内部环境或关注外部环境。所以对管理者注意力内容的测定要结合具体的研究问题进行。就像汉布里克（1981）对高管团队注意力的研究显示，管理团队可能高度重视他们在环境扫描活动中所体现的效率问题。亚达夫等（Yadav et al.，2013）使用美国零售银行业企业给股东的信，基于计算机辅助文本分析工具对 CEO 注意力的三个维度——关注未来（future focus）、关注外部（external focus）和关注内部（internal focus）进行测量（Yadav et al.，2013）。乔和汉布里克（2006）研究窗口期内每个时间段对样本航空公司的股东信件进行了自动文本分析来测量航空公司的注意力模式即创业关注（entrepreneurial attention）（Cho & Hambrick，2006）。

就管理者注意力测量的方法，当前对管理者注意力的测量主要采用人口特征分析（Virany & Tushman，1986）、调查问卷分析（Nadkarni & Barr，2008）以及文本分析（内容分析法）（Bourgeois，1985）。其中较为常见的测量方法是文本分析法。文本分析是一种从可观测的沟通文本及其上下文中攫取发布方语义内涵的有效方法，早期应用于法律诉讼、军事情报及舆情监测等领域（Krippendorff，1980）。随着互联网及大数据技术的发展和应用，越来越多的研究利用文本分析法分析大规模数据（Provost & Fawcett，2013）。在组织与战略管理研究领域中，文本分析首先根据研究的主题提出管理者注意力配置的构念或潜变量，在此基础上选择能够表述管理者注意力配置焦点的关键词及同义词。例如乔和汉布里克（2006）研究高管对创业导向关注时选取市场（market）、创新（innovation）和发展（growth）作为主要关键词，然后根据核心关键词来识别同义词，从而建立词典库。最后利用文本分析工具计量数据文档中（公司档案、会议记录、邮件文本、公司年报、高管演讲文稿、致股东的信件以及访谈文本等①）相关词频数来测量管理者对某一议题的关注程度。国内学者利用文本分析进行研究的领域涉及舆情传播、情报研究、产业政策以及组织与战略管理研究。谢德仁和林乐（2015）通过对中国上市公司年度业绩说明会的文本分析研究管理层语调与公司业绩的关系。结果显示，管理层正面语调与公司 T + 1 年业绩正相关；负面语调与公司 T + 1 年业绩负相关。谢青和田志龙（2015）通过利用与新能源汽车产业有关的政策性文本分析发现，环境层面的政策工具对新能源汽车产业的影响最大，并给出创新政策推动新能源汽车产业发展的建议。在情报科学研究领域，一些国内学者利用文本分析进行主题发现和聚类研究（郭建永等，2008；王小华等，2011；隗玲等，2017）。总之，文本分析已经逐步成为一种公认的研究方法，而且其分析技术和工具软件也在不断完善。这为后面开展高管注意力风格测量的实现提供了有力的技术支持。

除了文本分析之外，对管理者注意力测量的其他方法还涉及注意力配置模型（attention configuration model，ACM）、交互记忆系统（transactive memory system，TMS）以及信息平行处理模型（parallel processing model，PPM et al.，曾宪聚等，2009）。注意力配置模型强调知识在注意力来源中的作用，模型的重要性验证了学习目标对注意力配置的影响。鉴于管理者在面临新的任务环境中对知识的搜寻，所以，在这种情境下，管理者的注意力来源于他们掌握的知识，运用他们对新知识的搜寻情况来捕捉管理者

---

① 目前使用较普遍的主要是公司年报、高管公开演讲文本、致股东的信以及访谈文本数据。公司档案和会议记录等文本数据由于获得的难度较大，实证研究中不常使用。

的注意力（曾宪聚等，2009）。交互记忆系统是团队成员认知的劳动分工系统（division of cognitive labor），由团队中不同成员对来自不同领域的信息进行编码、储存、检索和交流。交互记忆系统理论用来解释团队的认知过程、影响团队认知的因素以及团队的绩效，其团队的类型包括但不限于创新团队、产品研发团队、全球销售团队、高管团队及咨询团队（Lewis & Herndon，2011）。在 TMS 中成员之间的注意力会随着其他成员知识与信息的差异而转移，由此对注意力进行测量，但是其难度很大。信息平行处理模型主要是以康纳等（Corner et al.，1994）构造的基于个人和组织层面的信息处理过程。他们对组织信息处理的研究认为，管理者注意力配置首先要对他们认为有价值的信息进行关注，是管理者做出有效决策的前提。但在实际决策过程中，很多情况下管理者没有或不能在决策之前就将其所关注的信息搜集起来或者轻易得到，大多数是与决策过程同步进行的。所以，管理者注意力的测量就是对信息的关注的测量。

五、高管团队注意力文献评述

本节前四部分内容对高管团队注意力的基础理论、实证研究以及变量测量问题进行梳理。在此基础上，本节第五部分内容将对当前高管团队注意力研究现状以及理论研究进行评述。

从高管团队注意力理论基础方面来看，当前关于高管团队注意力研究的元理论主要以汉布里克为代表所开发的高阶理论以及以奥卡西奥为代表所开发的注意力基础观为主（Hambrick & Mason，1984；Ocasio，1997，2011）。高阶理论的研究奠定了企业高管个人或者团队的特性对企业绩效的影响（Cho & Hambrick，2006）；注意力基础观回答了企业的行为是企业如何引导和分配决策者注意力的结果，企业高管团队的决策取决于他们关注的问题和答案。具体而言，高层管理者的行动与他们关注的问题和答案存在密切关联。此外，高管关注什么样的问题和答案取决于其所处的特定决策情境、企业的决策规则、资源以及问题和答案的各种分配程序和关系（Ocasio，1997）。基础理论为本书的研究提供了丰富的理论来源以及研究基础，但是对具体某一研究问题的深入分析需要在基础理论上进行拓展及实证检验。

从高管团队注意力实证研究方面来看，在管理者（特别是高层管理者）注意力形成的类型、注意力分配过程机制（Hoffman & Ocasio，

2001)、高管团队注意力形成过程机制（Eggers & Kaplan，2009）等方面出现了大量研究。此外，企业高管对战略联盟、企业外部风险投资机构的注意力对企业的影响（Maula et al.，2013）以及高管团队对现有竞争关系或者战略联盟成员的关注，也出现在当前关于高管注意力研究的实证文献中（Nadkarni & Barr，2008）。这些实证研究在一定程度上反映了高管团队注意力与企业绩效、战略决策以及竞争关系之间的密切关系。但是，目前学者所关注的焦点主要集中于对管理者认知视角的研究，以及剖析高管人员内在认知（注意力）的形成机理及其对企业效能的影响。

我们的研究认为，高管团队注意力并非个人层面的研究变量。既然将高管团队的注意力作为一个整体性变量进行考量，那么在一定程度上高管团队注意力就是一个组织层面的构念，之所以研究整个高管团队而非某一个高管个人，是因为高层管理团队的特性比 CEO 个体的特性能更好地预测组织的成果（史密斯，2010）。所以，运用高管团队的注意力风格来代理高管团队的注意力，进而研究其与企业不连续创新的影响机制，更能体现组织层面的变量对企业不连续创新行为的影响。因此，本研究并未将高管的范围限于企业 CEO 或董事长，一方面是因为在研究层面上是针对组织层面变量之间的影响关系，不同的企业高管团队注意力风格倾向对企业不连续创新的影响都是组织层面的影响关系，而非个人对企业层面的跨层分析；另一方面，基于本书的研究问题是企业高管团队的注意力风格倾向，实质上体现了企业的注意力风格倾向，毕竟企业是一种抽象的概念表示，用高管团队的注意力风格倾向代理企业的注意力风格倾向更符合实际。所以，我们分析的高管注意力风格没有明确地指向于哪一个高管，而是整个高管团队。

从研究方法以及数据获取方面来看，对管理者认知及其注意力的相关研究倾向于使用心理学研究领域的主观分析方法，特别是关注管理者注意力与高管决策的研究尤为显著。当前文献中一些学者对高管注意力进行研究时将焦点聚集在 CEO 身上，通过研究 CEO 认知模式、注意力模式等企业最高领导的某种认知特质分析其对企业创新成果（Yadav et al.，2013）、战略规划系统设计（Ocasio & Joseph，2008）、新技术投资（Kaplan，2008）等方面的影响。鉴于研究的基本问题是一个战略管理问题而非心理学问题，我们所采用的客观性文本分析以及代理高管团队注意力风格倾向所使用的整体性与分析性高管注意力风格有较强的匹配性，通过从组织层面研究基本问题，使整个研究的契合度与有效性得到保证。

总之，当前关于管理者认知及注意力的研究已经引起学术界的高度关注，虽然有些学者认为，影响企业不连续创新行为的因素并非企业高管团队的注意力，那些诸如企业外部环境、企业内部资源与能力等诸多因素始终是核心要素而备受青睐。但是，我们认为，相比较前述企业内外环境方面的因素而言，高管团队注意力的因素虽然在研究数量方面尚且不足，但并不足以说明探究这个层面的因素对企业不连续创新不重要，只是研究的深度与广度较为不足。

第二节　不连续创新理论与文献综述

一、不连续创新相关概念

不连续技术创新对于企业维持市场主导地位以及打造新兴市场至关重要（Whittington et al.，2009）。过去 30 年来，对不连续创新的深入研究导致了其定义以及类型呈现多样化。从熊彼特（Schumpeter）的研究开始，学者们用各种术语来描述创新。追溯关于不连续创新的概念，往往与技术变革（technological change）相伴相生。因为技术变革通常是一个递增且累积的过程，它经常被以不连续形式的较为短暂的革命周期打断（Tushman & Anderson，1986）。按照技术变革的深度、广度以及方向和属性，衍生出一系列与之相关的概念。诸如，按照技术变革程度的大小划分为渐进性/连续性创新（incremental/continuous innovation）和激进型/根本性创新（radical innovation，RI）（Leifer，2001；Tidd & Pavitt，2010）、破坏性创新（disruptive innovation，DI）（Christensen，1997；Christensen & Bower，1996）、架构创新[①]（architectural innovation）（Abernathy & Clark，1985；Cowden & Alhorr，2013；Galunic & Eisenhardt，2001；Henderson & Clark，

---

① 阿伯内西（Abernathy）和克拉克（Clark，1985）将创新分为四类：能力创新（niche creation）、架构创新（architectural innovation）、常规创新（regular innovation）和革命性创新（revolutionary innovation）。其中能力创新是对稳定和规范的现有技术的改进，这些改进建立在既定的技术能力基础上；架构创新通过创造新产业或改造现有产业，与新技术建立新的联系，它们设定了行业的未来架构；常规创新是建立在针对现有市场和客户的既定技术和生产能力的基础上，它们通常涉及对工艺技术的逐步改进；革命性创新是针对现有市场和客户对过时技术和生产能力破坏的创新，也称颠覆性创新。

1990)、全新创新（really-new innovation）、突破性创新（breakthrough in-novation）（Freeman，1982）以及不连续创新（discontinuous innovation）（Anderson & Tushman，1990；Corso & Pellegrini，2007；Kishna et al.，2016）。虽然每种类型的创新都有其内在含义，而且在某一个特定的研究领域都有其特定的贡献，同时也使学者们对这个"特定"领域的认识更加清楚，但是被赋予特定意义的创新也使得学者和实业界对不同类型的创新产生了很多误解甚至制造了混乱。所以，我们有必要对不连续技术创新的概念框架进行重新界定（Hang et al.，2006；Ritala & Hurmelinna – Laukkanen，2013），从而为后续学术研究奠定良好的基础。

1. 连续性/渐进性创新与不连续创新

经济史学家强调技术变革的连续性/渐进性创新（incremental innova-tion）的作用可以追溯到尤思尔（Usher）和吉尔菲兰（Gilfillan），在他们的研究基础之上，罗森伯格（Rosenberg，1972）认为许多新技术通过持续渐进的创新流程缓慢地累积优势，从而在一开始出现的时候就远远优于现有技术。总结当前学术界关于渐进/连续性创新的定义，我们认为渐进性/连续性创新描述了一个通过持续的、连续的、渐进的微创新对现有产品的部分功能或特征循序渐进的改进过程，是一个随时间位移而逐步累进的量变过程（Drucker & Wells，2015；Solow，1957；Teece，1986）。一般而言，渐进性/连续性创新代价较小，并且可以更快地实施，虽然渐进性/连续性创新具有较低的技术潜力和经济价值，但具有较快的收益和较低的现金流量不确定性，这也是这种创新方式受到企业追捧的原因（Bhaskaran，2006；Xu & Yan，2014）。这种创新模式体现了最基本的创新变革模式和演化路径，同时也是最常见、出现次数最频繁、最有利于创新技术内部提升的内生性技术变革范式。

20世纪80年代，安德森和图斯曼（Anderson & Tushman，1986）关于技术变革周期模型的开创性研究，提出技术不连续（technological dis-continuities）、主导设计（dominant designs）、技术发酵期①（the ear of fer-

———————————

① 技术发酵期也叫技术酝酿期，英文表述为 the era of ferment prior to the emergence of a domi-nant technology，是指存在某几种技术竞相争夺成为行业技术领导者的一段时期。此期间最大的特点是任何一种技术是否可以成为主导设计，都存在很大的不确定性。这里的 dominant design 并非技术领导者，成为主导设计的技术并不一定就是技术领导者，因为主导设计的成因中除了具备一定的先进性之外还涉及其他一些重要因素（Munir，2003）。

ment）等重要概念。按照图斯曼等（1986）的观点，某种主导技术的出现代表着产品标准的建立和技术发酵期的终止。一旦某种技术成为主导设计，同时也预示着一个新技术周期的开始，所以不连续创新的理论将新主导设计的出现模拟为一个循环。

安德森和图斯曼（1991）将技术不连续定义为一种并不是以建立在主流产品上的渐进性创新为主要特征的技术，这些不连续技术的特征既会影响产品的生产过程，也会影响产品本身的性能。而厄特巴克（Utterback，1994）认为不连续技术创新是对公司现有技术、知识、设计、生产技术、工厂和设备方面投资的变革，而连续性创新导致行业或企业出现标准化。一般而言，创新以两种方式出现，一种是产品创新（新产品的出现），另一种是过程创新（发现一种新的做事的方法）（Junarsin，2009）。而在创新分类的基础上，剔德和帕维特（Tidd & Pavitt，2010）按照创新的新颖程度定义了两种创新模式，一种是建立在现有产品或技术基础上的渐进性创新，另一种是建立在全新的、新创造产品技术上的不连续创新。为了厘清连续性创新与不连续创新之间的差异，找到不连续的来源是一个很好的选择。贝森特（Bessant，2005）研究公共部门与私营部门如何管理不连续创新时给出了不连续来源的 11 种情况：新市场出现、新技术出现、新的政治规则、产业成熟度的变化、市场情绪和行为的变化、规制的变化、对特定产品的社会态度的变化、商业模式的创新、技术经济范式的转变、架构创新以及意外事件。对上述不连续来源进行归纳可以分成四个大类：一是技术变化带来的不连续；二是市场变化带来的不连续；三是制度变化带来的不连续；四是其他不确定性带来的不连续。目前为止，前两种不连续创新已经成为创新管理、战略管理研究的重点。另外，一些关于不连续创新研究的学者对不连续创新归类的时候更倾向于从技术不连续创新与市场不连续创新两个视角切入（Kishna et al.，2016；Rothaermel & Hill，2005；魏江和冯军政，2010）。渐进性创新与不连续创新见表 2-2。

表 2-2　　　　　　　　　　　渐进性创新与不连续创新

领域	渐进性创新	不连续创新
技术与市场概念	对现有技术的开发	对新技术的探索
技术轨迹	线性且连续	非线性而离散

续表

领域	渐进性创新	不连续创新
关注点	现有产品/服务/流程在成本和性能方面的改进	开发新业务、新产品、新流程以及新市场
创意与机会认知	发生在技术前沿，关键技术很大程度上可以预测	偶尔发生在整个技术周期，经常在技术轨迹上出现不连续断点
商业计划	流程的初始端开发出详细的商业计划	商业模式和计划通过基于发现的学习而逐步演变
主要参与者	正式的跨职能团队	跨职能的个人以及非正式网络
组织结构	业务部门内运营的跨职能项目团队	项目组织→孵化组织→目标驱动型项目组织
资源与能力	标准化资源配置，团队具备完成所有流程的能力	从企业内外创造性地获取资源与能力
流程	正式的、阶段—关卡流程模型①（phase-gate model）	非正式、早期柔性化流程（不确定性高）→后期正式流程（不确定性低）
业务单元	始终是正式业务单元	早期非正式业务单元→后期正式业务单元

资料来源：Junarsin（2009）。

杭等（Hang et al.，2006）对不连续创新做重新分类时，基于二分法（破坏性创新和激进型创新）对不连续创新的内涵做了新的界定，并且归纳了不连续创新的四个基本特征，分别是：（1）不连续创新经常被在位企业的高管所忽略；（2）不连续创新即便是得到高管的支持也极难执行；（3）不连续创新蕴含着巨大的市场不确定性；（4）不连续创新常常伴随着商业模式的创新。在杭等（2006）对不连续创新属性界定的四个方面中，前两个方面均提到了企业高管，而且第一方面的特征直接反映出企业高管认知对不连续创新的影响。这与本书的研究视角高度契合，在一定程度上表明从企业高管认知（注意力）视角对企业不连续创新行为的形成机理进行研究的必要性（Eggers & Kaplan，2009）。

---

① 阶段—关卡流程模型（phase-gate model）由罗伯特·G. 库珀（Robert G. Cooper）于20世纪80年代创立，从新产品创意产生到商业化过程分为5阶段（观察→构建产品框架→开发→测试与确认→投产上市），这些阶段覆盖了新产品开发到生产的全过程，每个过程都有详细的执行步骤和说明，每完成1个步骤称为1关卡，总共有5个关卡（Cooper & Edgett，2012）。

　　此外，也有学者认为，不连续创新产品对企业成长和利润获取有双重意义，延续性创新产品与不连续创新产品开发过程存在本质的区别，延续性创新产品开发基于企业以往的技术知识积累，而不连续创新产品的开发与设计基于全新的创新技术知识（Veryzer，1998）。图2-2描绘了不连续产品创新的全过程。整个创新过程始于前沿动态技术、企业技术与市场的愿景以及企业外部环境的融合与集聚，在此基础上形成不连续创新产品构想，然后进一步给出产品的初步设计，并通过组织正式的评价筛选机制进行筛选之后形成不连续产品的原型，最后利用主导用户测量对产品进行设计修改与反馈（Veryzer Jr，1998）。

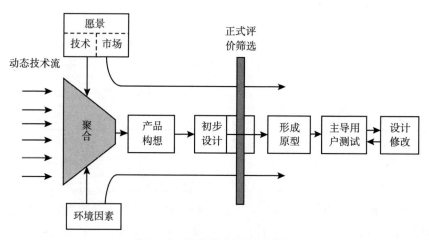

图2-2　不连续产品创新过程

资料来源：Robret W. Veryzer, Jr. （1998）。

2. 破坏性创新与激进型创新

　　杭等（2006）学者对不连续创新类别进行综述的研究中将破坏性创新和激进型创新①作为两类主要的不连续创新，而且这种分类得到了学术界的广泛认同。其中，学界公认的是破坏性创新（颠覆性创新）理论由管理

------

　　① 破坏性创新与激进型创新的英文源概念是 disruptive innovation 和 radical innovation，这里的翻译是当前该研究领域中较为常用的翻译结果，但是也存在其他的中文翻译。例如把 disruptive innovation 翻译为颠覆性创新；把 radical innovation 翻译为根本性创新。

学大师克莱顿·克里斯坦森（Clayton Christensen）[①] 提出，激进型创新的概念由莱费尔（Leifer）等学者提出。以下分别对上述两类创新的发展脉络、研究进展等问题展开综述。

1997 年克莱顿·克里斯坦森在其开创性著作《创新者的窘境》中提出"破坏性创新"的概念[②]。从那时起，破坏性创新成为学术界和实业界理解企业开发新产品/服务、开辟新市场进而破坏现有市场的有力工具。实际上，在破坏性创新理论提出之前，关于破坏性技术创新的研究已经取得了一定的进展，图 2-3 按照时间顺序列举了破坏性创新理论的早先成果。

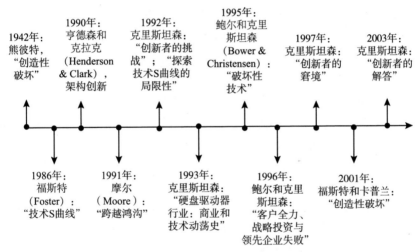

图 2-3 破坏性创新理论演化的时间轴

资料来源：Dan et al.（2010）。

---

① 克莱顿·克里斯坦森是哈佛大学商学院管理学讲席教授，与管理学界享有"金童"盛誉的迈克尔·波特（Michael E. Porter）等被誉为二十世纪管理学大师。其中，克里斯坦森提出了享誉世界的"破坏性创新"理论而一举成名（慈玉鹏，2010）。斯图尔特·克雷纳在其力作《管理百年》中将克里斯坦森赞誉为 Thinkers 50 排行榜顶尖的管理思想家（克雷纳·斯图尔特等，2013）。

② *The Innovator's Dilemma*，其中译本（胡建桥译）《创新者的窘境》于 2010 年由中信出版社出版。该书中将"窘境"解读为：就算企业把每件事情都做对了，仍有可能错失城池。面对新技术和新市场往往导致失败的恰好是完美无瑕的管理，这一思想与中文谚语"成也萧何，败也萧何"所体现的思想基本一致。

按照克里斯坦森（1997）对破坏性技术创新的描述，破坏性技术为市场带来了与以往截然不同的价值主张。起初，破坏性技术产品的性能要低于主流市场的成熟产品，但它拥有一些边缘客户（通常也是一些新客户）所看重的其他特性。这些产品通常价格更低、性能更简单、体积更小，而且通常更便于客户使用。另外，克里斯坦森（1997）在研究中指出，延续性创新（sustaining Innovation）和破坏性创新之间存在重大战略性差异。延续性技术往往针对在位企业中的佼佼者，即那些管理良好、财务状况完美的领先企业。他们过多地将资源配置于当前的价值网络中。因此，这些企业对主流技术研发的程度已经远远超出现有客户对该种技术的需求。而令其意外的是，一种全新的技术正在悄然改变未来的市场格局和竞争态势，学者们将这种技术称为"破坏性（颠覆性）技术"（Christensen，1997；Christensen et al.，2015；Tellis，2006）。其实，致使领先企业失败的主要原因并非这些企业的高管没有意识到具有破坏性属性的新技术对其领导地位的侵蚀，而是其现有的价值导向和认知模式更加倾向于向现有产品的主要性能倾注更多的资源，同时，其主要的收入来源激励当前的高级管理人员或者公司所有者不想过多地将企业的战略焦点和管理注意力转移到别处（Christensen，2006；Colombo et al.，2015）。

当大多数学者（包括克里斯坦森）都认为破坏性创新技术总是与新创企业或新兴市场联系在一起的时候，一些学者开始关注破坏性创新的生成机理以及与之匹配的创新生态。穆尼尔（Munir，2003）在研究技术变革时认为，某种技术（破坏性技术/延续性技术）成为主导设计的重要影响因素并非取决于该项技术是否在技术水平上拥有多大的优势，而更多地取决于某项破坏性技术的操控者可以在多大程度上打造一个适宜的技术生态系统。而且，不连续创新企业中最大的赢家就是矗立于整个技术生态中的核心位置，穆尼尔（2003）将这个角色命名为"为未来的门户"（the gateway for future）。即定位一个行业未来门户的价值远远超过站在某一项技术最前沿。在这种情境之下，焦点公司相对于供应商、客户和竞争对手的传统位置可能会发生巨大变化，甚至对竞争对手（在产品市场上形成的近乎完全替代的企业）的认识存在误解。微软公司当年将 Windows 系统设计为一个开放的创新生态与其他软硬件技术提供商共享的战略，和当今谷歌（Google）公司将其设计的安卓（Android）智能手机操作系统的技术生态如出一辙。当然，并不是说对破坏性技术的认识已经过时，而是当前及今后很长时间将会有更多的学者开始关注除了克里斯坦森教授提到的破坏性技术五大原则①之外的其他内容。

基于对上述理论与实证结果的多重认识，克里斯坦森与另外两名学者雷诺（Raynor）和麦睿博（2015）重申了关于破坏性创新的认知和最新进展。他们认为，自从破坏性创新的概念提出以来，很多学者对其核心要义存在曲解。他们的观点依然坚持"破坏性创新"描述了一个过程，这个过程是资源较少的小公司能够成功挑战已建立主导地位的在位企业。具体来说，由于在位企业专注于最有利可图的业务，对客户的需求做出响应而改善其产品和服务。但是，大多数企业的做法都存在过度满足现有客户需求而忽视了未来其他潜在客户的需求。而创新破坏者往往通过成功瞄准那些被在位企业忽视的细分市场，通过更低的价格并提供更多适合的功能获得新兴市场的认可。在追求更高盈利能力的在位企业往往不会大力回应这种新兴技术，之后，新进入者逐步进入高端市场，提供现有主流客户所需的产品或服务。当主流客户开始选择新进入者的产品时，破坏性创新即发生了（Christensen et al.，2015），如图2-4所示。

图2-4的描述中对比了产品性能轨迹（产品或服务随着时间推移其品质的提高）与顾客需求轨迹（客户为产品/服务的某种性能支付的意愿），当在位企业向高端客户推出具有高性能产品/服务的时候，它们同时给破坏性创新者提供了一个进入市场的潜在机会，而这个市场在其看来原本就不值一提。随着时间的推移以及机会日渐成熟，新进入者逐步完善其产品性能，沿着破坏性轨道大举进军主流市场，最终赢得竞争优势（Christensen et al.，2015）。

总之，破坏性创新理论的研究在趋于完善的同时仍然存在很多问题尚未解决。例如应对破坏性创新冲击的有效解决办法依然非常有限。而克里斯坦森给出的答案至今未变，那就是企业应该建立一个独立的部门，在高层领导的保护下开展探索和开发新的破坏性创新模式。特别是在某些情况下，一些企业未能有效应对破坏性创新的出现，并非管理者没有注意到这些技术的威胁，而是高管没有足够的重视以及资源分配体

---

① Christensen 提出的破坏性技术的五大原则包括：（1）企业的资源分布取决于客户和投资者；（2）小市场并不能解决大企业的增长需求；（3）无法对并不存在的市场进行分析；（4）机构的能力决定了它的局限性；（5）技术供应可能并不等同于市场需求（Christensen，1997）。

制的系统性偏向可能更应该引起注意（Christensen et al. ，2015；Yu & Hang，2008）。虽然理论的开发以及破坏性创新构念的研究框架已经取得长足发展，但是实证研究的滞后仍然对进一步完善破坏性创新理论带来了巨大挑战（Christensen，1997；Christensen et al. ，2015；Cowden & Alhorr，2013）。

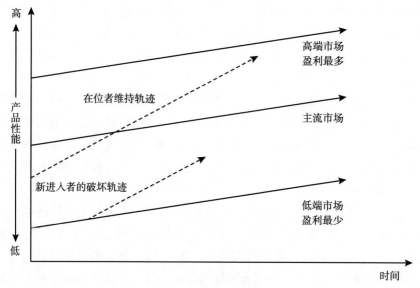

图 2 - 4　破坏性技术图

资料来源：Christensen et al. （2015）。

　　莱费尔等（2001）在一个历时 6 年的纵向案例研究中，对 10 个大型成熟公司的 12 项激进型创新项目的跟踪研究中提出激进型创新的概念。通过研究发现，激进型创新项目的生命周期与渐进性创新项目的生命周期存在很大的差别。他们认为，激进型创新是对某个产品、流程或者服务现有功能或将要开发功能的极大提升，同时改变它们的成本结构，甚至将转换现有的市场以及创造新的市场。苏德（Sood）和特利斯（Tellis，2013）在研究技术演化与激进型创新的关系时定义了三种类型的激进型创新，平台创新（platform innovation）、组件创新（component innovation）以及设计

创新 (design innovation)①, 这些分类是对激进型创新技术层面的改进。虽然激进型创新区别于延续性创新或者渐进性创新, 但其创新的技术层面并非带有某种技术的突变以及颠覆, 或者说激进型创新蕴含着技术演变的周期性变化, 这是其不同于破坏性创新的本质 (Jansen et al., 2006)。根据杭等 (2006) 学者对破坏性创新和激进型创新的比较, 使得我们对二者的联系和区别有了更清楚的认识, 如表2-3所示。

表2-3　　　　　　　　　激进型创新与破坏性创新的差异

	激进型创新	破坏性创新
技术基础	突破性的	不成熟的
市场准入	高端 (注重性能)	低端 (注重成本)
在位者失败原因	麻痹 (新进入者大量研发)	忽视非主要对手 (过分看重当前市场)
所需资源	大量 (只有大公司才有能力)	少量 (小公司或大公司中的一个战略单元)

资料来源: Hang (2006)。

表2-3显示, 激进型创新和破坏性创新在技术基础、市场准入、在位企业失败的原因以及技术开发所需资源等维度都存在很大差异。激进型创新更加注重沿着现有的技术轨道向前演进, 而破坏性创新倾向于沿着新的技术轨道向前推进。其技术初始阶段定位在低端市场, 等待技术和市场均成熟之后再进军中高端市场, 直到将现有市场完全颠覆 (Christensen et al., 2015)。另外, 从价值视角来看, 激进型创新与破坏性创新所包含的价值倾向与价值诉求有很大的差异。激进型创新的价值倾向主要体现在两个方面: 其一是在价格不变的前提下大幅度提升产品/服务本身的功能和特性 (功能与特性导向); 其二是在功能与特性不变的前提下大幅度降低

---

① 平台创新是一种基于与现有技术明显不同的科学原理的新技术, 比如 CD 光盘相较于磁盘; 组件创新是在同一技术平台内使用新的零件或材料, 例如磁带、软盘和压缩盘, 虽然它们使用的组件或材料不同, 但都是基于磁写记录的平台技术; 设计创新是对同一技术平台内的组件之间的连接关系和布局状况进行重新配置的技术, 例如软盘的大小从 1978 年的 14 英寸降至 8 英寸, 到 1980 年的 5.25 英寸以及 1989 年的 2.5 英寸。类似地, 克里斯坦森在对硬盘行业分析令人咋舌的技术变革速度时给出同样的结论, 硬盘工程师在 1 平方英尺表面写入的信息量以平均每年 35% 的速度递增, 从 1967 年的 50KB 增加到 1995 年的 1100MB, 而硬盘的体积从 1978 年的 800 立方英尺缩小到 1993 年的 1.4 立方英寸, 年递减幅度高达 35%, 但其中的技术基础并未发生本质的变化 (Christensen, 1993; Sood & Tellis, 2013)。

价格（成本导向）。而破坏性创新则在功能与特性的提升以及价格降低方面的优势均不明显（Colombo et al.，2015；Hang et al.，2006）。

3. 不同创新概念的总结性评述

前述关于创新的各种不同的类型有的时候其含义并没有实质性的差异，但是在某些特定的情境下，这些概念被研究人员赋予了不同的含义，作为识别其创新特征与创新程度的手段，丰富的类型导致同一个名称被用于不同类型的创新，同样的创新被划分为不同的类型。比如，厄特巴克（1994）关于打字机研究的例子指出，在打字机从手工打字机、电动打字机、专业处理器和个人电脑发展过程中可以观测到不连续技术。20 世纪初的大型手动打字机公司中，没有一家能够成功地开发出电动打字机技术，而 IBM 作为一个非打字机市场的"局外人"却开发出了这种技术。因为新技术带来了产业的不连续性和新的竞争对手，所以厄特巴克认为电动打字机技术创新是一种激进型创新技术，实际上厄特巴克把一种技术贴上了不同的标签。

然而，按照罗斯韦尔和加德纳（Rothwell & Gardiner，1988）的观点，电动打字机技术实际是一种渐进性技术创新，他们认为新技术只是增加了的新功能来改善现有的产品，其本质的技术基础并未发生根本性变化。此外，加西亚和科兰托恩（Garcia & Calantone，2012）认为，在实证研究的模型构建中，产品（流程/服务）创新在四个不同层次上分别表现出不一致：（1）是从宏观建模还是微观建模；（2）基于技术不连续建模还是基于市场不连续建模；（3）单维构念建模还是多维构念建模；（4）把创新作为一个离散变量还是连续变量。总而言之，这些创新分类都倾向于一个共同的分类基础，即创新性是衡量导致市场因素和/或技术因素变化的不连续性。或者说，关于创新的不同概念都是基于市场基础或者技术基础的不连续属性或者程度来进行定义创新的内容，因此在某种程度上，与当前学者就不连续创新划分为技术不连续创新与市场的不连续创新的观点趋于一致（魏江和冯军政，2010）。

通过对与不连续创新相互关联的其他几个重要概念含义的辨析，文中所指的不连续创新的内涵借鉴当前学者从技术与市场（技术不连续与市场不连续）两个方面界定的观点（Hang et al.，2006；Kishna et al.，2016；Veryzer Jr，1998；冯军政，2012；姜黎辉等，2009），这里的不连续创新是指那些能够引起企业的技术基础或市场基础或二者同时发生重大变化的不连续创新（冯军政，2012）。不连续创新的技术与市场两个维度显示出技术创新的两种不连续"力量"。一方面，从市场不连续的角度来看，产品创新需要新的市场空间以及新的营销技能；另一方面，从技术不连续的角度来看，产品创新可能需要嵌入在产品、资源要素以及产品开发工艺或流程中的科学原理或技术原理的模式转变。除此之外，有些不连续创新同时包含了技术不连续创新与市场不连续创新两个方面的内涵（Garcia & Calantone，2002）。

对于由技术变化带来的不连续创新研究的主要观点包括：（1）由于技术不连续导致企业在新旧技术之间的知识结构出现差异，新技术所需的知识结构、技能结构与原有技术存在本质的区别，需要企业具备新的能力（O'Connor，1998；Tushman & Anderson，1986）。（2）技术不连续性可分为"能力破坏"（competence-destroying）型不连续技术（解释为在产品的开发和生产过程中需要新的技能、能力和知识）和"能力增强型"（competence-enhancing）型不连续技术（解释为建立在现有产品技术之上，原有技术的知识对新技术的开发有促进作用）（Rothaermel & Hill，2005；Tushman & Anderson，1986）。（3）技术不连续的程度可以用新旧技术之间衔接程度的高低来衡量（Ehrnberg，1995）。具体而言，在企业实践中表现为新技术出现时导致企业对原有技术的投资（知识、技能、厂房、设备、工艺流程等）不会成为企业最优效率的生产要素（Christensen，Suárez & Utterback，1996），此时对原有资产的剥离意愿成为企业能否进行新技术研发的重要因素（Chandy & Tellis，1998）。（4）技术不连续表现在产品知识开发程度中质的飞跃，从一种技术形态跳跃到另一种技术形态，但是这种技术的演进路径和技术轨道并没有发生根本性的变化。技术演进的过程首先体现为渐进性改进，之后可能会被具有某种破坏性的技术替代。不管是技术的渐进性改善还是破坏性替代，其针对的产品主要是当前市场中已经存在的产品（Bergek et al.，2013；Tushman & Anderson，1986）。（5）行业的新进入者并非总是不连续技术的缔造者，很多情况下正是那些进行主导设计连续性创新的在位企业（或者企业中的研发人员）对不连续技术进行尝试性开发并取得了一定成果。但是，因为原有的组织文化、固有的决策模式、组织惰性以及企业价值网络等原因导致在位企业忽视了新技术的威力（Christensen，1997）。

基于市场不连续视角进行研究的学者们认为：（1）不连续创新（特别是破坏性创新/颠覆性创新）产品的性能要低于主流市场的成熟产品，但它拥有一些边缘客户（通常也是一些新客户）所看重的其他特性。当这种产品技术前进的步伐超过了主流客户的要求或者超过其能够消化的性能改善幅度的时候，一个新的市场被创造出来了（Christensen，1997）。（2）当不连续创新的技术轨道超越原有技术轨道的时候，用户的行为也会随之改变。区别于延续性技术总是围绕主流客户的需求不断改进，破坏性技术在一定程度上反向影响客户的行为[①]（Sood et al.，2012）。除上述两种情况之外，还有将技术不连续创新与市场不连续创新综合研究的视角，他们的研究观点认为：（1）不连续创新同时表现在技术与市场两个方面发生变化的一种创新（Henderson & Clark，1990）。（2）不连续创新的早期阶段主要体现在技术的不连续，一旦这种技术的水平达到主流市场客户的要求，其创新的结果更多体现在市场的不连续创新方面（Christensen，1997；Christensen et al.，2015）。（3）不连续创新在产品特性的改善上与原产品具有本质的差异，同时给消费者带来使用模式、消费习惯以及个性的改变（Lee & Na，1994）。

二、不连续创新研究现状

当前关于不连续创新的研究主要有两个方面。第一类是将不连续创新作为一种情境进行研究。这类研究主要讨论在不连续创新环境背景下的相关问题。如卡普兰等（2003）关于企业高管认知模式与战略决策之间的关系。第二类是将不连续创新同时作为解释变量与被解释变量进行研究，其中作为被解释变量的研究主要探讨导致企业不连续创新决策与行为的触发因素，作为解释变量的研究主要探讨企业不连续创新决策及其行为导致的后果。如周等（Zhou et al.，2005）研究战略导向中市场导向、企业家精神导向以及市场力量对企业不连续创新产生的影响以及不连续创新行为对企业创新绩效的影响。表2-4梳理了不连续创新研究的现状及成果。

---

① 这个观点与乔布斯（Steve Jobs，1955.2~2011.10，苹果公司联合创始人）曾经表示的"消费者其实并不知道自己需要什么，直到我们拿出自己的产品，他们就发现，这是我要的东西"的观点有些相似。市场的不连续其本质并非专注于技术本身，因为对于大多数消费者来说，根本不了解技术的原理以及其怎样被开发出来的，他们更关心产品的效用所带来的满足感。

表 2 - 4   不连续创新的相关研究及其成果

自变量	因变量	中介/调节变量	主要观点	文献来源
	●		管理认知是企业进入不连续创新市场时机选择的重要影响因素。对新兴技术及相关行业的密切关注能够促进企业更快地进入有关不连续创新技术领域，而对现有技术的关注延缓进入不连续创新技术领域	（Eggers & Kaplan，2009）
	●		研究了三个行业（航天航空、电子元件、通信）的组织外部环境、组织流程和管理者特征对渐进性创新和激进创新的影响。研究结果表明，外部环境和组织变量的不同组合是预测渐进性创新和激进型创新的重要因素	（Koberg et al.，2003）
	●		不连续创新项目初期的市场调研所提出的问题与项目发展中期所面临的问题有很大差异，而且不连续创新项目的开发过程与渐进性创新项目的开发过程也存在本质区别	（O'Connor，1998）
●	●		（1）战略导向中的市场导向与技术导向分别对技术不连续创新产生积极影响。而市场导向负向影响市场不连续创新；战略导向中的企业家精神导向无论是对技术不连续创新还是对市场不连续创新均有积极的影响。（2）不同的市场力量对技术不连续创新与市场不连续创新均有促进作用。（3）技术不连续创新与市场不连续创新对企业绩效的提升有积极影响	（Zhou et al.，2005）
		●	不连续技术创新环境中，企业高管认知模式与战略决策之间的关系非常重要。认知是行为的重要指示，特别是高管团队的认知，对企业响应不连续创新具有重要的作用	（Kaplan et al.，2003）

自变量	因变量	中介/调节变量	主要观点	文献来源
		●	同行业中同质性伙伴的数量对高管关注不连续技术创新的时间有抑制力。同质性合作伙伴的地位调节了企业高管关注不连续创新的响应时间。企业可以通过创造适当的外部结构环境，将高层管理人员的注意力引向技术不连续性	（Maula et al.，2013）
		●	在位企业与新进入者之间的合作被认为是适应激进技术变革的一种有效方式。新创企业的产品开发、范围经济、地理位置的区域技术集群等优势有利于促进与在位企业合作联盟	（Rothaermel，2002）
●	●	○	（1）将环境动荡性作为影响企业不连续创新行为的重要解释变量。而且，企业的动态能力调节了环境动态性与企业不连续创新之间的关系；（2）提出不连续创新与组织绩效之间的非线性效应以及不连续创新作为环境动荡性与组织绩效的部分中介效应	（冯军政，2012）
	●		（1）动态环境中的不连续性直接诱发了企业的不连续创新行为；（2）不连续创新战略是中国企业在转型经济时期适应性发展的重要战略选择	（魏江等，2011）
		●	不连续技术情境中的组织权力集中度差异对组织发展能力和适应性的影响不同。组织的适应度景观是否发生变化以及环境动荡性水平差异的不同，分权型组织结构与集权型组织结构有不同的表现	（姜晨等，2011）
●			（1）对于创业企业而言，如何将其战略与能力协调互动，是不连续创新过程应该考虑的重要问题；（2）不连续创新的研究需要在量表开发及新的测量工具方面下功夫	（王海龙和武春友，2008；王海龙等，2008）

续表

自变量	因变量	中介/调节变量	主要观点	文献来源
		●	通过建立不同类型的企业间协作网络，可以实现不连续创新中不同技术和新产品开发的中对具体知识管理的要求	（De Brentani & Reid, 2012）

注：中介变量中○表示中介变量；●表示调节变量。

　　表 2-5 整理了影响不连续创新的前因变量。就研究的层次来看，影响企业不连续创新的前因变量（驱动因素）有四个层面，主要包括环境层因素、网络层因素、企业层因素以及高管层因素。在把企业不连续创新作为因变量进行研究设计时，有的学者将不连续创新进行了具体的维度细分（如技术不连续或者市场不连续），例如，科贝格等（Koberg et al., 2003）及康纳等（Connor et al., 2008）学者的研究。而有的学者并未明确对不连续创新进行维度的细分，而是将企业不连续创新作为一个整体变量进行研究。对企业不连续创新影响的方向而言，鉴于研究问题的不同，不同影响因素对企业不连续创新的影响类型存在差异，有的因素对企业不连续创新有促进作用，有的因素对企业不连续创新（行为）有抑制作用。

表 2-5　　　　　　　　不连续创新的前因变量

研究层面	维度	影响类型	不连续创新类型	文献来源
环境层因素	组织动态性	正向	技术不连续	（Koberg et al., 2003）
		正向	市场不连续	
	组织学习	正向	技术不连续	（Koberg et al., 2003; O'Connor, 2008）
		正向	市场不连续	
	竞争强度	负向	技术不连续	（Zhou et al., 2005）
		正向	市场不连续	
	需求不确定性	正向	技术不连续	
		正向	市场不连续	
	技术动荡性	正向	技术不连续	

续表

研究层面	维度		影响类型	不连续创新类型	文献来源
网络层因素	战略联盟		正向	不连续创新	（Rothaermel，2000）
	松耦合和弱连带		正向	不连续创新	（Noke et al.，2008）
企业层因素	战略导向	市场导向	正向	技术不连续	（Zhou et al.，2005）
			负向	市场不连续	
		技术导向	正向	技术不连续	
		创业导向	正向	技术不连续	
			正向	市场不连续	
	组织学习		正向	不连续创新	（Koberg，2003；Connor，2008）
	知识搜索		正向	不连续创新	（Jiang et al.，2015）
	组织资本	科技人才	正向	不连续创新	（Landry et al.，2002）
		一般人才	负向	不连续创新	
	组织情境	组织结构变革	正向	不连续创新	（Damanpour & Gopalakrishnan，1998）
		组织规模	倒U	不连续创新	（Yasuda，2005）
		投资剥离意愿	正向	不连续创新	（Chandy & Tellis，1998）
		创立新的实体	正向	不连续创新	（Christensen & Bower，1996）
高管层因素	管理者认知		正向	不连续创新	（Eggers & Kaplan，2009；Kaplan et al.，2003）

资料来源：冯军政等（2012）。

环境层因素的构成维度包括组织动态性（Koberg et al.，2003）、组织学习（Koberg et al.，2003；O'Connor，2008）、竞争强度、需求不确定性及技术动荡性等（Zhou et al.，2005）。网络层因素的构成维度包括战略联盟（Rothaermel，2000，2002）以及松耦合和弱连带（Noke et al.，2008）。企业层因素的构成维度包括战略导向（Zhou et al.，2005）、组织资本（Landry et al.，2002）及组织情境（Christensen & Bower，1996）。高管层

因素的构成维度涉及高管认知对企业不连续创新的影响（Eggers & Kaplan, 2009；Kaplan, et al., 2003）。相对而言，这四个层面的影响因素中，企业层面的因素比其他层面的因素更丰富，不仅在研究数量上相对较多，而且在研究的子维度方面，学者们对企业层面的因素进行了更为深入的探讨。例如周等（2005）的研究将战略导向细分为市场导向、技术导向和创业导向，分别探讨其对企业不连续创新的影响。

总之，当前关于企业不连续创新影响因素的研究取得了一定进展。但是，企业高管层面的因素，其研究的广度与深度依然有待于做进一步探索与发掘。虽然卡普兰等（2003）、埃格斯等（Eggers et al., 2009）学者探讨了企业高管认知层面的因素对企业不连续创新的影响，但是关于认知层面因素是如何影响企业不连续创新的研究仍然不足。另外，高管认知是一个非常宽泛的概念（Eggers & Kaplan, 2009），对其进行细化的研究有利于解释高管层影响企业不连续创新的内在机理。这也是为什么我们将高管注意力风格作为影响企业不连续创新主效应的重要原因。本部分的文献梳理为后续理论构建与研究假设奠定了坚实的理论基础，从研究脉络及文献来源方面确保研究在理论构建方面的合理性。

三、技术不连续性

图斯曼和安德森在1986年和1990年的两项研究最早对技术不连续性进行系统论述，前者主要关注技术变革的模式以及突破性技术对组织环境的影响；后者主要关注技术演化与变革的周期模型。图斯曼和安德森（1990）将技术不连续性定义为能够显著提升性价比的创新属性。认为技术的演化是在渐进式变革时期由突破性技术打破而进行的，突破性技术或者对行业中企业能力有所增强，或者对行业中企业能力有所破坏。图斯曼和安德森（1986）认为，存在能力破坏与能力提升两类技术不连续性，它们又各自在产品和流程两个维度上进行细分，最终确定了四种技术不连续性，分别是能力破坏型产品不连续性、能力破坏型流程不连续性、能力提升型产品不连续性及能力提升型流程不连续性。按照技术不连续创新与市场不连续创新在技术与市场维度发生变革的内涵，上述四种技术不连续性中能力破坏型产品不连续性属于市场不连续创新，其余三种技术不连续性属于技术不连续创新，如图2-5所示。

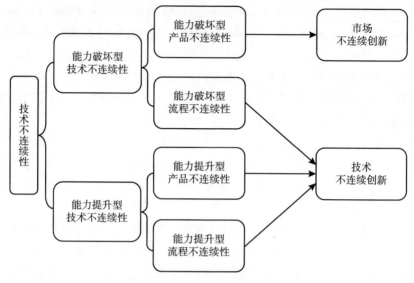

图 2 – 5　技术不连续性类型

技术不连续性始于技术变革，其内涵表达了技术变革的新颖程度。能力破坏型不连续性由新企业发起，且增加了环境动荡性，但能力提升型不连续性由在位企业发起，并减少了环境动荡性，技术进步就是由一个个不连续变化所打断的进化系统构成的（Anderson & Tushman，1990）。不连续性引发了技术发酵时期，而主导设计反映了产品级标准的出现，并结束了技术发酵的时期。之后进入渐进式改进推动创新发展时期，直到下一个技术不连续性的发生。

四、不连续创新构成维度及测定

本章第一部分对不连续创新及其相关概念界定是对不连续创新概念的来源和学者们对不连续创新的诠释进行综述。鉴于学者研究视角的不同，不连续创新的内涵及构成的维度也存在很大差异。但是，近些年学者们对不连续创新的研究表现出一个总体性趋势，就是按照企业技术基础和市场基础的改变对不连续创新进行维度的划分（冯军政，2012）。此外，不连续创新的技术基础和市场基础分别从企业内部和外部对其进行界定，但这两种力量（或者两个维度）的界限在明确划分不连续创新维度方面依然不够清楚。企业不连续创新程度的测度是由于技术不连续与市场不连续互相叠加、相互影响及共同作用的结果。因此，对不连续创新的测量可以在理论上将其划分为两个维度，一个维度是企业的市场不连续创新维度；另一个维度是企业技术不连续创新维度。但是，在实际操作中学者们很难从客观上清楚地衡量出哪一部分是基于技术基础的不连续创新，哪一部分是基于市场基础的不连续创新。这种测量的难度不仅仅在于很难厘清两个不同维度不连续创新在界限划分和各自界限内的客观界定，而且更困难的是，基于企业数据几乎无法测量由于市场不连续导致的不连续创新①。

一些学者在不连续创新二维划分的基础上分别对企业的技术不连续性和市场不连续性进行了测量。例如，冯军政在对国外学者相关文献梳理的基础上分别对技术不连续创新和市场不连续创新的测量方式予以阐述（冯军政，2012）。其操作的可能性在于，他们人为地划定了技术不连续和市场不连续的界限以及从文献中抽取了相关量表进而形成了各自的测量题项。因为数据的采集是以调查问卷的形式开展的，所以在操作上完全可以做到对技术不连续创新与市场不连续创新进行分别测量②。

本纳（Benner）和图斯曼（2003）指出，创新开发与探索的平衡以及渐进性技术变革与突破性变革始终是组织适应性研究的重要课题，在这两种不同的创新类别上，创新的开发与技术不连续衔接，创新的探索与市场不连续衔接。从技术的视角来看，创新表现为渐进性创新和根本性创新；从市场的角度来看，创新表现为持续性创新与破坏性创新（冯军政，2012）。马凯兹（Markides，2006）在克里斯坦森破坏性创新理论的基础上明确指出，破坏性创新更多倾向于市场层面的含义，破坏性创新包括商业模式创新（business-model innovations）与激进的产品创新（radical product innovations），这两类创新主要关注企业和市场（顾客）的互动，它们与技术创新在本质上有区别。另外，技术不连续创新与市场不连续创新所

---

① 从研究的层面来看，可以将不连续创新分为微观的企业层面的不连续创新和宏观的产业层面的不连续创新。企业层面的不连续更多地关注企业技术的不连续性，这种不连续是基于连续基础上的不连续，而产业层面的不连续技术更多地关注技术代际之间（technology intergenerational）的不连续性。例如，蒸汽机技术、内燃机技术、计算机技术等。技术代际之间的不连续甚至会导致产业革命。这种技术的不连续性很难测量，对于本书而言，只针对微观层面的不连续创新。

② 冯正罗．环境动荡性、动态能力对企业不连续创新的影响作用研究［D］．浙江大学，2012.

蕴含的风险特质完全不同，技术不连续创新风险主要源于技术开发所需要的大量投资可能无以回报带来的风险，而市场不连续创新风险主要源于创造一个未知市场所带来的风险，毕竟这个"潜在"的市场尚不明确。因此，一般情况下企业对上述两种类型的创新风险都持规避态度。但是，现实中部分企业却乐意承担相关不连续创新风险，所以，对其行为的驱动因素分析极其重要。以技术基础和市场基础对不连续创新的分类并没有将创新的技术基础与市场基础完全割裂，创新的技术基础为市场基础提供技术保障与支持，而创新的市场基础又为创新的技术基础提供指引和导向。基于技术维度与基于市场的维度对不连续创新进行划分在当前中外学者关于创新及不连续创新文献中有大量的体现，其中的合理性及理论上的逻辑性也对研究有很好的启发与借鉴的作用。以下内容分别对企业技术不连续创新与市场不连续创新的测量进行梳理。

1. 技术不连续创新的测量

安德森和图斯曼（1990）在研究技术变革周期中的技术不连续性与主导技术时将技术不连续的测量与主导设计联系在一起，而且他们认为，一个技术周期与下一个技术周期的连接处会出现不连续的情况。一个主导技术的成型意味着某种技术要经历一个技术发酵期的酝酿、选择最终把几种其他的并行技术排斥到主流之外而成为主导设计的过程。所以，从技术不连续的角度来看，技术不连续意味着某种技术的出现脱离了原有的主导设计轨道，其技术演化轨道和演进的路径与原有的主导设计存在差异。这种差异的大小体现其不连续性程度的大小。但是，安德森和图斯曼的研究其实在操作层面对本研究的意义并不大，因为这个研究针对的是行业或产业（包括水泥行业、玻璃行业和微型计算机行业）层面的技术不连续性。

早期的学者对技术不连续测量的方式更加偏向于技术特性（技术性能）（Tushman & Anderson，1986）、技术参数（Anderson & Tushman，1990）、技术差异以及技术知识基础（Ehrnberg，1995）方面的变化。技术特性方面的不连续主要涉及技术指标的变化；技术参数的不连续性主要体现在产品构件、系统集成参数等方面的变化；技术差异以及技术知识基础更多关注不同技术之间所需要的知识、技能以及人员所必要的培训成本（Ehrnberg，1995）。综合上述测量方式，对技术不连续创新的测量主要从技术性能、架构以及能力的变化来进行综合考虑。实施手法上采用主观调查问卷和客观技术指标（速度、产量、单位效率及性价比等）。

2. 市场不连续创新的测量

克里斯坦森（1997）初始研究破坏性创新的时候主要侧重技术创新以及新技术如何超越主导设计等问题。但是，在随后的研究中，克里斯坦森和雷诺（2003）将破坏性创新的研究对象从技术创新扩展到产品创新和商业模式创新。因此，对市场不连续创新的测量可以从产品（或服务）创新与商业模式创新两个方面进行。产品不连续创新方面，主要关注一个产品的上市是否创造了新的顾客群体，或者说原有客户对新产品的属性、价格以及操作规程等方面的接受程度；商业模式的创新主要测量新的运营模式在运营费用、顾客服务变化以及客户体验方面的提升所带来的变化（Markides，2006）。实际操作中，相对于商业模式创新的测量，产品创新更容易一些。一些学者采用是否引入新产品或者引入新产品的数量、规模及类别来识别企业市场不连续创新的程度（Ding & Peters，2000；Veryzer Jr，1998）。具体实施中多采用调查问卷的形式，量表的设计也更多考察产品对客户的新颖度、客户使用新产品的代价等题项（Kristiansen & Gertsen，2015；Zhou et al.，2005；冯军政，2012）。

基于当前文献中关于不连续创新维度划分的方法，我们借鉴中外学者的研究，将不连续创新的维度划分为技术不连续与市场不连续两个方面。对于技术不连续与市场不连续的测量，书中并未将二者完全隔离开而采用调查问卷的不同量表进行测量。前面关于技术不连续与市场不连续的讨论中已经阐明，如何看待不连续创新的技术基础和市场基础为本研究在不连续创新的测量方面提供了启发。因此，文中后面的实证部分并没有将技术不连续与市场不连续完全分割，其原因有两个。第一，基于研究设计和数据采集方式，我们对企业不连续创新测量所采用的数据来源于样本企业的年度专利申请趋势数据。企业年度专利申请趋势数据的信息中同时包含了企业在技术不连续与市场不连续方面的信息。第二，不连续创新的本质也是创新，同样符合创新需要积累的共识规则[①]，一旦企业做出市场不连续

[①] 汉字中"创新"的"创"字，左边是一个"仓"，代表着积累。右边是一个"刂"，代表着改革。创新不是异想天开，不连续创新亦如此。没有积累，创新也就无从谈起。东软集团CEO刘积仁在2014年接受《哈佛商业评论》（中文版）杂志专访的时候也曾表示，没有长期的积累，就没有短期的幸福。

创新的决策（行为），它们在专利申请数据上的变化是很明显的，因为新的专利申请意味着企业需要在新的知识领域进行积累。

以上两个原因与克里斯坦森等（1993；2006）对破坏性创新理论中关于维持性技术创新与破坏性技术创新在产品性能提升与重新定义产品性能的观点类似。从价值网络的角度来看，市场不连续创新是基于不同的价值网络，这里的价值网络区别于社会学中的价值网络，主要指企业内部价值和资源分配的逻辑网络（冯军政，2012；Christensen，1997）。但是，克里斯坦森对创造新市场从不同的技术轨道向主流市场演进的过程并未完全忽略技术不连续的重要性，只是在技术性能上，这种产品的性能相比主流市场上的产品的性能差一些，破坏性技术产品的性能要低于主流市场的成熟产品，但它拥有一些边缘客户（通常也是一些新客户）所看重的其他特性。这些产品通常价格更低、性能更简单、体积更小，而且通常更便于客户使用（Christensen，1997）。总之，对技术不连续与市场不连续在构成维度划分与测量的适用性方面既不能混为一谈，也不能完全割裂。

五、不连续创新文献评述

从不连续创新定义来看，不连续创新是相对宽泛的概念，其中"不连续"的含义是相对于连续性而言的。"不连续"更多地指企业创新的基础发生变轨性创新变革。或者说，企业创新的路径不再沿着初始或传统的路径进行。当前学者对不连续创新的研究分为两个大类，第一类是激进型创新（根本性创新），第二类是破坏性创新（颠覆性创新）。从技术属性与市场属性的变化来看，激进型创新更多强调企业的技术基础发生变革，而破坏性创新（颠覆性创新）更多地强调企业的市场基础发生变革。但是，目前学者对不连续创新的定义和分类并未进行严格的划分，按照学者们各自的研究视角以及研究问题对不连续创新赋予了各自特有的内涵。

与当前学者对不连续创新研究的视角一致，本研究认为，不连续创新研究与新产品开发研究存在密切关系，其直接证据就是在新产品开发相关研究中找到大量与不连续创新有关的文献（Garcia & Calantone，2002；Veryzer Jr，1998）。此外，其他衍生的创新概念还包括根本性创新、全新创新、架构创新、不连续创新等。加西亚和科兰托恩（2002）对技术创新的类型进行回顾性评论时认为，对不同类型创新的定义以及类型不加以严格区分会面临实证研究中出现混乱。同一种创新，一些学者称之为"全新创新"，而另一些学者则称之为"不连续创新"。因此，我们对不连续创新从企业技术基础与市场基础的变革来定义，具体是指企业的技术基础与市场基础发生重大变化的不连续创新（冯军政，2012）。该定义既借鉴了不连续创新研究学者对不连续创新内涵的表达，同时又与研究的问题及研究情境高度契合。

从不连续创新的相对存在性而言，"连续性"创新与"不连续"创新是相对的，所谓的"不连续创新"带有明显的时空属性。例如在特定的时代，蒸汽机技术、内燃机技术、计算机技术、智能手机技术等均属于不连续创新技术，一旦主导设计成型之后便重新定义了一个行业，之后的一段时间将开始以此为基础的连续性创新。或者说，技术变革的周而复始同时也使连续性创新与不连续创新不断更替与时空交织（Anderson & Tushman，1991）。即当某种不连续技术击败其他竞争性技术成为主导设计时，注定在未来一段时间会成为一种连续性技术。所以，对不连续创新的理解更偏重于某一个特定时期①的创新变革，其中包括宏观的产业变革，也包括微观的企业创新战略变革。

从不连续创新的前因影响因素来看，学术界对影响不连续创新发生机理的研究主要从环境层面（企业外部环境因素）、网络层面（企业之间影响因素）、企业层因素（企业内部环境因素）以及高管层面（企业微观能动因素）等四个层面展开深入研究。其中大量研究集中在企业层面，主要涉及企业战略、组织资本及组织情境等诸多企业内部因素对不连续创新的影响机制。然而，随着研究的不断深入，高管层面的影响受到国内外学者的高度关注，随后展开一系列的富有成效的研究并取得丰硕成果。例如，埃格斯和卡普兰（2009）以及卡普兰等（2003）学者的研究为探索高管层因素对不连续创新的影响奠定了重要理论基础。

然而，尽管部分学者证实了高管层因素对不连续创新影响的重要作用以及不容忽视的学术价值，但对于企业高管层面的因素与企业不连续创新行为之间内在的作用机制缺乏深入的研究。为此，本书在现有不连续创新研究影响因素的基础上深度挖掘高管认知层面的因素（高管团队注意力风格倾向）对企业不连续创新的影响，既不脱离原有的理论基础，又在一定

① 这个时点的时间长度可能是一夜之间，也可能在分秒之间，是一个不确定的时区。

程度上有所创新。综上所述，对不连续创新概念界定、前因影响因素的深入探讨构筑了企业不连续创新理论研究的重要内容。部分学者虽然在创新分类的基础上论述了不连续创新的本质，但并没有对不连续创新的具体含义以及范围进行清晰的界定。多数学者将不连续创新的前置因素聚焦于企业内外环境及企业之间的互相作用，但高管团队层面的因素逐步受到学者的关注。本书的研究将丰富企业不连续创新的高管认知层因素的理论内容，为揭示企业高管团队与企业不连续创新行为之间的内在机理做出贡献。

第三节　企业家社会资本文献回顾

一、企业家社会资本相关概念

1. 社会资本

有学者认为，最早对社会资本（social capital）进行系统分析的是布尔迪厄（Bourdieu），他将社会资本定义为个人或组织所拥有的相互认识或认可的社会化关系网络资源的总和，这个观点受到国内外学者的广泛认同（Portes, 2000；边燕杰和丘海雄, 2000；杨鹏鹏等, 2005）。科尔曼和詹姆斯（Coleman & James, 1990）把社会资本定义为能够创造价值并促进个人行动的社会结构。而塞伯特等（Seibert et al. , 2001）认为，人力资本在技能和能力方面的变化像物质资本一样，可以创造价值以促进生产力的提高。这样，基于知识密集型的知识经济使得人所发挥的作用越来越重要，当人与人之间关系的变化可以促进人们的行动和效率时，社会资本的概念被提出了。一些研究社会网络的学者，起初对社会资本的相关理论进行构建以及对相关理论开展实证研究时把"关系"（relationships）或"连接"（ties）作为分析的出发点。当位于不同关系节点上的人或社会行为以某种方式连接在一起的时候，就形成了"社会网络"。社会网络中的每个人按照自己所处的社会网络位置及相应的规则与他人进行联系（Seibert et al. , 2001）。处于各关系节点上的社会节点在社会网络中拥有丰富的资源，学者们称之为"结构洞"（structural holes）（Burt, 2000）。

　　社会资本理论至少与其他三个理论的关系非常紧密，其一是格兰诺维特（Granovetter，1973）提出的弱连接理论（weak tie theory）；其二是伯特（Burt，1992）提出的结构洞理论（structural holes approach）；其三是林（Lin，1981）等提出的社会资源理论（social resources theory）。格兰诺维特（1973）认为，社会网络团体中成员之间的关系是强连接的，团体内部的信息流通效率和速度都很快。但是，团队之外与其他不同团体之间的关系是弱连接的，多数社会团体之间的弱连接关系桥接着彼此的信息交流和资源共享。伯特（1992）对结构洞的解释是，如果 A（alter）与 B（ego）连接，B 与 C（alter）连接，那么 B 就处于社会网络的结构洞位置。类似的 A 与 C 越多，对 B 越有利，因为非直接连接的节点越多，结构洞网络的丰富性就越强。这样，处于结构洞位置的 B 就能够获得更多的信息和资源（Burt，1992；Seibert et al.，2001）。社会资源理论研究的焦点集中于嵌入在社会网络内部资源的本质，社会连接体之间的强弱连接本身并非特别重要，重要的是它们的连接所传递的各种类型的资源，而这些资源是结构洞节点所需要的（Lin et al.，1981）。社会资本是企业或个人施行社会行为的手段，因此对于企业来说社会资本可能是一种资源，也可能是一种约束（Walker et al.，2000）。资源与约束是相对而言的，没有约束也就没有资源，任何社会约束表现在企业间的行为是促成合作的重要前提。在约束关系建立的同时，合作方对资源的共享也就建立起来了。或者说，如果没有约束，组织之间实现成功的合作就无从谈起。

　　无论是布尔迪厄还是科尔曼，他们对社会资本的共识是关于社会资本的无形性，社会资本嵌入社会关系的结构中，组织的社会资本来源于它与其他社会团体或个人建立的社会关系，而这种社会关系的建立在一定程度上可以为组织带来某种资源优势（Collins & Clark，2003）。从个人角度而言，社会连接能够更好地控制行为，提供个人所需要的资源。当然也在一定程度上限制了人的自由，在社会网络节点上的每个参与者通过各种方式获取自己所需要的资源，但出于连接强度和属性不同，所获得的社会资源也会因人而异。这部分的介绍为企业家社会资本相关概念和理论的分析奠定了理论基础。

2. 企业家社会资本

企业和企业家的存在从来就没有脱离它们所嵌入的社会关系网络。[①]
随着"社会资本"概念出现后对组织与战略管理研究的解释力以及中国
情境下的管理理论与实践的启示，国内很多学者表现出对企业（企业
家）社会资本研究的兴趣（边燕杰和丘海雄，2000；陈爽英等，2010；
耿新和张体勤，2010；孙俊华和陈传明，2009；杨鹏鹏等，2005；张振
刚等，2016；周小虎，2002）。如果要对企业家社会资本（entrepreneur-
ial social capital）的概念进行清晰界定，首先要对社会资本的概念进行
清晰的界定。本节之前的内容简单描述了当前学者们对社会资本的定
义，但是，由于学者研究视角和研究目的差异性导致他们对社会资本概
念的内涵也出现不同的界定。因此，关于企业家社会资本的概念也没有
一致的界定。

孙俊华和杨鹏鹏等学者认为，社会资本概念的界定分为四种：分别
是社会资本的关系网络说、社会资本的诚信与准则说、社会资本的资源
说以及社会资本的能力说（孙俊华和陈传明，2009；杨鹏鹏等，2005）。
从这四种学说的角度对企业家社会资本的概念界定的共同点是企业家嵌
入的社会网络（内部社会网络和外部社会网络）所连接的、能够促进企
业竞争优势获得的社会资源以及有利于促进此类社会资源开发的能力
（孙俊华和陈传明，2009）。耿新和张体勤（2010）认为，当前文献中
对企业家社会资本概念的界定分为两种取向，其一为"利益相关者"取
向，其二为"网络结构"取向。基于利益相关者取向的企业家社会资本
概念界定沿袭了科尔曼对社会结构中社会资本的功能性内涵；而基于网
络结构取向的企业家社会资本概念界定沿袭了伯特对社会结构中社会资
本的结构性内涵。

在杨鹏鹏等（2005）学者对企业家社会资本四学说以及耿新和张体勤
（2010）对企业家社会资本两种取向（功能性取向和结构性取向）界定的
基础上，本书将企业家社会资本定义为企业家社会活动所形成的社会关系

[①] 企业社会资本与企业家社会资本是不同的，企业社会资本中包含了企业家社会资本，一
般的研究倾向于企业家社会资本，并不是因为企业家社会资本的重要性大于（等同于）企业社会
资本，更多的原因可能是在操作层面上更好把控。也有学者认为，对于小企业来说二者是等同的
（耿新和张体勤，2010）。

网络中嵌入的资源以及开发此类资源的能力。对上述定义的解释包含以下四个方面的内容：（1）企业家社会资本是企业家社会活动或社会关系运作的结果；（2）企业家社会资本的资源属性强调了这种资本的无形性及非与生俱来；（3）企业家社会资本中资源开发的能力强调了企业家社会资本的有效性与动态性；（4）企业家社会资本包括内部社会关系网络和外部社会关系网络，通过对这些社会关系网络的适当运用，企业家可以促进企业总体或部分目标的实现。

　　通过对企业家社会资本相关的国内外文献的梳理，我们接受杨鹏鹏等（2005）学者关于国内外企业家社会资本内涵差异的表述。国外学者对企业家社会资本的界定重在强调企业家与其嵌入的社会结构的互动、支持与合作关系。对于这种"关系"，学者们的表述更多是"relationship"，企业家社会资本的含义等同于企业家社会关系网络（杨鹏鹏等，2005）。而国内学者对企业家社会资本的界定除了强调企业家嵌入的社会网络之外，更加注重该社会网络中存在的社会资源以及对此类资源开发的能力。所以在表述与内涵上除了"relationship"外还包括"guanxi①"层面的含义（Park & Luo，2001；Xin & Pearce，1996）。鉴于本书的研究情境是基于中国企业的企业家社会资本，因此对企业家社会资本内涵以及测度方面倾向于后者，即在国外学者对企业家社会资本基本描述的情况下增加了更加符合中国情境的研究元素以及内容，如中国特色的政治、经济、文化法律等环境（朱建安和陈凌，2014），这样所构建的理论关系及实证研究结论更符合中国企业理论与管理实践。因为在借鉴与学习的基础上对研究情境变化的综合考量是将研究结论本土化的路径之一，所以，很多学者提出，关注这些问题在中国本土的表述以及其内涵的差异对发展适宜的本土化理论有很大的帮助（陈晓萍等，2012）。表2-6整理了部分企业家社会资本的代表性实证研究成果。

---

　　① "guanxi"是汉语词"关系"的拼音表述。这个词出现在英文文献中的时间很早，作者检索发现1904年的文献中（Weber，1904）已经出现了该词，而且含义的描述也是 professional network、networking 等（由于文献找不到全文，只能根据摘要判断）。本文对"guanxi"含义的解释采用学术界认为引用最频繁的论述"是指一种存在于物体、力量及人际之间的关系"，强调人与人之间二元隐性关系（宝贡敏和刘枭，2008）。

表 2 - 6   企业家社会资本部分实证研究

文献来源	变量类型	主要结论
Peng & Luo（2000）	自变量	（1）管理者与其他企业高管及政府官员的社会连接有利于企业绩效提升；（2）理论上证实管理者嵌入社会环境的重要性，但是实证研究中发现其对企业绩效的促进力不足
边燕杰和丘海雄（2000）	自变量	企业社会资本在经济活动中非常重要，提高企业社会资本的功效可以从产权改革、制造业学习与企业家教育等方面入手
Collins & Clark（2003）	自变量	高管团队的内外部社会网络属性（宽度、广度和强度）与企业绩效正相关；一系列人力资源实践的网络构建与高管团队的内外部社会网络属性（宽度、广度和强度）正相关
孙俊华和陈传明（2009）	自变量	（1）企业家与政府的社会网络关系不利于企业短期绩效；（2）没有证据显示企业家与其他企业的社会网络关系对企业绩效有促进作用；（3）企业家盛誉和个人特质与企业绩效正相关
陈爽英等（2010）	自变量	（1）民营企业家商业社会资本（金融、协会）与企业研发投资倾向正相关；（2）民营企业家制度社会资本（政府）与研发投资倾向和强度负相关
耿新和张体勤（2010）	自变量	（1）企业家社会资本的三个维度（商业社会资本、技术社会资本及制度社会资本）正向影响企业市场动态能力；（2）商业社会资本和技术社会资本与技术动态能力正相关
姜卫韬（2012）	因变量	影响企业家社会资本的结构性、资源性及策略性因子分别通过企业家关系网络、企业家社会资源以及企业家创新机会策略影响企业家社会资本
Cao et al.（2015）	自变量	CEO 与各职能部门成员结成的社会资本与企业创业导向呈倒 U 型关系；CEO 与企业外部利益相关者结成的社会资本与企业创业导向正相关
张振刚等（2016）	自变量	企业家社会资本有利于提升科技型小微企业的创新绩效（用专利产出量来表示）；企业家与其他合作对象的创新合作意愿正向调节企业家社会资本对产学研合作的效果

资料来源：郭毅等（2002）、杨鹏鹏等（2005）、宝贡敏等（2008）、王涛（2016）及作者文献整理。

表2－6中列出了部分企业家社会资本的相关实证研究及其主要结论。关于企业家社会资本的研究成果，我们主要列举以企业家社会资本作为自变量与企业绩效（财务绩效、市场绩效、创新绩效等）、企业动态能力及研发与投资（决策）行为之间的关系。鉴于篇幅限制以及研究的主要内容，这里关于企业家社会资本的影响因素涉及很少，因为关于企业家社会资本形成的机理研究更多出现在社会学理论与社会网络理论中。从企业家社会资本对企业绩效的影响视角来看，企业家社会资本对企业绩效的影响是正向的（Collins & Clark，2003；Peng & Luo，2000），但是另外一些学者并没有直接考察企业家社会资本对企业绩效的影响，而是分别验证企业家社会资本对企业研发投资倾向（陈爽英等，2010）、市场动态能力与技术动态能力（耿新和张体勤，2010）、创业导向（Cao et al.，2015）和创新绩效（张振刚等，2016）的影响。

从当前文献中有关企业家社会资本与企业绩效的数量来看，多数研究倾向于直接检验二者的相关关系，而对深入挖掘企业家社会资本与企业绩效之间的内在机理和传导机制的文献很少，这也是关于企业家社会资本与企业绩效以及企业能力和行为研究的趋势。从企业家社会资本对企业绩效的促进作用角度来看，主要体现在两个方面：其一是企业家社会资本能够促进企业家识别商业机会；其二是企业家社会资本能够促进企业家获取资源，这些资源对于企业的生存和竞争优势的获得起着决定性作用。

综上所述，企业家社会资本对企业绩效的促进性影响，主要表现在对新商业机会的识别、信息资源的获取、组织内部成员的凝聚力、降低交易费用、化解决策团队冲突及促进创新等方面（杨鹏鹏等，2005；仇中宁和陈传明，2015）。除此之外，一些学者研究了企业家社会资本作为企业市场进入、生产流程、信息与金融资产获取的推动者（Fornoni et al.，2013）和企业家社会资本与创业绩效的关系以及企业家社会资本能够有利于创业者抱有更积极的创业态度（Hoffman et al.，2005），稳定的内部企业家社会网络关系有利于降低创业风险（Moran，2005）。特别是一些新兴经济体中创业企业在成长和发展的过程中不能忽视企业家社会资本的重要性。这也是我们将企业家社会资本作为一个重要变量引入研究框架进行深入分析的原因，期望通过企业家社会资本对企业不连续创新的影响揭示社会网络视角下不连续创新的影响因素。

二、企业家社会资本的维度划分与测量

1. 企业家社会资本构成维度与测量回顾

本节内容的中心任务是在当前有关企业家社会资本维度划分以及测量方法总结的基础上，发现关于企业家社会资本的构成维度以及相应测量方法的内在一致性。企业家社会资本的无形性（Coleman & James，1990）决定了它是一个抽象的变量，对一个抽象概念进行直接的测量在操作上很难实现。所以，通行的做法是找一个代理方法对其进行间接的测量。因此，实证研究中如何对它进行准确的测量就成为一个重要的问题。

早期对企业家社会资本的测量多采用单维度结构模型（one-dimensional structural models）进行。单维度结构模型是指仅用一个维度来代理某一个节点（个人或企业）的社会资本，这种测量方法基于测量对象在社会网络中的相对位置展开（Fornoni et al.，2013）。也有学者基于结构洞理论在关于社会资本、智力资本及组织优势关系的研究中采用了这种测量方式（Nahapiet & Ghoshal，1998），结果显示社会资本可以促进新的智力资本产生。而其他学者使用战略联盟作为企业社会资本的研究中，对社会资本测量时除了采用结构维度外还使用了关系维度，这种关系维度体现了被测对象在社会网络与其他节点之间的关系特征（Koka & Prescott，2002）。最终认为企业的社会资本水平不仅体现在联盟网络的位置结构，而且在联盟形成和动态性方面也是不同的。除此之外，其他学者在社会资本测量的结构维度与关系维度的基础上增加了资源维度，例如刘等同时将三个维度的测量整合在一起对社会资本进行综合测量，其中对资源维度的测量反映了社会网络中节点能够提供的资源的价值。为了对相关企业家社会资本的构成维度及测量方式做进一步分析，将近年来关于企业家社会资本的部分相关文献以列表的形式反映在表 2 - 7 中（Batjargal & Liu，2004）。

表 2 - 7　　　　国外学者关于企业家社会资本维度构成与测量

文献来源	主要维度（测量）
Nahapiet & Ghoshal （1998）	● 结构维度（网络连接、网络结构、适当的组织） ● 认知维度（共享代码和语言、共同叙述） ● 关系维度（信任、规范、义务、认同）

续表

文献来源	主要维度（测量）
Koka & Prescott（2002）	● 信息量（特征向量中心性、合作伙伴数目、连接数） ● 信息多样性（技术多样性、国家多样性、结构洞） ● 信息丰富度（信息多重通道、重复连接）
Peng & Luo（2000）	● 管理者与其他企业的连接（客户、供应商、竞争对手的 7 级 Likert 量表） ● 管理者与政府连接（各级政府领导、行政官员、监管及支持部门官员问卷）
Scott et al.（2010）	● 企业家社会关系资本（提供职业生涯、信息、机会、咨询、职业沟通的人） ● 企业家社会关系网络规模（所有纽接（alters）者的总数）
Acquaah（2007）	● 政府社会资本（市/区/州）议会高官、监管机构官员、产业及投资机构官员 ● 社区社会资本（国王、宗教领袖等） ● 商业社会资本（供应商、客户、竞争对手等）
Oh et al.（2006）	● 社会信息资源（相关信息、信息多样性、信息的及时到达） ● 社会政治资源（第三方引荐、政治保护、政治资源可获得性和及时性） ● 团体相互信任和精神支持
Stam et al.（2014）	● 社会网络规模（相关信息、信息多样性、信息的及时到达性） ● 社会关系及结构洞（强关系、弱关系） ● 网络多样性（增长测量、利润测量以及非金融测量）
Lau et al.（2011）	● 政府及金融机构关系（被访者要回答与政府的亲疏程度，5 级 Likert 问卷量表） ● 贸易与政策委员会关系（与商业委员会的亲疏程度，5 级 Likert 问卷量表） ● 董事会关系（与董事会的亲疏程度，5 级 Likert 问卷量表）

资料来源：作者根据表中文献整理。

通过对相关外文文献的梳理，我们认为当前国外学者研究企业家社会资本构成维度体现出以下四个趋势：

趋势一：维度构成逐步从单维度向多维度转变。从早期的单维度构成更关注社会网络位置（Nahapiet & Ghoshal，1998）到多维度整合构成企业家社会资本的构念维度。

趋势二：依据研究情境的差异，在宏观的结构维度、资源维度以及关系维度的层面上增加了子维度（Koka & Prescott, 2002），从而更能够贴近研究实际，并有利于对潜变量进行测量（Oh et al., 2006）。

趋势三：在维度内容的构成与表述上都强调商业社会关系、政治社会关系以及技术社会关系等取向（Acquaah, 2007; Stam et al., 2014）。在表达强度上与结构洞（Burt, 2000）理论结合在一起。

趋势四：企业家社会资本构成维度与结构洞理论结合形成的强社会关系与弱社会关系都存在，而且其对企业的效能机制是不同的（Stam et al., 2014）。

鉴于中国情境下的理论研究和管理实践与西方管理理论研究与实践的差异，国内学者对企业家社会资本维度构成及测量也存在不同。在国外学者研究的基础上，国内学者对企业家社会资本的构成维度与测量趋向于从企业家社会网络成员构成、企业家社会网络结构以及企业家技术网络资源对企业家社会资本进行维度构建及测量（耿新和张体勤，2010）。表 2 - 8 整理了近年来国内学者关于企业家社会资本的部分研究。在选取文献的时候作者把握了期刊质量、引用次数、发表年份、实证研究等几个重要筛选标准。从文献梳理的情况来看，国内学者对企业家社会资本维度划分与测量呈现以下几个特征：

特征一：从企业家社会资本构成维度形成的方向来看，很多学者将纵向社会网络关系与横向社会网络关系进行了区分（边燕杰和丘海雄，2000；孙俊华和陈传明，2009）。纵向社会关系网络中的企业（企业家）社会资本主要集中在企业家与政府、行业协会等机构的关系建立与维护上；横向社会关系网络中的企业（企业家）社会资本主要与集中在企业家与同行业企业、客户、供应商及其他商业团体关系的建立与维护上。

特征二：从企业家社会资本构成维度形成的内容来看，与政府（包括乡级、县级、市级、省级、中央级各级政府，人大、政协等政府性机关）、行业协会以及其他商业团体的社会关系网络构成了企业家社会资本构成维度的主要内容（陈爽英等，2010；耿新和张体勤，2010；张振刚等，2016）。

特征三：从对企业家社会资本的数据搜集与测量手段来看，对企业家个人的人口统计学特征数据搜集主要以二手数据为主。对企业家社会网络关系测量结合了调查问卷和二手数据两种数据搜集方法。对政府社会关系的测量一般采用当前（或曾经）是否在政府机关任职（领导职务）的经历为主（边燕杰和丘海雄，2000；孙俊华和陈传明，2009）。对企业家社会资本内容的测量表现为社会资本异质性、社会资本规模以及社会资本强度大小三个方面（耿新和张体勤，2010）。

表 2 - 8　　　　国内学者关于企业家社会资本维度构成与测量

文献来源	主要维度（测量）
边燕杰和丘海雄（2000）	● 企业的纵向联系（企业法人代表在上级机关的任职情况） ● 企业的横向联系（企业法人代表是否出任过跨行业管理和领导职务） ● 企业的社会联系（企业法人代表社会关系的广泛度）
蒋春燕和赵署明（2006）	● 企业的社会网络强度（企业高管社会关系总和，包括社会关系的数量、接触的次数及持续的时间和亲密程度。用调查问卷搜集数据，7 级 Likert 量表）
孙俊华和陈传明（2009）	● 企业家纵向关系网络（是否在政府任职或具有人大代表或政协委员等身份） ● 企业家横向关系网络（董事长曾经任职过领导职务的企业总数） ● 企业家自我关系网络（无形资产的自然对数）
陈爽英等（2010）	● 企业家协会关系资本（是否在行业协会任职） ● 企业家政治关系资本（是否任职人大代表或政协委员） ● 企业家银行关系资本（过去贷款来源：国有商业银行、股份制银行等）
耿新和张体勤（2010）	● 企业家商业社会资本［客户、供应商、合作企业及同行企业数目（网络异质性）、对应的人数（网络规模）以及每月一次以上联系的人数（网络强度）］ ● 企业家制度社会资本［政府部门、行业协会等数目（网络异质性），对应的人数（网络规模）以及每月一次以上联系的人数（网络强度）］ ● 企业家技术社会资本［高校及科研机构技术专家数目（网络异质性），对应的人数（网络规模）以及每月一次以上联系的人数（网络强度）］

续表

文献来源	主要维度（测量）
姜卫韬（2012）	● 企业家关系网络（只给出企业家与关系网络"节点"和"线段"的描述） ● 企业家社会资源（未进行测量方法的相关说明） ● 创新机会策略（包括创新机会识别和创新机会开发两个子维度）
游家兴和邹雨菲（2014）	● 企业家社会关系（是否与政府、金融机构及其他企业有关） ● 企业家社会地位（是否是非商业协会领导，职称和学历级别） ● 企业家社会声誉［荣誉称号（如劳动模范等）和荣誉嘉奖（如政府表彰等）]
张振刚等（2016）	● 企业家商业关系资本［是否为商会的正（副）会长以及正（副）理事长] ● 企业家政治关系资本（企业实际控制人是否在政府、人大或政协任职） ● 企业家个人特质资本（企业家学历水平：高中、大专、本科、硕士及以上）

资料来源：根据中国知网期刊数据库中经济与管理学核心期刊[①]文献资料整理。

2. 对企业家社会资本构成维度的界定

在对现有文献关于企业家社会资本构成维度与测量方法回顾的基础上，我们对企业家社会资本构成维度的界定遵循以下三个原则：

第一，借鉴国外学者最初对社会资本内涵的定义，从单维度构念向多维度构念发展，注重社会关系网络中位置的结构以及资源（Nahapiet & Ghoshal，1998；Walker et al.，2000）。

第二，在企业家社会资本结构和资源维度的基础上，借鉴相关学者（Batjargal & Liu，2004）学者的观点，将社会资本的构成维度扩展到结构、资源和关系。

第三，借鉴与汲取耿新和张体勤（2010）关于企业家社会资本构成维度的划分与测量方法。对中国企业家社会资本的关注从政府（制度）社会

---

① 主要包括：《中国社会科学》《管理世界》《南开管理评论》《中国工业经济》《管理评论》等期刊。

关系网络、商业社会关系网络进一步拓展到技术社会关系网络。

在上述三个原则以及借鉴与吸收国内外学者研究成果的基础上，我们将企业家社会资本的维度确定为三个。其一为企业家制度社会资本，综合反映了企业家与政府的社会网络关系资本；其二为企业家商业社会资本，综合反映了企业家与商业社会团体（客户、供应商、合作伙伴、竞争对手、行业协会等）的社会网络关系资本；其三为企业家技术社会资本，综合反映了企业家与技术社会网络（高校、科研院所、技术研发企业等）的关系资本。

在测量手段上，本书的实证研究部分将详细阐述每一个变量的测量方法，这部分的内容只是对测量的方法论部分做一个简要的说明。由于研究的所有变量的数据均来源于二手数据，包括公司年报、企业文档、财务年报等，而且在实证研究阶段，将不再采用调查问卷的方法来搜集数据。因此，对企业家社会资本（企业家制度社会资本、企业家商业社会资本和企业家技术社会资本）的测量均采取客观测量。这种测量在一定程度上解决了回答者偏差（respondents bias）以及共同方法偏差[①]（common method bias）等问题。这也是本研究对变量进行数据搜集和测量时选择二手数据的主要原因之一。总之，一方面，研究对企业家社会资本的构成维度与测量方法是基于研究问题以及研究背景，在充分借鉴与吸收国内外学者对企业家社会资本的基础上对其进行界定的，基于此为后面实证研究部分奠定了理论基础。另一方面，研究对企业家社会资本维度构成与测量的确定上还需要考虑所采用的方法与维度在实证操作中的数据可获得性，这个原因也是同样重要的，因为它直接关系到研究的可行性。

三、企业家社会资本文献评述

对中外社会资本的差异化理解有助于解释当前语境中企业家社会资本

---

① 共同方法偏差（common method bias）是指由于同样的数据来源或评分者、同样的测量环境、项目语境以及项目本身特征所造成的自变量与因变量之间的人为的共变性。它是源于测量方法而不是研究构念的一种变异，这里的方法包括不同的抽象水平，如特定条目内容、问卷类型、反应形式、一般测试环境等。在最抽象水平上，方法效应可以解释为诸如光环效应（halo effect）、社会赞许性、熟悉—宽容效应或是一否一致性反应等。共同方法偏差在心理学、行为科学研究尤其是在问卷法中广泛存在。常用的检验方法有哈曼（Harman）单因素检验等（Podsakoff et al.，2003）。国内学者周浩等对共同方法偏差的统计与控制做了相关研究（周浩和龙立荣，2004）。

的含义。首先，我们必须承认，在中国虽然社会资本的客观存在早于其理论构建，但是今天学术界所讨论的企业家社会资本的核心要义是来自国外理论。通过本节前两个部分对社会资本及企业家社会资本的相关文献进行梳理发现，社会网络理论中关于社会资本的论述并没有特意强调社会资本的企业家依附性。对于这种理论研究学者而言，其谈及社会资本的概念时如果对象是一个企业，其社会资本的指向更倾向于企业而非企业家。其原因可能包含以下两个方面：一是中外企业家在企业运作中的角色差异；二是中外企业制度建设方面的差异，这两个原因中起到关键作用的应该是后者，即企业制度设计本身影响企业家在企业运作中的定位和角色。

国外企业家在企业实际管理中倾向于制度定格下的领导角色，而国内企业的领导者不仅仅是一个企业家，同时也是一个社会活动家。企业的行为在一定程度上是企业家行为的化身[①]，学术界与实业界将之称为企业人格化。企业人格化程度与企业制度设计密切相关，西方（像美国）企业的制度化运行主要靠流程管理，而且公司的管理呈现分布式流程段，高管只负责对其任职权限内部的职责进行流程化管控，这种系统式拆解造成的结果就是企业的运行与企业家分离。或者说，企业最高领导的行为对整个企业的影响是有限的。而中国的企业更大程度上尚未构建完善的制度化公司治理体系。因此，在学术文献中，外文文献所提及的更多是"社会资本"而中文的文献提及更多的是"企业家社会资本"。鉴于本研究的基础数据与中国的上市公司，在变量测量以及概念含义上的独特性，我们对企业家社会资本的内容取向借鉴外文文献中"社会资本"网络结构位置、资源连接属性以及网络关系数量等核心要点（Koka & Prescott，2002）；在测量手段上截取国内学者对企业家社会资本制度、商业以及技术三方面的维度（耿新和张体勤，2010）。

从当前学术研究的现状看来，关于企业家社会资本的研究较为成熟，国内学者较早就注意到企业（企业家）社会资本在企业商业活动、竞争优

---

① 2017年6月21日，万科原事会换届方案公告中披露，万科原董事长王石交班郁亮，退出董事会。此前万科与王石的紧密程度众所周知，甚至有人直呼"万科王石"四字短语。此后，实业界更多讨论的话题是"没有王石的万科还是万科吗？"。万科作为政府所有权与经营权分离的成功典范尤为如此，何况其他企业。实业界对王石的称呼除了"著名企业家"之外，还有"社会活动家""明星企业家""品牌代言人"等。除此之外，像阿里巴巴与马云，腾讯与马化腾，百度与李彦宏，360与周鸿祎及小米与雷军，等等。如此之类互联网企业与企业家的一体化程度更高。

势获取以及市场竞争中的重要作用。而且，大多数国内学者并未区分企业社会资本与企业家社会资本，甚至在某些情况下将二者等同。鉴于当前关于企业家社会资本相关研究较为成熟，我们综合中外学者对"社会资本"及"企业家社会资本"相关文献观点的基础上，基于实证研究数据情况，借鉴耿新和张体勤（2010）的研究，以三维度划分企业家社会资本，以更为全面的企业家社会网络资本刻画其在企业不连续创新行为过程中扮演的角色。虽然研究的主效应并非探讨企业家社会资本与不连续创新之间的影响关系，但企业家社会资本构念在作为自变量与调节变量方面均可以丰富研究的理论内涵与意义。

总而言之，我们对企业家社会资本文献的梳理分别阐释了中外社会网络理论中企业社会资本的要义，一方面是对当前关于企业家社会资本的研究现状予以回顾，另一方面也是为研究后续内容打下理论基础。同时，在变量维度划分以及变量测量方面，我们并未对目前相关文献提出的观点予以修正，因为按照我们对企业家社会资本以及内涵的解释，并未与当前国内外学者的定义和维度划分等内容有歧义，我们只是整合了国内外相关理论研究方面学者的部分内容，所以，在借鉴国外学者最初对社会资本内涵的定义的同时认为，当前社会资本的维度已然从单维度构念向多维度构念发展，而且社会关系网络中位置的结构以及资源受到学者的广泛关注（Nahapiet & Ghoshal，1998；Walker et al.，2000）。此外，我们还借鉴一些学者（Batjargal & Liu，2004）的观点，将社会资本的构成维度扩展到社会资本结构、社会网络资源和社会资本关系三个维度。最终，通过借鉴耿新等国内学者的研究，从中国企业家社会资本的制度、商业以及技术方面进行维度划分及构念测量。

第四节 本章小结

本章对全文所涉及的基础理论以及主要变量进行回顾性评述。作为全文最重要的理论基础和研究基础，文献述评的质量直接关系到我们的理论研究和理论贡献。总体来看，本章的内容涉及两大基础理论、三大主要构念和四大综述内容。

两大基础理论主要包括以汉布里克（1984）为代表的高阶理论和以奥

卡西奥（1997）为代表的注意力基础观。三大主要构念包括高管团队注意力（风格）、企业家社会资本以及企业不连续创新。四大综述内容详细阐述了每一个构念设计的理论概念、实证现状、构念维度以及测量方法。所以，本章的主要内容包括两大方面，一是对本研究所涉及的基础理论进行回顾性梳理，二是对本研究涉及的三个核心变量的四个方面进行文献述评。通过本章的文献述评对相关研究领域的研究现状予以分析，在以往研究的基础上提出研究问题，使得本书既不脱离现有的研究基础又在理论创新方面有所建树，如图 2 - 6 所示。

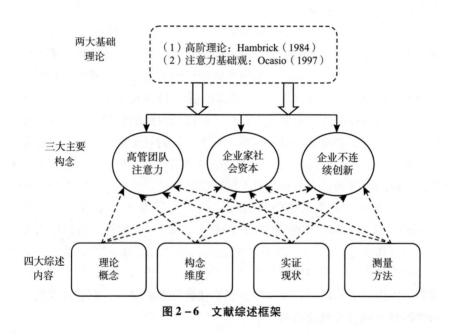

图 2 - 6　文献综述框架

第三章　理论推演与研究假设

在第二章基础理论与文献综述的基础上，本章的主要目的是围绕核心变量构建理论模型。本研究所涉及的主要变量包括高管团队注意力风格倾向、企业不连续创新（技术不连续创新与市场不连续创新）、企业家社会资本（制度、商业及技术社会资本）。本章通过对核心变量之间的逻辑关系进行论证，从而构建研究的理论模型并提出研究假设，为第五章的实证研究奠定理论基础。

第一节　高管团队注意力风格与企业不连续创新

如果说连续性创新可以使一个企业与其竞争对手结伴而行的话，不连续创新可以使一个企业在激烈的商业竞争中鹤立鸡群。持有这种观点的学者认为创新是企业获得竞争优势的唯一来源（Morris，2013）。尽管很多学者对创新的竞争优势来源唯一论观点持保留态度，但不连续技术创新在企业摆脱竞争困境、实现技术跨越和构筑持续竞争优势方面的作用得到了学术界的一致认可（肖海林，2011）。

本书第二章指出了影响企业不连续创新四个层面的前置因素，其中高管层面的研究相对其他层面的研究有很大的空间和潜力。部分学者对影响企业不连续创新的高管认知因素产生了浓厚兴趣，在影响在位企业难于应对不连续技术的研究中将高管注意力作为一个关键的解释变量。例如卡普兰等（Kaplan，2008；Maula，2013）的研究取得了开创性成果，他们的研究认为，如果在位企业的高管团队（或者 CEO）能够及时地关注不连续技术，那么就很可能在这种技术上进行投资，从而有效应对来自不连续创新的威胁。汉布里克和梅森（1984）认为在一定程度上，决策者的认知特征与战略选择过程中体现的行为相关，企业决策者关注的方向最终会体现在他们的策略组合中。然而，由于管理者的有限理性，认知（注意力）资源的稀缺性（March & Simon，1958；Simon，1962）使高管团队注意力关注的焦点不同，也使不同类型的注意力风格表现出不同的战略决策进而导致差异化的战略行为。

虽然卡普兰等（2003）证实了 CEO 对新技术的关注可以促使企业在该技术领域投资的增加，但她们并没有区分技术创新的类型。她们所指的新技术涵盖了所有相对企业而言未曾开发的技术，而技术变革只是代表新旧技术的交替和转换。不连续创新本质上是技术变革的特例，企业高管在面向不连续创新变革的情境下做出什么样的决策，对企业未来战略行动的成功与否起着至关重要的作用。从当前已有的文献看，关于高管团队注意力与企业不连续创新（技术不连续变革）之间关系的研究嵌入在寻找在位企业面临不连续技术环境时的战略选择和行动路径。这方面的研究涉及两个主要内容：一是在位企业与技术不连续的关系；二是高管团队的注意力如何适应不连续创新变革。

从在位企业与不连续技术的关系来看，研究的视角集中于在位企业面临不连续技术的困境和认知方面的障碍。例如，组织惯例和能力（Winter & Nelson，1982）、路径依赖和组织承诺升级（Henderson & Clark，1990）、在位企业嵌入的价值网络（Christensen，1993）、新进入者和在位企业从事不连续创新行为的经济激励（Christensen，1997）、组织惰性（Gilbert，2005；Tripsas，2009）、高管注意力（Kaplan，2008；Kaplan et al.，2003；Ocasio，2011）以及关注或解释不连续技术过程中的认知障碍（Danneels，2015）。我们借鉴卡普兰以及埃格斯等学者的观点，深度挖掘企业不连续创新的高管认知影响因素，研究结果将进一步拓展高管层注意力风格在企业不连续创新过程中的角色。

区别于连续性创新企业的技术变革演进路径，面向不连续技术创新企业在推动技术变革的进程中都会面临在位企业（原有企业）的抗拒，基于不连续技术的创新模式和技术演变既是在挑战现有技术的发展路径和市场模式，也是在成熟技术基础上寻求跳跃性突破。不连续创新企业通过调动和管理新的资源，构建新的竞争规制，从而找到不连续技术变革与新型技术生态融合的平衡点（Munir，2003）。

在技术更迭迅速的行业中，企业会不断地面临不连续技术的冲刷以及潜在进入者的威胁。特别是技术密集型企业，它们的生存和竞争优势的获取依赖于企业在两个方面取得突破并站稳脚跟（Katila & Chen，2008）。一方面，企业需要将不连续技术迅速引入当前的产品领域，或者在当前产品市场进行不连续创新。同时，为了更好适应不连续技术的产生，企业也需要做出一些必要的战略调整，比如调整当前的产品组合。另一方面，企业应该具备独辟蹊径的不连续创新能力，这种能力在不连续创新中属于基于市场基础的不连续创新，它可以帮助企业避开主流产品市场的竞争锋芒，在新的产品/技术领域进行创新（Christensen，1997；Kaplan & Tripsas，2008）。基于这两方面的考虑，企业的关键问题转变为究竟是什么因素能够促进企业在这两方面获得成功。在这个问题上，战略管理与组织理论研究的学者近乎一致地承认管理者认知的直接影响（Cyert & March，1963；Gavetti & Levinthal，2004；Helfat & Peteraf，2015；Kaplan & Tripsas，2008）。

当前看来，这种影响分化为管理者认知对创新的促进和抑制两种不同的后果。促进派的观点倾向于管理者如果将注意力分配到不连续创新领域，并把它放在企业战略层面的高度进行思考，决策者在进行战略决策的时候会在远距离、异空间的知识范围内搜索决策所需要的信息。这种认知模式下的注意力分配有利于管理者克服固有的结构性惯例，而进行以市场变革为基础的不连续创新（Eggers & Kaplan，2009）。而抑制派则认为，由于认知模式以及注意力配置习惯，导致企业管理者很难快速地在现有产品领域进行技术不连续创新，而且在新兴领域进行市场不连续创新的可能性更低（Gavetti & Levinthal，2000）。对上述两种观点的分析在于需要从不同类型的注意力风格倾向（整体性注意力与分析性注意力）入手，因为不连续创新过程中，决策者以不同的方式触发他们的认知过程（Gavetti & Rivkin，2007）。

一、高管团队注意力风格与企业不连续创新行为

心理学家在解释个体认知差异的研究中引入了两种不同的注意力风格，即整体性注意力（holistic attention）与分析性注意力（analytic attention）（Masuda & Nisbett，2001；Witkin & Goodenough，1977）。尼斯贝特及其合作者（2001）在研究东西方文化与思维差异的论文中将整体性注意

力定义为将对象或关注的焦点视为一个整体，不仅注意到对象本身，更注意到对象之间的联系，甚至会基于这些联系对对象的发展趋势和未来走向做出预测；同时，将分析性注意力定义为管理者倾向于从背景中分离对象，关注对象自身的属性以将其分配到所属的类别中，持有此类注意力风格的管理者更可能使用基于分类的规则来解释和预测对象的行为偏好。

整体性注意力的管理者依赖过去的经验知识，而分析性注意力的管理者依赖于抽象的逻辑分析。具有整体性思维的管理者以辩证的思维看待事物之间的联系，具有分析性思维的管理者在感知上将对象或事件与其所在的场域背景分离（Wyer，1974）。从管理者认知形成的过程机理来看，决策者在创新决策的过程中触发认知过程的注意力模式是不同的，因为整体性注意力与分析性注意力对事物认知的方式在参与程度上有很大区别（Nisbett et al.，2001；Peng & Nisbett，1999）。注意力风格偏向于整体性的行为者在看待事物时倾向于将不同的事物以一定的方式连接在一起，他们不仅会看到事物（或对象）的独特属性，还会看到事物（或对象）之间彼此的相互关系。而注意力风格偏向于分析性的决策者在看待事物时倾向于将其与其他对象或事物独立出来①（Witkin & Goodenough，1977）。整体性注意力将注意焦点触及除了自身以外的社会场域，这个场域的复杂度越高，它所包含的社会关系就越复杂，决策者需要顾及对象之间的作用关系也越多。

分析性注意力是指管理者倾向于从背景中分离对象，关注对象自身的属性以将其分配到所属的类别中（Nisbett et al.，2001）。由于分析性注意力的高层管理者倾向于从环境中分离事件（或对象），而且更关注对象自身的属性。所以高层管理人员往往将注意力集中在技术的内部属性，而对不同技术之间的联系关注较少（Nisbett et al.，2001）。嵌入在原有技术的制度性关联经常与企业初始的运营模式或技术形成机制互相关联。所以，分析性高管注意力更容易从企业的技术创新关联中分离出与原有技术不在同一个轨道的创新路径。如果用现有的创新路径适应新的技术或产品，很可能会与新技术本身的属性相背离。就像克里斯坦森（1997）关于硬盘企

---

① 有研究表明，东方人、农民、社会科学家等更倾向于整体性注意力，西方人、猎人、自然科学家更倾向于分析性注意力（Miyamoto et al.，2006）。心理学对注意力风格的研究主要集中在形成不同注意力风格的影响因素，如地域、文化、职业等。

业失败的分析中所提到的，成熟的大型硬盘企业之所以失败，很大程度上因为他们的内部制度与组织惯例无法从原有技术模式和价值网络中分离，因而当管理者还未意识到原有技术将来有一天遭遇颠覆的时候，主导技术优势带来的源源不断的现金流使得企业所有的注意力都停留在与之相关的技术创新及性能改善上。

由于整体性注意力高管人员在审视其当前的产品领域时往往会把整个技术背景纳入考虑的范畴进行综合考虑。所以整体性注意力的高管看待对象或事件时会表现出一定的联系性，几乎所有涉及企业当前所经营范围内产品/技术的任何变化都很可能引起管理者的关注。如果一种创新性技术在企业当前的领域内出现，整体性管理者注意力对这种新技术的敏感性和反应速度将比分析性管理者注意力更高、更快。除此之外，具有整体性注意力倾向的高管在一定程度上与其原有的认知模式与思维惯性相关（Ocasio，2012）。因为整体性注意力的高管团队倾向于将新技术与企业原有技术联系在一起，所以新技术的出现会对企业未来战略调整与组织适应性加强产生积极的作用（Nisbett et al.，2001）。拥有整体性注意力倾向的高管团队在意识到新技术出现时，会将新技术与企业原有技术的内在联系产生某种关联，这种关联一方面体现在技术基础的关联性上，另一方面体现在新技术与原有技术对产品性能改善的衔接（即技术衔接与市场衔接），此类高管团队把技术创新以及如何在本企业开展的其他因素共同考虑。

从技术基础的角度看，新技术与原有技术的知识结构和所需技能有相似的地方，企业的惯性促使了高管团队在进行技术创新的过程中无法忽视新旧技术之间的内在联系与有机衔接。所以，整体性注意力倾向的管理者在进行技术创新活动时更可能将那些与现有技术领域联系紧密的技术情报储存于他们的决策辅助信息系统中，而且，他们的注意力焦点也会受限于原有的技术创新，很难将知识搜索的范围扩展到新的产品/技术领域。这个过程体现了决策者信息搜寻的局部性和管理者个人认知的有限理性。此外，决策者在决策制定的过程中对外界信息的感知与本地的原有知识连接在一起，这种连接性在一定半径内形成认知的整体性视阈（魏江等，2014）。或者说，偏向于整体性注意力的高管会倾向于进行延续性创新。持有这种注意力风格的企业高管在修改技术轨迹与创新路径的过程中除了自身认知障碍的影响因素外，那些来自原有企业文化以及价值链的影响也促使他们开展以原有技术基础为主的连续性创新，而非不连续创新。

从市场基础的角度来看，具有整体性注意力倾向的高管团队与企业的商业逻辑基本保持一致性（Ahi & Searcy，2015）。吸引顾客、强盈利能力、高市场占有率，以及持续的现金流是检验企业商业模式是否有效的基本法则。而市场不连续技术导致企业在未来产品市场上面临诸多不确定的同时还承担着巨大的市场风险，即不连续创新的本质与企业高管的战略决策和谋划布局产生偏离。同时，即使有一些高管可以部分接受不连续创新带来的未来收益，这种潜在优势获得的同时需要企业改变原有的组织模式，并需要配套适合不连续创新产品开发与销售的组织能力（Anderson & Tushman，1991）。因此，企业即便在不连续创新领域进行创新，也会受到企业高层管理者认知惯性的影响。而且，具有整体性注意力的企业高层管理人员往往不能灵活地改变他们在企业原有产品制度下形成的固有方案及商业逻辑。例如，有学者关于能力、认知与惰性内在关系的研究已经证明（Tripsas & Gavetti，2000），宝丽来在引入数码相机的战略上表现出的优柔寡断与迟疑坐困的一个重要原因就是公司的高层管理者认为，数字技术将给企业带来的商业模式与公司目前的销售方式相矛盾，从而对不连续创新产品的引入产生迟疑。

企业内部创新战略的制定和相应的创新战略选择与企业当前的管理流程紧密相连（Benner & Tushman，2003）。倾向于整体性注意力风格的高管团队在注重技术创新内部关联的同时忽视了对不连续创新的关注，他们更加关注持续开发现有技术领域产品的效率提升。因此，随着注意力风格的整体性倾向进一步扩展到企业日常管理的其他领域时，不连续创新将让位于产品功能改善以及优良财务绩效的渐进式创新实践。总之，倾向于整体性注意力的企业高管团队在多数情况下为企业带来了对现有能力的渐进式延展，这种渐进式延展体现在企业的技术创新技术将沿着原有的轨道进行局部改善。因此，在一定程度上高管团队的整体性注意力不仅不利于企业进行技术不连续创新，而且也不利于企业开展市场不连续创新。基于以上论述，提出以下研究假设：

假设1：高管团队越倾向于整体性注意力风格，企业进行不连续创新的倾向性越弱；高管团队越倾向于分析性注意力风格，企业进行不连续创新的倾向性越强。

二、企业高管团队注意力风格与企业技术/市场不连续创新

本节假设 1 讨论了企业高管团队注意力风格倾向与企业进行不连续创新连接的内在逻辑。总体上来看，整体性注意力倾向的高管团队促进了企业连续性创新行为的发生，而分析性注意力倾向的高管团队促进了企业不连续创新行为的发生。更进一步，为了与全书主题耦合的内在一致性，需要从深层次探讨企业高管团队注意力风格的差异分别与企业技术不连续创新、企业市场不连续创新的单独影响关系。如此安排的逻辑内涵出于以下两个方面的考虑，首先，技术不连续创新与市场不连续创新分别体现了企业技术基础与市场基础发生变革的两种不同的不连续创新模式（冯军政，2012）。其次，进一步探究企业高管团队注意力风格倾向对两类不连续创新影响的显著性以及效果是研究高管团队注意力风格倾向对不连续创新影响的深层次探讨，这一深入分析强化了本研究的理论内涵与洞察力。鉴于管理者注意力风格的反向分化，可以考虑从分析性高管团队注意力对不连续创新的影响关系中抽离其在不同不连续创新中的差异化作用。

从技术基础发生变化而引起的不连续创新视角看，分析性高管团队注意力注重技术本身的属性而忽略了新旧技术之间的联系（Nisbett et al.，2001）。技术不连续创新需要在原有的知识基础上进行新的积累。具有分析性注意力风格的高管团队在不同的环境中进行技术的"迁移"时，更容易抽离技术指向的产品应用而非技术之间的内在联系，这种抽离促使企业通过不连续创新技术发现新的产品领域并研发新的产品。此外，具有分析性注意力倾向的高管团队更可能从其嵌入的商业环境以及组织结构中分离。或者说，倾向于分析性注意力的高管团队就像威特金和古迪纳夫（Witkin & Goodenough，1977）及其同事所进行的棒框测验的核心所在，被试更容易忽略其所处的场域，从而进行以技术基础变革为核心的不连续创新。因此，具有分析性注意力倾向的管理者有利于促进企业进行技术不连续创新。

从市场基础发生变化所引起的不连续创新角度而言，组织与战略管理学者的研究表明，当企业的高层管理人员能够将潜在的商业机会从特定的企业制度或结构中分离出来并与其他机会重新组合时，企业更可能在新的产品技术领域进行创新（Kaplan et al.，2003），其中的原因在于企业能够

通过市场不连续创新开辟新的产品及服务领域，从而避免直接与主流市场的竞争对手正面交锋（Bourletidis，2014）。瓜尔（Goire）及其合作者（2009）的研究表明，当企业的高管经常关注技术在不同的环境中转移以及在跨行业中寻找新的产品时，基于市场基础的不连续创新就有可能发生。此外，一些经济学领域关于创新研究的学者也支持对现有创新技术在不同的背景下进行重组可能产生新的创新产品或服务的观点（Helpman，2016）。具有分析性注意力倾向的高层管理者对事物（或对象）的认知倾向于事物（对象）自身所具备的属性及其类别，而忽略对象之间潜在的联系。在同一种组织环境或同一套规则制定下，高层管理者所关注的信息会以令人意外的方式错综复杂地连接在一起，这种连接可能是由于利益的结构性布局，也可能是由于管理者自身的认知所致。

心理学研究结果表明，具有分析性注意力倾向的高层管理人员更容易从他们所嵌入的结构性组织环境中抽离自我①。所谓抽离自我，是指此类高管不易陷入其所嵌入的组织环境中，注意力的焦点往往会忽视对象之间的固有联系（Witkin & Goodenough，1977）。市场不连续创新的成功者需要从当前的组织场域中分离自身的注意力，其关注的焦点不会因为所处环境的变化而改变，具有分析性注意力的高管团队更可能关注当前组织环境之外的其他信息，这些信息的获得对他们进行不连续创新有至关重要的影响。综合以上论述，本研究认为，分析性注意力高层管理者的注意力风格使他们很容易从不同的环境背景或组织场域中分离自己关注的焦点，并且从不同的组织环境中提取相应的规则，或者在一定程度上将现有的机制和规则融入其他不同的商业环境中。结果，持有该种注意力风格的领导决策更有可能在不同的产品领域发现创新的商业机会。

基于以上论述，提出以下研究假设：

假设2：高管团队倾向于分析性注意力的企业比那些倾向整体性注意力的企业，在促进企业技术不连续创新与市场不连续创新方面同时起到积极的作用。具体而言：

假设2a：高管团队越倾向于整体性注意力风格，企业进行技术不连续创新的倾向性越弱；高管团队越倾向于分析性注意力风格，企业进行技术

---

① 威特金和他的同事所开展的棒框试验（rod and frame test）验证了个人的认知方式（场独立与场依存）。

不连续创新的倾向性越强。

假设2b：高管团队越倾向于整体性注意力风格，企业进行市场不连续创新的倾向性越弱；高管团队越倾向于分析性注意力风格，企业进行市场不连续创新的倾向性越强。

第二节　企业家社会资本与不连续创新

企业家社会资本是企业家各种社会网络活动所形成的社会关系嵌入的资源以及开发此类资源的能力（Burt，2000；Coleman & James，1990；Granovetter，1973；孙俊华和陈传明，2009）。随着学者们对社会资本及企业家社会资本研究的不断深化，企业家社会资本的概念在学术界引起了广泛的关注。而且学者的研究证实，社会资本对促进企业绩效提升与创新能力增强有显著的作用（Nahapiet & Ghoshal，1998）。马斯克尔（Maskell，2000）认为，拥有社会资本的企业将更加具有竞争优势，企业的社会资本通过降低企业与其他企业间的交易成本（主要包括信息的搜索成本、谈判与决策的成本、监管与执行的成本）来促进企业创新。企业家社会资本的存在使企业与社会的跨界沟通成为可能，这种具有深刻意义的社会性互动机制，为企业与社会之间的共享学习、技术知识转移（Tasi，2001）、合法性资源交换提供了机会（Norman，2004）。为此，一些学者建议企业创新能力的培养不能忽视企业家社会资本的重要作用（Kishna et al.，2016；姜卫韬，2012；张振刚等，2016）。

技术飞速发展的时代，企业仅靠内部知识获取几乎不可能获得足够全面的专业知识，并及时生产出兼具成本和性能的创新性产品。因此，一些企业通过外部社会关系网络建立的联盟与合作网络关系来降低技术创新成本、减少产品创新过程中固有的风险以及获得无法通过企业内部获取的知识和技能（Pérez-Luño et al.，2011）。总而言之，企业（家）社会资本对企业不连续创新行为的影响表现在两个方面：第一，那些在复杂的社会网络中具有互补性知识的企业可以结合自身独特的优势与合作网络上的其他合作伙伴结盟，并在此基础上开发出任何单一企业所无法创建的不连续技术及产品；第二，企业家社会网络构筑的社会资本在企业信息搜寻、战略导向以及决策制定等方面起到积极作用，同时企业家社会资本的存在允许企业以更小的代价对其外部的技术环境予以有效监测并实时传导至企业内部战略制定和决策系统（Duysters，2006）。综合以上论述，我们认为，企业家社会资本对企业不连续创新有积极的影响，但是考虑到企业家社会资本不同维度可能对企业不连续创新作用影响效能的差异，以下内容分别论述企业家社会资本的三个维度（企业家制度社会资本、商业社会资本及技术社会资本）对企业不连续创新的影响，并分别提出相应的研究假设。

一、企业家制度社会资本与不连续创新

企业家制度社会资本是企业家与政府（包括各级政府及其派出机构）、行业协会、投资与监管机构以及其他行政性机构形成的社会关系的总称（Acquaah，2007；耿新和张体勤，2010；孙俊华和陈传明，2009）。企业家与政府的关系对企业的融资约束（于蔚等，2012）、投资水平（徐业坤等，2013）、资源配置效率（张敏等，2010）及资源获取等有显著影响（Richter et al.，2014）。企业家制度社会资本可以帮助企业更容易获得利率较低的债务融资以及获得较大的市场力量来获取收益（Richter et al.，2014）。为了建立有效的政治社会资源网络，一些企业的领导者通过获得政府及其相关部门的身份（例如人大代表或政协委员）来形成制度社会资本，从而更有利于促进企业了解相关政府的行为、学习相关知识和技能、政策以及办事程序（Agrawal & Knoeber，2001；陈德球等，2016）。

从企业家制度资本对不连续创新的影响方面来看，由于企业不连续创新过程中包含的市场风险及财务风险（肖海林，2011），企业家制度资本在一定程度上有助于提升其对风险的承担能力（耿新和张体勤，2010）。一方面，企业家政治社会关系有利于企业家获取最新的政策导向，了解相关技术、金融等扶持政策。与政府及相关监管机构及时沟通，确保企业对相关的行业动态及宏观经济趋势做出正确判断。另一方面，企业通过制度社会关系的各个纽结形成的社会网络有利于提高企业抗风险能力。政策不确定性、市场需求的不确定性以及企业外部环境的动荡性导致企业在不连续创新的过程中面临来自技术、市场、财务及组织内部的多重风险（陈德球等，2016）。在必要的时候，良好的企业家制度社会资本能够提高企业抵御不连续创新风险的能力。此外，企业家制度社会资本更有利于提升企业的形象和信誉，在获取银行贷款、品牌形象以及企业诚信方面都存在一

定的优势。这些优势不仅可以促进不连续创新企业在技术创新过程中风险承担的积极性，而且增强了其对自身企业竞争力与未来市场优势判断的信心，从而进一步提升企业应对外部环境威胁的能力，进行新的市场开拓。总之，企业家制度社会资本不仅有利于企业进行技术不连续创新，还有利于企业进行市场不连续创新。

基于以上论述，提出以下研究假设：

假设 3：企业家制度社会资本正向影响企业不连续创新。具体而言：

假设 3a：企业家制度社会资本正向影响企业技术不连续创新。

假设 3b：企业家制度社会资本正向影响企业市场不连续创新。

二、企业家商业社会资本与不连续创新

企业家商业社会资本主要源于企业高层管理者的各种商业往来所产生的社会关系，这些商业往来涵盖了企业与外部商业合作伙伴（供应商、客户、经销商等）及竞争对手形成的社会关系，通过商业社会网络形成的企业社会资本可以促进技术创新和建立竞争优势（Acquaah，2007；耿新和张体勤，2010）。

不连续技术创新企业需要打造的是一个真正的、新的技术生态群（生态平台/生态社区），这里连接了包括以核心企业在内的合作者、支持者[①]以及多方利益相关者，诸如服务供应商（service providers）、组件制造商（component manufacturers）、竞争对手（competitors）、客户（customers）以及其他利益共同体。在这个技术生态群中，基于不连续创新对各种资源进行调动和协调，基于利益驱动与融合方式将成员吸引进来，从而和这些成员构建新的价值网络。然而，对于那些没有绝对话语权的不连续创新企业而言，是否能够将自身拥有的优势和其他成员连接成为能否铸就新技术生态的关键（Munir，2003）。企业家商业社会资本中囊括的商业利益共同体在一定程度上为不连续技术生态群的建立提供了社会网络资源。按照穆尼尔等学者对动态竞争中不连续技术生态构建、形成、运营及维护的观点，技术本身并不是企业真正追求的目的，一种不连续技术的突破之后，

---

① 中国人讲"人和"，即内部有合作者，外部有支持者（陈明哲教授发表在《管理学季刊》2016 年第 3 期的文章，《学术创业：动态竞争理论从无到有的心路历程》有翔实的阐述）。

并不会马上成为主导技术，因为主导设计的成型取决于除了技术之外其他很多配套的商业支撑体系才能完成（Galunic & Eisenhardt，2001）。或者说，当某种技术成为一种不连续创新技术之后，它距离一个强大的技术生态社区的构建还有很远一段路程。

企业家通过商业社会资本中形成的合作网络与技术联盟促进了企业在研发和技术投资领域的能力提升（Tsai & Ghoshal，1998），特别是开放式创新模式中的企业（Helfat & Quinn，2004），共享开源代码为技术生态奠定了基础，企业家的商业社会网络构筑了企业与商业伙伴的"深度学习"网络（耿新和张体勤，2010）。此外，霍西（Hoshi）及其合作者（1991）发现，能够获取低融资成本的企业不会对自身持有的现金（存/流量）特别敏感，那些不依附于金融圈企业的现金流与技术投资有较强的关联性，因此，商业社会结盟有利于企业降低企业对自身融资困境的敏感度，而且对未来技术的投资表现出稳健性。而其他企业的技术投资更具波动性。

同时，商业社会资本带来的高效沟通以及对竞争对手的实时跟进进一步促使企业做出技术不连续创新行为。

基于以上论述，提出以下研究假设：

假设 4：企业家商业社会资本对不同类型的不连续创新影响不同。具体而言：

假设 4a：企业家商业社会资本正向影响企业技术不连续创新。

企业家所嵌入的商业社会网络体现了企业作为社会网络诸多节点中的一个（Burt，2000）。在这样复杂的商业社会关系网络中，企业家利用自己所处的优势社会网络位置获取各种商业信息（Hoffman et al.，2005）。他们与其客户保持良好的沟通，以最快的速度与供应商分享信息，情报部门时刻都在监测竞争对手的商业动向并及时跟进。可以说，企业家利用商业社会资本确保了企业在商业战场上与其合作伙伴和竞争对手的行动一致性及注意力的集中性。就像克里斯坦森在描述成熟的硬盘企业和他们的客户时那样：

"良好的管理正是导致领先企业失败的主要原因。准确地说，因为这些企业倾听了客户的意见，积极投资了新技术的研发，以期向顾客提供更多更好的产品；因为他们认真研究了市场趋势，并将投资资本系统地分配给能带来最佳收益率的创新领域，最终他们丧失了其市场领先地位。"[①]

---

① 克里斯坦森著，胡建桥译. 创新者的窘境［M］. 北京：中信出版社，2010.

虽然克里斯坦森对成熟大企业陷入"创新者窘境"的论述意指商业惯例影响着企业管理者的注意力，但是对于具有破坏性属性的市场不连续创新而言，克里斯坦森的意蕴中也涵盖了形成共同商业网络社会关系的所有社会资本。无论是出于惯性还是出于商业利益的捆绑，企业家商业社会资本都在一定程度上束缚了企业进行市场不连续创新的意愿和动力，对于那些成熟的在位企业而言尤为如此。此外，毛拉等（Maula et al.，2013）学者的研究认为，同质性的企业关系不利于高管的注意力导向不连续技术。因此，企业家商业社会资本在促进和抑制企业不连续创新方面扮演着两种截然不同的角色，对于技术不连续创新而言，鉴于企业家商业社会资本的技术合作和信息共享，导致同一个平台上的企业在社会互动中交流信息、效率提升以及"深度学习"（Hoffman et al.，2005）。但是，对于市场不连续创新而言，企业家商业社会资本在一定程度上同化了企业家对未来市场的敏感度和灵敏性（Liang et al.，2007），商业惯性导致的利益绑定以及共同的价值网络导致企业很难从现有的技术创新轨道实现跳跃性转变。企业家嵌入的商业社会网络形成的结构性利益共同体将高管的注意力焦点集中在有限的商业视界中，高层管理者决策中需要的信息很大程度上已经附带着其嵌入商业社会网络中难以剥离的思维桎梏。这种带有固定模式的商业思维与战略洞察力的形成在一定程度上产生于对"异质性"商业社会资本的过滤。总而言之，企业家商业社会资本不利于企业进行市场不连续创新。

基于以上论述，提出以下研究假设：

假设4b：企业家商业社会资本负向影响企业市场不连续创新。

三、企业家技术社会资本与不连续创新

企业家技术社会资本是企业家嵌入的外部社会网络中蕴含的技术性社会资源，包括其他企业的技术专家、高等学校及科研院所的技术专家及其他能够为企业技术创新提供有效资源的社会关系（耿新和张体勤，2010）。任何一项不连续技术在成为主导设计（dominant design）之前，都会存在很大的不确定性，这些不确定性最突出的表现是对这项技术在应用前景、参数设定、资源匹配与客户衔接等方面出现的争议，这些争议解决之时，即这项不连续技术成为主导设计之日。所以，理性的不连续创新技术企业

在构建新的技术生态时，聪明的做法往往不会与主流技术（成熟技术）直接对抗，以避其锋芒养精蓄锐，待时机成熟后奋力举进。这也再次验证了穆尼尔的观点，即成功的不连续技术创新企业并非总是站在技术前沿，而是扮演了建立门户的角色，通过借势之力建立新的竞争规制，从而赢得竞争优势（Munir & Jones，2004）。

穆尼尔（2004）认为对技术借势的观点本质上反映了不连续技术创新过程中对各种技术资源的整合和应用。虽然有学者提出完全的技术决定论——一项技术成为主导设计的唯技术论，例如利博维茨和马戈利斯（Liebowitz & Margolis，1999）。但是，更多的学者倾向于技术主导的社会解释论（sociological interpretations）。例如，赛德尔等（Seidel et al.，2016）认为，不连续技术创新成为主导设计标准不是源于最初的优势设计，而更多的成功来自企业对技术的投资、知识的学习以及其他技术合作者的支持。此外，麦格拉（Mcgrath）及其合作者（1992）将不连续技术主导设计的发展看作一个技术变革的过程，技术发展过程中的政治机会、移动结构以及框架程序成为促进技术成功的重要因素。这一观点意味着不连续技术变革的启动可能在一定程度上具备了某种适当的条件，例如针对现有技术的设计缺陷或者为了识别新的机会。但是，技术创新的目的并不能仅仅停留在对机会的识别或有价值的创意层面。如果要将某一项不连续创新转化为主导设计，或市场的主导地位，现有的企业需要更广泛的资源创建与维护以及动员各种正式和非正式的技术资源网络（Munir & Jones，2004）。在这个过程中，企业家技术社会资本中蕴含的丰富社会资源为企业技术创新突破提供了支持，从而实现企业与其技术社会网络成员之间的社会共建。

基于以上论述，提出以下研究假设：

假设5：企业家技术社会资本正向影响企业不连续创新。

假设5a：企业家技术社会资本正向影响企业技术不连续创新。

戴尔等（Dyer et al.，2009）以及帕斯万（Paswan，2014）在探讨创新者获得成功所需要具备的异化品质时，均特别强调了关联（associating）与网络（networking）两种基因的重要性[①]。创新型企业家经常与不同工作

---

① 创新者的基因（the innovator's DNA）提出，包括联合（associating）、质问（questioning）、观察（observing）、试验（experimenting）、网络（networking）（DyerHal et al.，2016）。

背景及职业身份的人接触，有利于拓展他们的创新思维，提出市场不连续创新想法（Von Hippel，2007）。企业家技术社会网络中的社会资本一般来自企业之外其他不同单位的技术专家，这些技术精英和行家里手会从不同的视角对企业家进行不连续创新予以启发。市场不连续创新的前提是决策者所搜集到的信息相对于原有的认知具有特定的新颖性和创新性。而获得这类信息的重要条件是决策者日常的注意力会摄取关于创新技术的多样化的信息以及信息来源。例如，当黑莓公司（Research In Motion）[①] 的创始人拉扎里迪斯（Lazaridis）在一次技术交流会议上听到关于为可口可乐公司专门设计的无线数据传输系统时，触发了他关于自动售货机在需要重新填充时发送无线信号技术的设想。CPS 技术公司[②]的首席科学家兼创始人肯特·鲍文（Kent Bowen）始终相信，能够解决技术创新中最紧要的洞察力往往来自企业之外的其他领域的技术智囊。同时倡导在技术创新中积极利用他人的技术优势拓展自己的视野，对并非自己完成的发明和技术进步给予足够的尊重（Dyer et al.，2009）。

综上所述，企业家与其嵌入的技术性社会网络建立的多样化联系越多、引发更多新的关联，企业家的技术经验和知识就越丰富，从而可以将原本不可能连接在一起的对象连接在一起而产生具有不连续属性的创新。同时，市场不连续创新除了需要企业家具备独特的市场洞察力之外还应该具备一定的风险承担性。技术社会资本丰裕度较高的企业家在与技术社会网络成员互动及沟通的过程中汲取到多方技术和市场信息，从而有利于降低未来不连续创新产品的市场风险。此外，集结于企业之外的技术性社会资本通常在技术时效与技术含量方面都具有很强的优势，通过利用这些优势可以帮助企业家识别市场机会、并对有潜质的市场前景做出判断，进一步促进企业家进行市场不连续创新。

基于以上论述，提出以下研究假设：

假设 5b：企业家技术社会资本正向影响企业市场不连续创新。

[①]　黑莓公司是一家被大众熟知的加拿大通信公司，旗下主要产品为黑莓（Blackberry）系列产品（如黑莓手机）。主要以 C + + 基于 Java 技术进行研发。

[②]　CPS 技术公司是一家创新型陶瓷复合材料制造商，为电子、机器人、汽车以及国防等行业提供先进的材料解决方案，它当前的先进材料的解决方案是金属基质复合体（metal matrix composites，MMC）。

第三节　高管团队注意力风格与企业不连续创新：
　　　　企业家社会资本的调节作用

本章前两节讨论了高管团队注意力风格倾向与不连续创新以及企业家社会资本与不连续创新的直接影响。为了更清晰地解释研究主要变量之间的关系，通过对调节或中介变量的挖掘是一个可行的途径（陈晓萍等，2012）。本节的重点是解释高管注意力风格与企业不连续创新间的关系在企业家社会资本不同的条件下是否会有所变化。虽然不同的高管注意力风格对企业不连续创新产生不同的影响。但我们认为，高管注意力风格对企业进行不连续创新的影响会因企业家所拥有社会资本的不同而有所差别。因为高管注意力风格的不同只是高管认知层面的一种表现形式，不同的注意力风格对解释企业不连续创新的力度依然不足，在企业家不同认知模式的基础上配套相应的企业家社会资本，充分运用企业家商业、制度及技术社会网络的资源有效提升企业不连续创新的效度与创新绩效。为此，本节内容将对企业家社会资本的调节作用进行深入探讨。

一、企业家制度社会资本的调节作用

企业家制度社会资本表现为企业家社会网络关系中的政治关联，这种政治关联在全球企业都存在一定的普遍性（Faccio et al.，2006）。研究表明，企业家制度社会资本可以为企业提供优惠信贷、监管保护和政府财政援助等诸多好处（Claessens et al.，2008）。但是也有学者认为，企业家制度社会资本的建立与大量的人脉投资与权力寻租有关（Faccio，2010）。鉴于政府（特别是地方政府）在资源配置、权威信息发布以及政策制定等方面对企业技术创新的影响较大（刘小元和林嵩，2013），企业家能否与相关政府及政府部门保持良好的关系对企业的发展至关重要（耿新和张体勤，2010）。

就企业家制度社会资本对高管团队注意力风格倾向与不连续创新关系的调节效应而言，无论高管注意力风格倾向于整体性注意力还是分析性注意力，高水平的企业家制度社会资本都有利于促进企业高管与社会网络中

的制度性社会资源保持密切联系，这种联系能够及时洞察政府的政策导向及相关资源配置（Richter et al.，2014）。从宏观环境上为企业做出不连续创新提供有效指导（Cowden & Alhorr，2013），这些指导不仅是技术方面的不连续创新，也包括企业家对市场重新界定之后的市场不连续创新。或者说，企业家制度社会资本越丰富，高管团队注意力（整体性注意力与分析性注意力）对企业不连续创新行为（技术不连续与市场不连续）的作用越强。其原因可以总结为企业高管所集聚的企业家社会资本所蕴含的信息资源、政策资源以及宏观政策导向为企业关注不连续创新提供有价值的决策信息和必要的支持。因此，我们认为企业家制度社会资本将强化高管注意力风格与企业不连续创新之间的关系。

基于以上论述，提出以下研究假设：

假设6：企业家制度社会资本对于高管注意力风格倾向与企业不连续创新之间的关系具有正向调节作用。

二、企业家商业社会资本的调节作用

现代企业之间的竞争是一种基于平台网络的竞争模式，在这种平台网络中，企业与其用户及商业社会关系都希望彼此之间能达到兼容与交互（Mcintyre & Srinivasan，2016）。复杂的企业家商业社会网络使企业感知最新的商业信息与技术信息，并不断地在现有技术领域进行着跨越技术与市场双重边界的搜寻和扫描活动（Fornoni et al.，2013）。当企业家商业社会资本较为丰厚的时候，意味着企业家能够在嵌入的商业社会网络中触及最前沿的商业气息及技术巅峰（耿新和张体勤，2010；王涛，2016）。同时，交互式商业性社会资本强调企业家关注合作对象的同时不可能忽略双方乃至多方间的作用关系。这样，企业家商业社会资本的水平越高，高管团队注意力风格无论倾向于整体性注意力风格还是分析性注意力风格都会强化企业进行基于技术或市场变革的不连续创新行为。其原因可能包括以下三个方面：第一，企业家商业社会资本强化了企业家与商业社会关系网络中其他对象的关系，使企业更加关注商业社会关系网络内部企业之间不连续技术的交流与合作（Pérez‐Luño et al.，2011）。第二，企业家商业社会资本激励企业家与众多商业合作伙伴在技术创新的步伐与节奏方面趋于一致，企业不仅会专注于原有技术领域内部的不连续创新，更加会关注某些新市场领域的不连续创新。第三，虽然企业家商业社会资本对企业进行技术不连续创新与市场不连续创新表现出完全不同的作用方式，但是综合来看，企业家商业社会资本在促进企业技术不连续创新的作用方面更具优势，因为相比企业技术不连续创新而言，市场不连续创新无论是在技术基础、战略洞见以及财务支持等方面均需要企业做出重大的变革，这些变革需要企业根本上改变当前的组织结构、商业模式以及资源配置方式，有时甚至需要企业放弃现有优势业务进行战略转移，企业家商业社会资本强化高管团队注意力风格倾向对企业技术不连续创新作用的同时，在一定程度上抵消了企业家商业社会资本对市场不连续创新影响的负向作用。因此总体上表现为一种正向的调节作用。

综合以上分析，提出以下研究假设：

假设 7：企业家商业社会资本对高管团队注意力风格倾向与企业不连续创新之间的关系具有正向调节作用。

三、企业家技术社会资本的调节作用

一些企业在响应不连续创新的冲击时存在困难，这在一定程度上反映了管理者对当前处境的模糊认知（Kaplan et al.，2003）。企业家技术社会网络建立的开放式创新模式为企业组建不连续创新技术平台提供了很多支持（Helfat & Quinn，2004）。穆尼尔（2003）对企业应对或开发不连续技术创新的动态性管理观点始终强调不连续创新管理的社区属性。企业家拥有较高水平的技术社会资本，意味着与行业内外技术专家保持密切的社会关系。在快速变化的环境中，高层管理者有很大的自由裁量权，他们如何最大限度地整合多方位技术资源，从而达到重塑认知模式的能力是应对不连续技术冲击的关键（Kaplan et al.，2003）。

在技术发酵期（the ear of ferment），企业在实施某种技术创新战略行动前都应该了解它们所处的特定情境（Tushman & Anderson，1986），其中很重要的一部分来自企业家所嵌入的技术社会网络情境（Jansen et al.，2006）。例如，来自高等学校、科研机构以及行业技术专家顾问等，因为他们拥有支持企业开展不连续技术与市场创新的技术给养和最具时效性和前瞻性的技术创新资讯（王涛，2016）。而且企业家技术社会资本的存在对现有高管认知模式的影响以及对他们在未来不确定情境中进行市场不连续创新发挥重要作用（Hambrick & Mason，1984）。综上所述，企业家技术社会资本越雄厚的企业，其高管团队注意力风格倾向对企业不连续创新的作用越强。因此，本研究认为企业家技术社会资本将强化高管团队注意力风格倾向与企业不连续创新之间的关系。

基于以上论述，提出以下研究假设：

假设8：企业家技术社会资本对高管团队注意力风格倾向与企业不连续创新之间的关系具有正向调节作用。

第四节　总体假设与模型构建

在基础理论以及变量逻辑推理的基础上，本研究一共提出 8 个假设。全书共涉及 3 个主变量，其中高管团队注意力风格倾向只作为自变量；企业家社会资本同时作为自变量与调节变量；企业不连续创新作为因变量。总体假设与模型构建如图 3-1 所示。

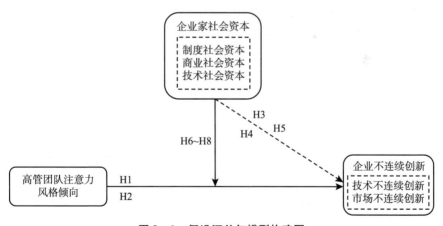

图 3-1　假设汇总与模型构建图

第五节　本　章　小　结

在理论推理的基础上构建本研究的模型并提出对应的研究假设。通过对企业高管注意力风格、企业家社会资本以及企业不连续创新等主要变量之间影响关系的理论分析总共提出 8 个总的假设，如表 3 - 1 所示。

表 3 - 1　　　　　　　　　　　　本研究假设汇总

序号	假设描述
假设 1	高管团队越倾向于整体性注意力风格，企业进行不连续创新的倾向性越弱；高管团队越倾向于分析性注意力风格，企业进行不连续创新的倾向性越强
假设 2	高管团队倾向于分析性注意力风格的企业比那些倾向于整体性注意力风格的企业，在促进企业技术不连续创新与市场不连续创新方面同时起到积极的作用
假设 2a	高管团队越倾向于整体性注意力风格，企业进行技术不连续创新的倾向性越弱；高管团队越倾向于分析性注意力风格，企业进行技术不连续创新的倾向性越强
假设 2b	高管团队越倾向于整体性注意力风格，企业进行市场不连续创新的倾向性越弱；高管团队越倾向于分析性注意力风格，企业进行市场不连续创新的倾向性越强
假设 3	企业家制度社会资本正向影响企业不连续创新
假设 3a	企业家制度社会资本正向影响企业技术不连续创新
假设 3b	企业家制度社会资本正向影响企业市场不连续创新
假设 4	企业家商业社会资本对不同类型的不连续创新影响不同
假设 4a	企业家商业社会资本正向影响企业技术不连续创新
假设 4b	企业家商业社会资本负向影响企业市场不连续创新
假设 5	企业家技术社会资本正向影响企业不连续创新
假设 5a	企业家技术社会资本正向影响企业技术不连续创新
假设 5b	企业家技术社会资本正向影响企业市场不连续创新
假设 6	企业家制度社会资本对高管团队注意力风格倾向与企业不连续创新之间的关系具有正向调节作用
假设 7	企业家商业社会资本对高管团队注意力风格倾向与企业不连续创新之间的关系具有正向调节作用
假设 8	企业家技术社会资本对高管团队注意力风格倾向与企业不连续创新之间的关系具有正向调节作用

第四章　研究设计与方法

之前我们讨论了本书模型构建过程中所涉及变量之间的理论关系，并提出相应的研究假设。为了采用大样本统计分析方法验证研究提出的假设，本章将对实证研究进行总体性布局与结构性设计。主要内容包括样本企业的选择与数据搜集、实证模型的构建、变量测度等内容。

第一节　样本选择与数据搜集

一、样本企业选择

中国产业结构面临全面升级，打造创新驱动引擎是我国"十三五"规划期间经济增长的新动能（李扬和张晓晶，2015）。"产能过剩""技术落后""去杠杆""调结构"等背景下透视出宏观经济如何在新一轮经济增长中突显出技术创新在经济发展中的核心作用。与此同时，越来越多的中国企业正在积极开展技术不连续创新与市场不连续创新活动（Zhou et al.，2005）；越来越多的中国企业开始通过内部研发、与合资企业共享技术或者直接从发达国家的企业进口来更新技术（Zeng & Glaister，2016）。而且，中国的消费者将许多新产品都视为不连续创新的成果，其原因至少包括两个方面：第一，很多中国的消费者对西方发达国家企业生产的产品了解甚微，当一些进口产品被引入中国市场以后，很多消费者都会感到新奇；第二，鉴于中国的消费市场蕴含的巨大消费潜力，中外企业都在积极研发具有突破性创新属性的技术（Zhou et al.，2005）。所以，新形势下的中国企业面临的发展环境中包括大量的技术不连续与市场不连续创新，为研究的样本选择与数据搜集提供了丰富的现实土壤。

样本选择的适宜性与科学性是检验一项科学研究最基本的标准，不恰当的样本选择会对研究的结论造成本质的影响。按照学者们对不连续创新研究的建议（Kaplan et al.，2003），本研究样本企业来源于制造业和信息技术业①。选择制造业所属的电子业和医药生物制品业以及信息技术业所属的通信及相关设备制造业、计算机及相关设备制造业、通信服务业及计算机应用服务业作为本研究的样本企业来源需要在以下四个方面做出解释：第一，本研究选自制造业的样本企业主要涉及制造业中的电子业和医药生物制品业，而没有将制造业覆盖的 8 个大类②包括在内。第二，选择电子业和医药生物制品业中的企业作为研究的样本企业主要采纳卡普兰等（2003）的建议，她认为这些行业为进行不连续创新研究提供了良好的数据采集源。例如卡普兰等（2003）在研究制药行业中高管对诸如生物技术等不连续技术的反应中就将生物技术作为一种不连续技术。第三，制造业中的电子业和医药生物制品业以及信息技术业中包含的 4 个主要行业在一定程度上出现了较为前沿的不连续创新技术。例如毛拉等（2013）学者关于高管注意力与不连续创新关系的研究中，采用信息与通信技术行业中的互联网与无线技术作为研究不连续技术的研究对象。第四，本研究选取的样本企业来源在行业技术更新的速度上比其他企业更迅速，而且此类企业对技术专利申请和保护意识均很强，这个原因进一步增加了本研究在该行业使用专利数据的有效性。

在确定样本企业来源的基础上，进一步对样本库中的企业进行了筛选，筛选的过程遵循以下五个方面的标准：（1）样本选择的观察窗口期为2011 ~ 2016 年。（2）观察期样本企业的存活期至少 3 年。为了避免幸存者偏差，我们在筛选样本企业的过程中保留了存活期 3 年及以上的企业，

---

① 行业分类标准采用证监会（旧）的行业分类标准名称及代码，制造业（C）中的电子业（C5）及医药生物制品业（C8），其中电子业（C5）中涉及电子元器件制造业（C51）、日用电子器具制造业（C55）、其他电子设备制造业（C57）、电子设备修理业（C59）。医药生物制品业（C8）中涉及医药制造业（C81）和生物制品业（C85）。信息技术业（G）中的通信及相关设备制造业（G81）、计算机及相关设备制造业（G83）、通信服务业（G85）及计算机应用服务业（G87）。

② 按照证监会的行业分类标准名称及代码，制造业（C）下设食品饮料（C0），纺织、服装、皮毛（C1），木材、家具（C2），造纸、印刷（C3），石油、化学、塑胶、塑料（C4），电子（C5），金属、非金属（C6），机械、设备、仪表（C7），医药、生物制品（C8）8 个行业分类。

有些企业虽然存活期大于 3 年，但是在观察期结束的时，该家企业已经倒
闭或者被其他企业兼并或收购，所以最终我们所搜集的样本企业数据可能
是一个非平衡面板数据集（unbalanced panel data set），在回归分析中，我
们并没有做面板数据的平行化处理，因为这样做可能会导致样本选择偏误
（Flannery & Rangan，2006）。（3）样本企业是一个独立的营运实体，并
具有独立提供相关产品或劳务的能力，有决策自主权。这个标准的设定
排除了一些从事中介服务的企业以及企业的分公司、子公司及下属公司
及派出单位。（4）样本企业在各个研究变量上的数据缺失程度不得高于
10%。（5）样本企业至少有两年以上可以观察到样本数据的公司才会得
以保留。

确定样本企业的来源及标准后，我们开始对样本企业的数据进行
搜集，基于沪深 A 股上市公司数据库，总共搜集到两大行业（制造
业、信息技术业）的 263 家企业，其中制造业 128 家，信息技术业
135 家。在此基础上按照我们期初设定的样本企业筛选标准对基础库
中的样本企业做进一步的筛选，最终筛选出 203 家企业作为本研究实
证阶段的样本（制造业 95 家、信息技术业 108 家）。样本企业所在地
分布如图 4 - 1 所示。

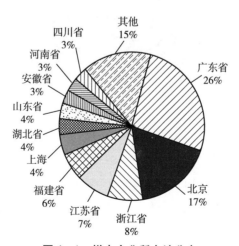

图 4 - 1 样本企业所在地分布

　　图 4-1 显示的样本企业地域分布覆盖了全国 26 个省、自治区及直辖市①。所以，随机抽取的样本企业在地域分布上基本不存在样本选择性偏差。203 家有效样本企业中，所在地主要集中在广东省（26%）、北京市（17%）、浙江省（8%）及江苏省（7%），这四个省市的样本企业数量占所有样本企业的 58%。

　　从样本企业公司属性的分布看，民营企业的样本数量超过一半以上（61%），国有企业，包括中央国有企业（13%）和地方国有企业（7%）占样本企业总数的 20%，其他（包括集体企业、外资企业等）企业占样本企业总数的 19%，见图 4-2。从样本企业的行业类型（证监会行业分类）分布看，属于计算机及相关设备制造业的企业数量占样本企业总数的比例最低，共 16 家企业，占比 8%；属于电子元器件制造业的企业数量占样本企业总数的比例最高，共 59 家企业，占比 29%。进一步显示，属于医药制造及生物制品样本企业占比各 9%，属于计算机应用服务业和通信及相关设备制造业的样本数量分别占比 28% 和17%，如图 4-3 所示。

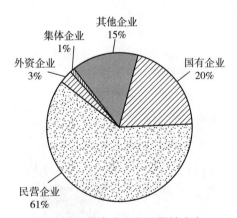

图 4-2　样本企业公司属性分布

---

　　① 鉴于部分省份样本企业的数量较少，所以在统计的时候将其归为其他省份，具体包括河北省、重庆市、贵州省、云南省、吉林省、江西省、辽宁省、内蒙古自治区、陕西省、天津市、甘肃省、广西壮族自治区、黑龙江省、湖南省以及陕西省。

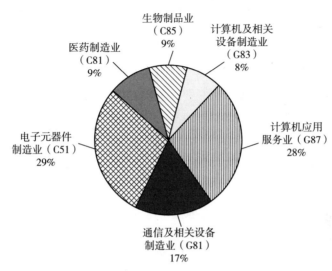

图4-3　样本企业行业分布

　　从样本企业的规模分布来看，近三年（2014～2016年）年均资产总额在10亿～50亿元的企业超过半数，占样本企业总数的66.5%。近三年年均营业收入在10亿～50亿元的企业占样本企业总数的51.23%，表4-1描述性分析了样本企业的相关结构特征。一般而言，资产总额、销售收入以及员工人数是学界衡量企业规模大小的常用指标。从样本企业上述三个指标的描述性统计分析可以看出，本研究样本企业的规模较大，这个结果可能与样本企业来源于上市公司有关。此外，表4-1中对样本企业成长年限、研发强度以及专利公开数情况的统计指示表明，样本企业在研究窗口期的成长年限超过10年的数量占比达97.04%，有利于在观测窗口期搜集相关数据。近三年年均研发强度在1%及以下的样本企业只占样本总数的1.48%，有接近三分之一的样本企业的近三年年均研发强度超过10%（占比高达29.06%）。此外，近三年年均公开专利数在10～99件的样本企业占到样本总数的62.56%。具体信息见表4-1。

表 4 – 1　　　　　　　　　　样本企业构成描述性统计

指标	指标范围	样本数量	占比（%）	指标	指标范围	样本数量	占比（%）
资产总额（近三年平均值）	≤10 亿元	19	9.36	成长年限（截止到 2016 年）	≤10 年	6	2.96
	10 亿~20 亿元（含）	54	26.60		10~14 年	30	14.78
	20 亿~50 亿元（含）	81	39.90		15~19 年	108	53.20
	50 亿~100 亿元	25	12.32		20~24 年	46	22.66
	≥100 亿元	24	11.82		≥25 年	13	6.40
营业收入（近三年平均值）	≤10 亿元	78	38.42	研发强度（近三年平均值）	≤1%	3	1.48
	10 亿~20 亿元（含）	60	29.56		1%~3%（含）	18	8.87
	20 亿~50 亿元（含）	44	21.67		3%~5%（含）	51	25.12
	50 亿~100 亿元	6	2.96		5%~10%	72	35.47
	≥100 亿元	15	7.39		≥10%	59	29.06
员工人数（近三年平均值）	≤1000 人	48	23.65	专利公开数（近三年平均值）	≤10 件	60	29.56
	1000~3000 人（含）	80	39.41		10~19 件	44	21.67
	3000~5000 人（含）	33	16.26		20~49 件	61	30.05
	5000~10000 人	24	11.82		50~99 件	22	10.84
	≥10000 人	18	8.87		≥100 件	16	7.88

注：（1）近三年是指 2016 年、2015 年和 2014 年；（2）研发强度＝研发费用/营业收入。

二、数据搜集

我们的实证研究所使用的数据均是二手数据（secondary data）。二手数据是相对于第一手数据（primary data）而言的，第一手数据是由研究者直接获取搜集的数据并用于研究项目，通过与被研究对象的直接接触获取的数据；而二手数据一般是取自他人搜集的数据，在原始数据的基础上整理、加工为自己的研究所用，通过公开途径且不与被调查对象直接接触而获得，如果能够对二手数据充分的挖掘，其丰富度与珍贵性不亚于一座金矿（陈晓萍等，2012）。所以，本研究的数据搜集和整理过程就像周长辉①教授所谓的"淘金"一样，仔细挖掘、耐心整理。全书数据搜集分为以下几个阶段来实施。

1. 专利数据搜集

数据搜集的第一个阶段是对样本企业专利数据的搜集阶段。首先我们确定所要研究的样本企业的行业归属，这个标准制定的依据是证监会的行业分类。采用这个依据的主要原因是本研究的样本企业均来自沪深两市的上市公司②。根据研究的主要问题以及相关学者的建议，作者将数据搜集的范围选定在制造业中的电子业和医药生物制品业以及信息技术业所属的通信及相关设备制造业、计算机及相关设备制造业、通信服务业及计算机应用服务业，如图 4 - 4 所示。

图 4 - 4 中主要列举了本研究获取数据的证监会行业分类，并列出了相应的行业代码。研究涉及的行业门类包括 C 和 G，大中类均采用跳跃增码方式编制。编码均给出了初始码及尾码，尾码的编号以 99 结束。在信息技术业中，为了更清晰地阐述样本企业来源的行业分类，作者将编码的数位列举到了四位编码，例如信息技术业（G）中的大类通信及相关设备制造业（G81）包含通信设备制造业（G8101）、雷达制造业（G8110）、广播电视设备制造业（G8115）以及通信设备修理业（G8120）四个中类。

数据搜集的过程中，有的样本企业在不同的行业中类中都会申请专利，这样就会出现重复的样本公司。这种情况下，数据的采集过程中作者对数据的搜集并未细化到中类，只在大类的分类下对所属企业进行专利数据的检索。分类的目的是更清晰地表达样本企业申请专利设计的行业状况，同时为了避免样本选择性的偏差，在数据采集的过程中并没有刻意对样本做其他人为的筛选，对样本的筛选只按照前面对样本选择的标准而做出一定的选择，这种筛选的标准不会对研究的结果产生显著偏误。

---

①　北京大学周长辉教授于 2012 年统计了 2008 ~ 2011 年 SMJ、AMJ、OS、JIBS 四个期刊每年发表实证论文中使用二手数据的占比，四大期刊四年加总的占比分别是 83.7%、57.7%、67.4%、67.2%，其中占比最高的是 SMJ 在 2011 年的比率高达 90.6%。数据来源：《组织与管理实证研究方法》第 9 章：二手数据在管理研究中的使用，第 217 页。

②　选用上市公司作为本文的样本企业有三个原因：其一是研究样本的规范性，上市公司在一定程度上代表了某些行业中经营和管理较为规范的公司；其二是涉及上市公司数据库的相关数据具备很强的客观性及系统性（陈晓萍等，2012）；其三是研究数据的可获得性，上市公司的很多数据都是公开的，这是本研究可行的重要基础保证。

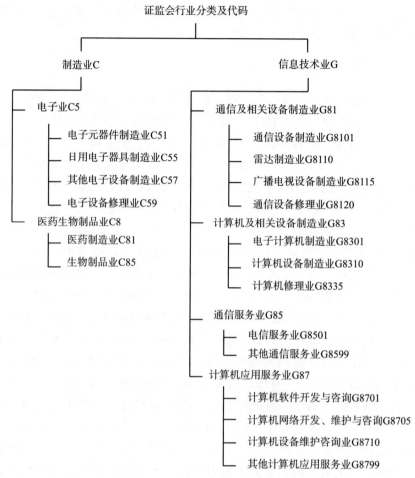

图 4-4 样本企业行业分析及代码

其次，确定所属行业分类中的企业目录。为了避免幸存者偏差（survivor bias），期初对样本企业检索的时候，尽量将行业目录下所有的企业名录都收录在检索样本的名单里，也就是最初的样本企业检索名录是一个行业分类名录下的全样本数据库。因为这个全样本数据库是直接从万德（Wind）数据库中导出的企业名录，在导出企业名录的时候可以根据研究的设置需要导出企业的信息，默认的信息包括企业的股票代码、企业名称、股票价格（当日）、涨幅波动情况、换手率、成交量以及市值等条目，部分实时数据只是当日的数据（如股票价格等）。然后，根据已经建立好的样本企业名录对每一家企业的专利申请与授权情况进行检索。最后，对数据进行整理时从全样本数据库中剔除不符合标准的样本企业。本研究对专利数据检索的来源有两个，其一是中国专利数据库（China Patent Database），该数据库的执行机构是国家知识产权局和中国专利信息中心。该数据库收录了中国自 1985 年实施专利制度以来的所有中国专利数据，具有较高的权威性。因此，中国专利数据库成为一些学者从事有关专利数据研究的重要数据来源，例如庄涛和吴洪（2013）关于我国官产学研三螺旋测度的研究就是基于该数据库的研究。本研究对专利数据检索的第二个来源是由北京合享新创信息科技有限公司开发的科技创新情报平台（incoPat）。incoPat 是一家基于专利技术的情报平台，其应用涉及企业的研发提案评价、应对诉讼及提供证据、技术与竞争分析以及公司上市前的风险控制等。incoPat 平台提供了企业专利数据的综合应用与分析信息，作为基础专利数据库必要的补充和必备的研究工具受到一些学者的青睐，例如潘秋玥（2016）关于后发企业如何实现技术追赶的研究就使用了该科技创新情报平台的数据。这两个数据源确保研究数据的完备性及准确性，为研究数据的前期准备工作以及研究的可行性奠定了坚实的基础。

最后，构建每一个样本企业基础数据包（sample enterprise base data packet）。每个样本企业基础数据包是数据分析来源的基础数据单元。为了构建一个完整的数据库，对每个样本企业基础数据包的结构化构建是非常必要的。所有样本企业的基础数据包构成了专利数据来源的数据库。在此阶段，根据研究问题所需的数据信息，每一个样本企业基础数据包中包括企业专利技术申请趋势、企业专利技术公开趋势、专利技术构成以及企业专利技术公开总趋势等四项主要内容。其中，企业专利技术申请趋势涵盖了样本观测期特定专利类别下的专利申请数量。以电子业中的安彩高科为例，可以检索到 2005～2016 年（2009 年缺省）之间的四位专利分类号下相关数据，如表 4 – 2 所示。

表 4 – 2　　　　　　　　　　安彩高科专利技术申请数量

分类号	年份										
	2005年	2006年	2007年	2008年	2010年	2011年	2012年	2013年	2014年	2015年	2016年
C03B	1	1	8	1	1	7	5	4	1	3	4

续表

分类号	年份										
	2005年	2006年	2007年	2008年	2010年	2011年	2012年	2013年	2014年	2015年	2016年
C03C	2	1	2	2	1	0	1	4	2	1	4
H01L	0	0	0	0	0	0	3	0	3	0	1
B08B	0	0	0	0	0	0	0	0	1	0	0
B65D	0	2	0	0	2	0	0	0	0	0	0
G05B	0	0	1	0	1	0	1	0	0	0	1
G06F	0	0	0	0	0	0	0	0	0	1	3
B65G	0	0	0	0	0	0	0	0	0	0	2
G01B	0	0	0	0	1	0	0	0	0	1	0

资料来源：中国专利数据库及科技创新情报平台（incoPat）。

表4-2中的四位专利分类号是按照《国际专利分类表》①（IPC分类）确定的。例如C03B表示的专利类别是：（1）玻璃、矿物或渣棉的制造、成型；（2）玻璃、矿物或渣棉的制造或成型的辅助工艺。企业专利技术申请趋势记录了样本企业每年在每种专利分类号下的专利申请数量。企业专利技术公开趋势数据的内容结构与企业专利技术申请数据表的内容结构一致，只是具体数据有所差别。表4-3和表4-4分别列出样本企业安彩高科的技术构成与技术公开趋势。专利技术构成汇总了样本企业安彩高科每个专利分类号下面的专利技术数量，并未按照年度进行分类，比如在C03B这个专利分类号下所有公开的专利件总数为39件。技术构成在一定程度上反映了企业技术创新的主攻方向。专利技术公开总趋势汇总了企业每年公开的各类专利的总件数，例如2015年安彩高科的专利技术公开总数为16件。在专利数据搜集阶段，样本企业基础数据包中搜集到的每一家企业的数据结构是相同的，样本企业数据单元的数据陈列方式包括两

① 《国际专利分类表》（International Patent Classification，简称IPC分类）是当前国际通用的专利文献分类与检索工具，它是根据1971年签订的《国际专利分类斯特拉斯堡协定》编制而成。1996年6月17日，中国政府向世界知识产权组织（WIPO）递交加入书，1997年6月19日中国成为该协定成员国。

种，一种是以独立的表格文档的形式在每个单独的表格中显示样本企业每项分录中的数据，还有一种是以整体性分析报告的形式显示，所有的项目的数据以分析报告的形式体现在综合性的分析报告中。二者在数据的效度与容量以及结构方面没有本质的差异，所不同的是表现形式而已。另外，由于数据下载以及保存的便捷性和防止个别数据表漏检，后期的搜集方式主要以综合报告的形式进行搜集。

表 4 - 3 安彩高科技术构成

IPC 分类号	专利数量
C03B	39
C03C	24
H01L	7
B08B	4
B24B	4
B65D	4
G05B	4
G06F	4
B65G	3
G01B	3
B22C	2

资料来源：中国专利数据库及 incoPat 科技创新情报平台。

表 4 - 4 安彩高科技术公开趋势

公开年份	专利数量
2005	2
2006	4
2007	11
2008	3
2009	6
2010	7

续表

公开年份	专利数量
2011	11
2012	11
2013	12
2014	11
2015	16

资料来源：中国专利数据库及 incoPat 科技创新情报平台。

除了上述信息，每一个样本企业基础数据包还包括一个描述性的专利摘要文档。该文档中列举了样本企业所公开专利的序号、标题（中英文）、摘要（中英文）、首页附图、文献页数、合享价值度①、公开（公告）号、公开（公告）日、申请号、申请时间、申请人、标准化申请人、标准化当前专利权人、申请人国别代码、省份代码、权力要求及数量、法律状态、有效性、同族情况（简单同族和扩展同族）、主分类号（IPC）、引证信息（引证专利、被引证专利、家族引证、被家族引证、引证次数、引证文献）以及专利转让情况等信息。由于信息量较大，而且作者在搜集与检索过程中受限于时间、精力以及网络下载速度的影响，所以在保存相关条目数据信息的时候确保主要信息不能缺失，所谓的必要信息是本研究变量测量所必须用到的专利信息，其他信息部分存在缺省的情况。至此，第一个阶段数据搜集（专利数据搜集阶段）的主要任务就完成了。

2. 文本数据搜集

研究第二阶段的数据搜集以文本数据为主。这部分数据的搜集主要为了测量样本企业高管注意力风格倾向、企业家社会资本等变量。早期学者的研究表明，可以通过企业年报来对企业的战略进行识别（Bowman，1978）；对企业经营业绩的因果关系进行分析（Bettman & Weitz，1983）；

---

① 合享价值度评价体系通过数据挖掘、高价值专利组和低价值专利组的基础指标差异，来帮助用户聚焦高价值专利，提高专利运用效率。合享价值度采用的参数包括但不限于专利类型、被引证次数、同族个数和同族国家数量等多个客观参数，此外，参数伴随专利的公告、法律状态变化、新的引证信息、专利诉讼等事件实时更新。（incoPat，2017）

甚至可以解释企业参与风险投资差异的原因（Fiol，1989）。但是，企业年报涉及的信息较广，不利于捕捉高管的认知信息，而公司年报中给股东的信相对来说较为适用（Barr et al.，1992）。所以，目前学者们对管理者认知以及管理者注意力测量的手段多采用给股东的信（letters to shareholders）（Cho & Hambrick，2006；Eggers & Kaplan，2009；Tripsas，2009），这种数据来源比通过调查问卷的形式其客观性更强，在一定程度上可以避免回溯性偏差[①]（retrospective bias）。

虽然国内企业很多没有专门的给股东的信，但大多数公司可以在其公司年报中找到董事长致辞或类似的公开信。所以本阶段文本数据的搜集主要包括两方面，其一是样本公司每年的年报，这部分的数据主要来源于企业网站的主页以及证监会制定的信息披露网站，比如巨潮资讯网。其二是关于企业家社会资本变量测量需要的数据，主要包括企业高管是否在其他企业任职、是否在相关行业协会任领导职务及等级、企业高管在政府（人大、政协等）任职情况以及企业高管在科研院所、高等院校等机构的任职情况等。这部分数据主要从万德数据咨询、企业主页及其他互联网信息渠道获得，对部分信息不一致的数据可以采用三角验证方法通过多渠道、权威发布来获得最准确的数据信息。

此外，除了研究的核心变量外还包括一些控制变量。本研究涉及的控制变量主要包括企业规模、企业研发强度以及企业成长年限。控制变量中的企业资产总额、研发费用（研发支出）以及企业成长年限等数据均来源于Wind数据库，经过作者检索并整理完成。本阶段的数据搜集均需要手工整理、在原始数据的基础上进行重新编码与归档，所以，数据搜集过程耗时较长。

第二节　变量测量

为了确保每一个变量测量的信度与效度，我们对测量方法的选择尽量采用当前文献中已经使用的而且得到学者广泛认可的测量工具与实施方法。在国外相关学者研究成果的基础上，基于中国企业实际以及搜集数据

---

① 回溯性偏差是指回答者在回答问题的时候回顾一些倾向于特定观点或意识形态的事件或情境，并因此影响回答的客观性（Evans & Leighton，1995）。

属性进行测度。所有涉及的变量包括企业高管注意力风格倾向、企业不连续创新（技术不连续创新与市场不连续创新）、企业家社会资本（企业家制度社会资本、商业社会资本以及技术社会资本）。以下就上述变量的具体测量进行具体阐述。

一、企业高管团队注意力风格倾向测量

1. 高管团队注意力风格倾向测量的维度界定

借鉴心理学家尼斯贝特等的研究成果（Nisbett et al.，2001），我们将高管的注意力风格分为整体性注意力与分析性注意力。当前组织研究与战略管理研究领域，进行实证研究时对管理者注意力的直接测量存在很大的挑战（Kaplan & Tripsas，2008）。现实中对高管注意力进行直接测度的方法主要包括：（1）对企业高管进行访谈，在访谈的过程中记录相关信息，通过这些信息采用一定的测量方法进行判断。（2）通过对企业高管在企业内部、公开场合以及对媒体等的讲话稿或发言稿进行文本分析作以判断。但是，上述两种直接测度的方法存在以下两个方面的问题。第一，从数据获取的角度来看，获得企业大量的访谈数据在时间与精力方面来讲非常困难，特别是一些企业的内部重要会议的发言文本，虽然这些数据非常令人满意，但由于涉及商业机密，研究者几乎无法获取（Maula et al.，2013）。第二，从数据反映的真实性来看，通过上述渠道获取的高管注意力数据可能存在回溯性偏差，同时因为在取样窗口时期对所有样本公司获得的文本信息的结构无法做出合理的比较从而无法进行实证研究的标准化数据分析（retrospective bias）（Eggers & Kaplan，2009）。所以，当前对管理者（高管）注意力测定的方法多采用对公司年报中的给股东的信[①]（Barr et al.，1992；Cho & Hambrick，2006；Eggers & Kaplan，2009；Kaplan et al.，2003；Osborne et al.，2001）进行主题建模分析[②]（topic modeling analyze）。

[①] 国外的文献中，文本数据的内容多采用给股东的信，但是鉴于国内上市公司很少发布此类文本，所以在文本数据来源方面，本书选择公司年报中"董事会报告部分的管理层讨论与分析"部分作为替代。

[②] 主题建模分析是一种文本分析技术，较为著名的主题建模分析工具像 STMT（stanford topic modeling toolbox）由斯坦福自然语言处理集团所开发。

一些学者曾对使用给股东的信作为测度企业高管认知来源的科学与合理性表示过质疑,认为给股东的信、上市公司年报、董事长致辞等文本资料只是一个代表性的形式文本,并没有体现企业高管认知的真实表示,因为这些文本可能只是企业出于信息披露的需要或者企业对外实施的象征性管理手段(Abrahamson & Hambrick,1997)。但是战略与组织行为学者的研究成果足以证明,这种通常只是由企业公关部门撰写的给股东的信或公司年报在一定程度上与高管的认知与行为以及组织的战略之间存在密切的关系(例如 Fiol,1995;Osborne 等,2001;以及 Eggers 和 Kaplan,2009)的研究均可以支持以上结论。特别是菲奥尔(Fiol,1995)关于企业高管内外言论的比较研究中发现由企业高管制定的内部战略规划与企业年报中确定的战略主题是一致的,企业高管在企业内部强调的重要战略议题同时也出现在了给股东的信中。虽然高管团队成员可能并不会参与这些文本资料的具体撰写工作,但是高管团队成员会对这些文本所强调的重点和核心议题进行把关(Cho & Hambrick,2006)。此外,埃格斯和卡普兰(2009)的研究表明,当一家公司高管团队成员的构成发生大幅度调整时,前述这些文本信息的内容也会发生大幅度调整。且在通常情况下,公司高管出于对股东、公众、媒体及监管机构的责任,不太可能完全隐藏企业的重要战略议题(Ingram & Frazier,1983)。这些研究表明,给股东的信或年度报告中董事长致辞一定程度上能代表高管团队,以及使用给股东的信等质性数据用来测度企业高管注意力风格的有效性。

鉴于我们的研究问题是管理者注意力风格的研究,对管理者注意力风格倾向的测量使用主题分析的方法较为适用。因为本研究只需要测得管理者注意力的风格倾向性,而并不需要具体测度管理者的注意力在哪里、关注的主要焦点内容。使用主题分析方法可以测量一份文本中所反映的主题的整体性或分散性(Nisbett et al.,2001)。通过测量给股东信中潜在主题彼此的关联程度作为测定管理者注意力倾向的代理变量。例如,如果在文本的某一段中讨论的主题较少,而且各个主题之间的相互关联性较高,则该段文本反映的管理者注意力倾向于整体性注意力;反之,如果文本的某一段中讨论的主题较多,而且主题之间的关联性较低,则该段文本反映的管理者注意力倾向于分析性注意力(Ocasio,2012)。所以,在操作层面上应该更加注重给股东的信中各主题之间的关系,整体性注意力的高管在信中体现的倾向于讨论不同的主题以及它们之间的联系;分析性的高管注意力倾向于对给股东信中的各个主题进行独立的讨论，主题与主题之间的连接性更少。

2. 文本挖掘技术的运用

基于文本分析、自然语言处理（natural language processing，NLP）及机器学习的主题模型研究中，LDA[①]（latent dirichlet allocation）文档主题生成模型作为一个强大的主题分析工具备受青睐（Blei et al.，2003；Griffiths & Steyvers，2004）。布里等（Blei et al.，2003）将 LDA 模型识解为一种将文本语料等离散数据集合的主题生成概率模型，从层次上包含了词、主题以及文档三个层次的贝叶斯概率模型。主题模型的生成过程体现了这样一种基本逻辑，一个特定的文本表现了由若干主题构成的逻辑表述，而文档中的词语以出现的概率选择了对特定主题的表达，而无论是从文档到主题还是从主题到词均服从多项式分布（multinomial distribution）（Newman et al.，2007）。

为了更好地理解 LDA 模型的原理，对一些基本分布的识解是必要的，鉴于篇幅限制，本研究主要介绍多项分布、贝塔（Beta）分布以及狄利克雷（Dirichlet）分布。

一般的多项式分布具有下面的表达形式：

假定一个随机的事件可能出现 k 种结果，分别记为 S_1，S_2，…，S_k，现将每个事件出现的结果数记为随机变量 X_1，X_2，…，X_k，这些随机变量的概率分布记为 p_1，p_2，…，p_k，则在 n 次抽样中，事件 S_1 出现 n_1 次，S_2 出现 n_2 次，…，S_k 出现 n_k 次的概率为：

$$P(S_1 = n_1, S_2 = n_2, \cdots, S_k = n_k) = \begin{cases} n! \prod_{i=1}^{k} \dfrac{p_i^{n_i}}{n_i!}, & \sum_{i=1}^{k} n_i = n \\ 0, & \text{otherwise} \end{cases}$$

$$(4-1)$$

Beta 分布适用 [0，1] 之间的随机变量，而且在由极值定义事件建模和顺序统计量建模中较为常见。一般的 Beta 分布具有下面的表达形式：

---

① Latent Dirichlet Allocation 直译为潜在狄利克雷分布，最初由大卫·M. 布里（David M. Blei）等学者提出，大卫是哥伦比亚大学统计和计算机科学系的教授，他曾经任职于普林斯顿大学计算机科学系，他的主要研究方向是机器学习（machine learning）（Wikipedia）。

$$\text{Beta}\left(\frac{x}{a, \ b}\right) = \frac{1}{B(a, \ b)}x^{a-1}(1-x)^{b-1} \qquad (4-2)$$

其中 $B(a, \ b) = \dfrac{\Gamma(a)\Gamma(b)}{\Gamma(a+b)}$，这里的 $\Gamma(x)$ 是一个伽马（Gamma）函数，Gamma 函数是阶乘（factorial）函数从整数集合到实数/复数的延拓。$\Gamma(x) = \displaystyle\int_{0}^{\infty} u^{x-1}e^{-u}du$

本质上，贝塔分布衍生了狄利克雷分布，狄利克雷分布又是多项（multinomial）分布参数的先验分布，或者说 Dirichlet 分布被认为是"分布中的分布"（Blei et al.，2003）。

一般的 Dirichlet 分布具有下面的表达形式：

$$\text{Dir}(\theta/\alpha) = \frac{\Gamma(\sum_{i-1}^{k}\alpha_i)}{\prod_{i=1}^{k}\Gamma(\alpha_i)}\theta_1^{\alpha_1-1}\cdots\theta_k^{\alpha_k-1} \qquad (4-3)$$

其中，参数 α 是分量 $\alpha_i > 0$ 的 k 维向量，$\Gamma(x)$ 是一个 Gamma 函数。Dirichlet 分布隶属于指数族分布，是一个具有有限维的充分统计量，而且其与多项分布共轭（Blei et al.，2003）。

为了进一步理解 LDA 模型的核心要义及操作要领，按照 Blei（2003）关于 LDA 模型的解构对其基本原理做出概要是一个较为理想的途径。Blei 认为，LDA 的基本思想是一个文档被表示为潜在主题的随机混合，而每个主题的特征又以某种特定的分布体现在文字上。

给定一个参数 α 和 β，若干混合主题的联合分布为 θ，一组包含 N 个主题的主题集 z 以及一组包含 N 个词语的主题集 w，则存在以下概率分布：

$$p(\theta, z, w \mid \alpha, \beta) = p(\theta \mid \alpha)\prod_{n=1}^{N} p(z_n \mid \theta)p(w_n \mid z_n, \beta) \qquad (4-4)$$

在上述概率分布的基础上，布里给出了 LDA 的图解模型表示，如图 4-5 所示。

图 4-5 的 LDA 模型图解中，文本的总数为 M，K 为主题的数目。第 m 个文本中词语的数目为 N_m，α 是每个文本中主题多项分布的 Dirichlet 先验参数；β 是每个主题中词语多项分布的 Dirichlet 先验参数。第 m 个文本中的第 n 个主题是 $Z_{m,n}$；第 m 个文本中的第 n 个词语是 $w_{m,n}$。θ 和 φ 分别表示第 m 个文本中的主题以及第 k 个主题中的词语分布，其中 θ 是一个 k 维向量；φ 是一个 ν 维向量。

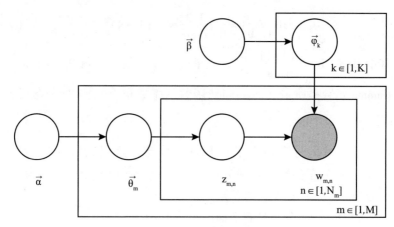

图 4 - 5　LDA 模型图解

资料来源：Blei et al.（2003）。

在式（4 - 5）中，$p(z_n | \theta)$ 是第 i 个参数 θ_i 的唯一的概率密度，而且 $z_n^i = 1$，通过对 θ 积分并在 z 进行加总可以得到文本的边际分布为：

$$p(w | \alpha, \beta) = \int p(\theta | \alpha)(\prod_{n=1}^{N} p(z_n | \theta) p(w_n | z_n, \beta)) d\theta \quad (4 - 5)$$

之后通过单个文本的边际概率的乘积可以获得到文档库的概率密度函数（Blei et al.，2003）。

$$p(D | \alpha, \beta) = \prod_{d=1}^{M} \int p(\theta_d | \alpha)(\prod_{n=1}^{N_d} \sum p(z_{dn} | \theta_d) p(w_{dn} | z_{dn}, \beta)) d\theta_d$$

$$(4 - 6)$$

为了直观表示 LDA 模型的效果，布里等（2003）在其论文中展示了一个 LDA 单密度分布示例，如图 4 - 6 所示。图 4 - 6 的 LDA 模型单密度分布 $p(w | \theta, \beta)$ 中，嵌入在（x - y）底基平面的三角形表示所有特定词语的多项式分布。三角形的每一个顶点对应一个确定的概率分布，这个分布会对每个出现的词语分配一个概率。用 x 标记的顶点是四个主题中的每一个主题的多项分布 $p(w | z)$ 的位置。总之，在整个 LDA 模型中，它的核心内涵表达了三层内容的逻辑关系，最外层的参数表示了文档库的参数，中间的一层表示了主题层面的参数，最里面的表示了词语层面的参数。LDA 模型算法的本质将文本与词语映射到特定的主题，这种聚类算法是通过对各主题上映射的词语的概率分布来描述特定主题的意义。鉴

于研究问题以及数据获取的需要，并不需要利用 LDA 模型抽象文本主题的内涵，而只需将文本聚焦的主题数目提炼即可，所以在实施的过程中较为简便。

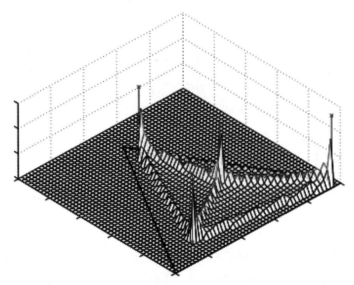

图 4 - 6　LDA 模型单密度分布 p (w | θ, β) 示例

资料来源：Blei et al.（2003）。

　　为了对股东信中不同主题之间的关系进行测量。首先，采用文本分析软件对每一份给股东的信进行主题建模分析，从而产生每一个给股东信的主题数目与类型。主题建模分析的过程主要是通过文本分析软件来完成。分析软件对每一份给股东的信的文本中的每一段确定一个或者几个主题，并分别标注出主题的类型。其次，根据已经产生的段落主题数目及类型生成主题网络逻辑图（topic network logic graph，TNLG）。TNLG 描述了主题之间的关联关系，而且每个 TNLG 对应一份给股东的信，是对给股东信中主题之间的关联度进行逻辑性描述。之所以认为不同主题出现在同一段落的关联性，是采纳心理语言学文献的研究成果，即当一个自然段中出现多个主题时，这些主题之间很可能存在某种关联，或它们之间的关联度很高（Miller & Johnson，2008），如图 4 -7 所示。

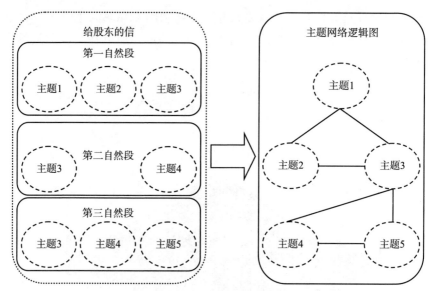

图 4 – 7　主题网络逻辑图

图 4 – 7 给出了主题网络逻辑图的生成演示过程。范例中的股东信文本总共有三个自然段，总共涉及 5 个不同的主题，分别以主题 1~5 标示。第一自然段中出现了三个主题分别是主题 1、主题 2 和主题 3；第二自然段中出现了两个主题分别是主题 3 和主题 4；第三自然段中出现了三个主题分别是主题 3、主题 4 和主题 5。根据主题建模的分析结果，按照之前对主题之间关联的认定方法，这里可以判断与主题 1 关联的主题是主题 2 和主题 3；与主题 2 关联的主题是主题 1 和主题 3；与主题 3 关联的主题是主题 2、主题 4 和主题 5；与主题 4 关联的主题是主题 3 和主题 5；与主题 5 关联的主题是主题 3 和主题 4。依据以上关联信息将其以逻辑关系的形式反映在主题网络逻辑图中。

为了进一步测量管理者注意力风格倾向，对每一份给股东信生成的主题网络逻辑图计算不同主题之间关联的紧密程度，这里需要借鉴布里及其合作者（2003）、卡普兰等（2015）等学者关于主题模型（topic model）的研究。在此基础上，为了显示主题网络逻辑图中各主题之间关联程度的大小，需要对其连接与分散的程度进行判别，它的取值等于当前主题网络逻辑图中显示的主题间连接数 N_{tnlg}（即主题网络逻辑图中连接线的数量）除以该主题网络逻辑图中所有主题所有可能的连接总数 A_{tnlg}，用公式表示为：

$$Tnds = \frac{N_{tnlg}}{A_{tnlg}} \qquad (4-7)$$

$$A_{tnlg} = C_m^n = \frac{m!}{n!(m-n)!} \qquad (4-8)$$

图 4 − 7 显示的主题网络逻辑图中，当前 5 个主题的连接数为 5，所有主题可能的连接数为 10 [C (5, 2)]，那么该主题逻辑网络的密度分数（thematic network density score，Tnds）等于 5/10 = 0.5。从定义的属性看，Tnds 是一个介于 0 ~ 1 之间的数。Tnds 的数越接近于 1，表示各个主题之间的关联性越大，那么数据反映的高管的注意力风格倾向于整体性注意力；反之，Tnds 的数越接近于 0，表示各个主题之间的关联性越小，数据反映的高管的注意力风格倾向于分析性注意力。这样，就为高管注意力风格倾向找到一个可量化、标准的代理变量对高管注意力进行测量。

二、企业不连续创新测量

不连续创新作为一种新的创新模式，学者们对其研究仍然处于探索与完善阶段，相关的测量方式与手段还处于探索与标准化过程（Christensen，2006；冯军政，2012）。当前学术界对企业不连续创新决策或行为的测量多数基于特定的研究问题进行量表设计，之后以调查问卷的方式获得企业不连续创新的数据。从目前关于不连续创新实证研究的情况来看，多数选择采用突破性创新（Zhou et al.，2005）以及根本性创新（Ehrnberg，1995）的方式测量不连续创新（冯军政，2012）。多数国内学者对不连续创新的做法选择将国外相关研究中使用的量表进行适当修改后使用。鉴于的研究问题、数据可获得性以及更好避免主观性偏差等因素，对不连续创新的测量借鉴潘秋玥（2016）关于不连续创新的测量方式，利用企业在专利技术申请趋势变化方面的波动幅度来测度企业不连续创新。

我们使用专利申请量作为测量企业不连续创新的数据来源，是因为相对于专利授权数而言，专利申请的数量更能体现出企业在一些创新决策方面的表现，毕竟，专利的授权是通过了专利评审机构后的结果性表示，在某种程度上过滤了企业的决策和行为（叶静怡等，2012）。以艾派克公司（以下简称艾派克）为例阐释企业不连续创新的测量。打开样本企业的专利申请数据库，将样本企业每年专利分类号中最大的数目圈定显示如表 4 − 5

所示。基于样本数据可以绘制趋势图，如图 4-8 所示。

表 4-5　　　　　　　　　　艾派克专利申请趋势

IPC分类号	年份						
	2010年	2011年	2012年	2013年	2014年	2015年	2016年
G03G	4	1	9	5	11	33	36
B08B	0	0	12	6	0	1	0
B25B	1	0	0	35	0	0	0
B65D	0	0	0	0	0	0	1
F16D	0	0	1	0	0	0	0

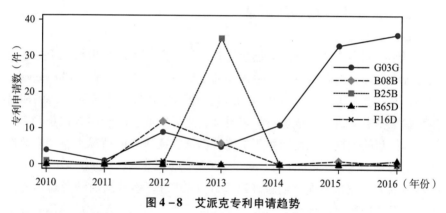

图 4-8　艾派克专利申请趋势

资料来源：国家知识产权局。

表 4-5 中显示了艾派克 2010～2016 年的技术申请趋势，总共有 7 年的数据，形成了 6 个年度区间。分别对其专利技术最大值变化情况进行赋值结果如表 4-6 所示。

表 4-6　　　　　　　　　艾派克专利技术申请趋势年度区间赋值

2010～2011 年	2011～2012 年	2012～2013 年	2013～2014 年	2014～2015 年	2015～2016 年
0	1	2	2	0	0

具体而言，对艾派克各年度不连续创新的测量按照以下步骤操作：

第一步，首先确定相邻两个年度各自每一种专利的最大值，比如，2010 年，IPC 主分类号为 G03G 的数量为最大值，数值为 4，那么艾派克在 2010 年的主导技术分类号为 G03G①，2011 年主分类号为 G03G 的数量为最大值，数值为 "1"，那么艾派克在 2011 年的主导技术仍然是 G03G。那么，从 2010 年到 2011 年，艾派克的主导技术并没有发生变化，则在年度区间赋值为 "0"。

第二步，如果 2012 年，IPC 主分类号为 B08B 的数量为最大值，数值为 12，那么艾派克在 2012 年的主导技术为 B08B②，而 2013 年 IPC 主分类号为 B25B 的数量为其最大值，数值为 35，那么艾派克在 2013 年的主导技术变成了 B25B③。也就是说，2012～2013 年，艾派克的主导技术发生了不连续性变化。但是由于两年（2012 年和 2013 年）的主分类类别并未发生变化（均为 B），只是次级分类码从 08B 变为 25B，所以，可视为技术不连续性变化，则在年度区间赋值为 "1"。

第三步，如果 2013 年 IPC 主分类号为 B25B 的数量为最大值，数值为 35，那么艾派克在 2013 年的主导技术为 B25B；而 2014 年 IPC 主分类号为 G03G 的数量为最大值，数值为 11，那么艾派克在 2014 年的主导技术变成了 G03G。即 2013～2014 年，艾派克的主导技术发生根本性变化，可视为市场不连续性变化，则在年度区间赋值为 "2"，以此类推。

第四步，根据第三步中企业的不连续创新值对企业技术不连续创新变量与市场不连续创新变量进行重新赋值。按照本文对不连续创新的定义，如果企业年度区间不连续性值为 0，则认为企业未发生不连续创新，对应的技术不连续创新与市场不连续创新均赋值 "0"；如果企业年度区间不连续性值为 1，则企业发生技术不连续创新，对应的技术不连续创新赋值

---

① 主分类号为 G03G 的专利解释是：电记录术、电照相、磁记录（依靠记录载体与传感器之间的相对运动存储信息入 G11B；具有写入或读出信息装置的静态存储入 G11C；电视信号的记录入 H04N5/76）。

② 主分类号为 B08B 的专利解释是：一般清洁；一般污垢的防除（刷子入 A46；家庭或类似清洁装置入 A47L；颗粒从液体或气体中分离入 B01D；固体分离入 B03、B07；一般对表面喷射或涂敷液体或其他流体材料入 B05；用于输送机的清洗装置入 B65G45/10；对瓶子同时进行清洗、灌注和封装的入 B67C7/00；一般腐蚀或积垢的防御）。

③ 主分类号为 B25B 的专利解释是不包含在其他类目中的用于紧固、连接、拆卸或夹持的工具或台式设备。

"1"，对应的市场不连续创新赋值"0"；如果企业年度区间不连续性值为2，则企业发生市场不连续创新，对应的技术不连续创新变量赋值"0"，对应的市场不连续创新赋值"1"。

三、企业家社会资本测量

企业家社会资本在组织与战略管理研究中属于较为成熟的构念。自布尔迪厄引入社会资本概念以来，国内外学者对其测量的探索就从未停止。早期对企业家社会资本的测量多采用单维度结构模型进行，这种测量方法基于测量对象在社会网络中的相对位置展开（Fornoni et al.，2013）。鉴于中国情境下的理论研究和管理实践与西方管理理论研究与实践的差异，国内学者对企业家社会资本维度构成及测量也存在不同。国内学者对企业家社会资本的构成维度与测量趋向于从企业家社会网络成员构成、企业家社会网络结构以及企业家技术网络资源对企业家社会资本进行维度构建及测量（耿新和张体勤，2010）。本研究的数据均来源于二手数据，包括公司年报、企业文档、财务年报等，而且在实证研究阶段，我们将不会采用调查问卷的方法来搜集数据。所以，对企业家社会资本（企业家制度社会资本、企业家商业社会资本和企业家技术社会资本）的测量均采取客观测量。这种测量在一定程度上解决了回答者偏差（respondents bias）以及共同方法偏差（common method bias）。具体对企业家社会资本的测量借鉴彭和罗（Peng & Luo，2000）、孙俊华和陈传明（2009）、耿新和张体勤（2010）以及游家兴和邹雨菲（2014）的测量方法。从企业家商业社会资本、企业家制度社会资本和企业家技术社会资本三个方面对企业家社会资本进行测量。下面分别具体阐述三个维度的测量方法。

第一，对企业家制度社会资本的测量主要考察样本企业的企业家与各级政府、政府机关以及其他政府组织机构连接关系的紧密程度。主要测量企业家曾经或当下在各级政府任职的情况。具体而言，企业家在国家级政府单位任职的赋值"4"，在省部级单位任职的赋值"3"，在厅局级单位任职的赋值"2"，在区县级任职的赋值"1"，从未在任何级别的政府机构任职的赋值"0"。第二，对企业家商业社会资本的测量主要考察样本企业的企业家与其他企业或商业团体协会社会网络关系的紧密程度。主要包括两方面的测量内容：其一是企业家在任现职以前出任过高管职位的企业的数目；其二是企业家曾经或当下在各级各类行业协会中出任会长则赋值"3"，出任行业协会的副会长则赋值"2"，出任行业协会会员则赋值"1"，从未在行业协会中任职的赋值"0"。第三，对企业家技术社会资本的测量主要考察样本企业的企业家与高等院校、科研院所的连接关系的紧密程度。测量的中心以企业家曾经是否在高等院校、科研机构以及其他科研技术单位任职。如果是，则赋值为"1"，如果否，则赋值为"0"。

以上是对企业家社会资本三个维度测量方法的详细阐述，在充分吸收与借鉴当前国内外学者对企业家社会资本测量的基础上，根据我们的研究问题以及研究数据的特点做了相应的调整以能够更为准确地对企业家社会资本进行测量。

四、控制变量测量

为了更好地解释高管注意力风格倾向与企业家社会资本对企业不连续创新影响的净效应，对可能影响企业不连续创新的其他因素加以控制是非常必要的（Zhou et al.，2005）。当前文献中关于企业不连续创新的研究表明，企业的一些基本属性会对企业不连续创新产生重要的影响，如企业的规模、企业技术研发强度以及企业的成长年限等（Chandy & Tellis，2000；Maula et al.，2013；Zhou et al.，2005；冯军政，2012）。所以，我们将企业规模、企业技术研发强度以及企业成长年限作为控制变量。具体而言，对企业规模的测量借鉴汉纳（Hanna）和弗里曼（Freeman）（1984）及尚迪（Chandy）和特利斯（2000）的方法，采用企业总资产的对数进行测量。对企业技术研发强度的测量借鉴林等（2006）及程和陈（Cheng & Chen，1997）的方法采用企业每年的研发支出与营业收入的比值来衡量。企业成长年限为观测年份减去企业成立年份（任颋等，2015；吴利学等，2016）。

第三节　本章小结

科学的研究设计是保证整个研究切实可行的前提下尽可能减少随机误差和偏倚，实现研究目的必要工作。本章在前文基础理论与假设提出的基础上对全书的实证研究进行总体性安排。主要包括数据的来源、变量的说明以及测量两大部分。为了保证数据的真实可靠，我们的研究数据在多个数据库进行交叉对比，在此基础上，通过第三方数据库（如 Wind）以及企业网站或搜索网站进行核对，凡是对比不一致或者无法确定的数据均从数据库中剔除。

　　研究涉及的解释变量主要包括两个，即企业家高管团队注意力风格倾向和企业家社会资本。企业家高管团队注意力风格倾向的数据取样于企业年终"董事会报告"。企业家社会资本包括企业家制度社会资本、企业家商业社会资本以及企业家技术社会资本三个维度，三个维度的数据取样于公开的二手数据资料，主要包括企业的网站、搜索网站及证监会制定的信息披露网站。企业不连续创新的数据来源于中国专利数据库以及北京合享新创信息科技有限公司开发的科技创新情报平台（incoPat），其中对企业不连续创新的测度采用企业专利数据申请趋势的变化进行甄别。

第五章 假设检验与研究发现

在第三章理论假设提出与第四章研究设计及数据搜集的前提下，本章将对所涉及的变量进行描述性统计分析。在此基础上，进一步提出的基本假设进行大样本实证检验。本章的内容主要包括四个方面：（1）高管团队注意力风格倾向对企业不连续创新的影响研究；（2）不同高管团队注意力风格倾向下高管团队的人口统计学形态；（3）企业家社会资本三个维度分别对企业不连续创新行为的影响研究；（4）企业家社会资本在高管团队注意力风格倾向与不连续创新作用关系中的调节效应。这四个方面的内容涵盖了研究的全部假设及其发现。

第一节 高管团队注意力风格对企业
不连续创新的经验证据

检验高管团队注意力风格倾向对企业不连续创新的影响是研究的主效应，目的是验证高管团队注意力风格倾向（整体性注意力倾向与分析性注意力倾向）是否对企业进行不连续创新行为产生显著影响。本书第三章第一节从理论上论述了高管团队注意力风格倾向对企业不连续创新的影响机理，在此基础上提出的前两个研究假设为了检验实证数据对假设1和假设2的支持情况，本节内容将运用大样本统计分析对研究假设进行验证，并对研究发现进行解释。

一、变量设定

1. 高管团队注意力风格倾向

按照尼斯贝特等（2001）对高管注意力风格定义的界定，我们遵循相关学者的建议将管理者注意力风格划分为两种倾向：其一是整体性注意力倾向；其二是分析性注意力倾向。鉴于学术界对二者直接测度存在困难性以及二者（整体性注意力倾向与分析性注意力倾向）表现出的量纲互斥性，通行的做法是找一个代理变量同时反映高管团队注意力的不同倾向（Kaplan，2008）。为了获取管理者团队在注意力风格方面的倾向性，按照埃格斯和卡普兰（2009）的建议，从文本数据中高管团队对不同主题的罗列安排来判断管理人员的注意力风格倾向是一个可行的途径。尼斯贝特（2001）等学者认为，当管理者的注意力风格倾向于整体性注意力时，他们在关注某个事件的同时也会注重该事件与其他事件的关系，当管理者对类似关系的关注程度越来越高的时候，管理者的注意力风格倾向于整体性注意力，反之则倾向于分析性注意力。借助布里等（2003）及卡普兰等（2015）主题建模的相关研究，运用公司年度报告中高管团队对报告主题的网络分布情况鉴别高管团队的注意力风格倾向，在此基础上计算一个企业高管团队的主题网络密度分数来测度高管团队的注意力倾向，主题网络密度分数的得分越高，表明高管团队更加注重多个主题的连接关系，此时高管团队注意力风格倾向于整体性注意力；而当主题网络密度分数越低时，表明高管团队更加注重主题自身的属性而忽略了不同主题之间的连接关系，从而其注意力风格倾向于分析性注意力。所以，利用高管团队的主题网络密度分数来代理企业高管团队的注意力风格倾向程度，即检验假设 1 的自变量为主题网络密度分数 Tnds，该变量是一个介于 0 到 1 之间的连续性变量[①]。

2. 企业不连续创新

将企业不连续创新作为变量进行设定的相关研究中，一些学者采用主

[①] 关于主题网络密度分数 TNDS 的计算方法，详见本书第四章第二节中变量测量部分。

观问卷调查量表的方法收集企业是否进行不连续创新行为数据。例如埃恩伯格（Ehrnberg，1995）、周（2005）以及冯军政（2012）等，而其他学者像艾耶等（Iyer et al.，2006）采用企业是否引入新产品（及新产品知识架构）的事件研究法来对企业不连续创新行为做出判断。第一类学者的做法在数据搜集方面相对容易，对数据的处理过程也较为简单，但采用这种方法常常由于回答者偏差及同源误差的存在而对研究结论产生影响（陈晓萍等，2012；张志学等，2014）。第二类学者的做法在数据搜集方面较为困难，而且使用引进新产品作为企业不连续创新的代理变量需要在不同时点上精准捕获相关企业行为的信息，数据搜集工作量巨大，要求企业、媒体以及相关专业出版物（网站）等详尽披露有关企业发布新产品的信息，这些标准严格限制了数据大量遗漏的研究中（Tyler & Caner，2016）。

　　基于上述两类方法在数据偏误以及数据搜集难度较大的问题，我们借鉴潘秋玥（2016）基于企业年度专利申请类别趋势的变化测度企业不连续创新行为，这种方法在很大程度上避免了数据的回答者偏差和同源偏差，而且在数据获取方面可行性很高，数据遗漏程度较低。鉴于假设1的主要目的是检验企业不连续创新行为的认知形成机理，即探讨高管团队注意力风格倾向对企业不连续创新行为的影响。所以，表现企业不连续创新程度的创新不连续性是假设1验证中的因变量。在此基础上，为了深化研究的意义，假设2（包括假设2a和假设2b）进一步探索高管团队注意力风格倾向对企业不连续创新两个维度（技术不连续创新与市场不连续创新）的影响，从企业不连续创新变量中分离出两个子因变量，即企业技术不连续创新与市场不连续创新。

3. 控制变量

　　本节内容的主要目的是检验高管团队注意力风格倾向对企业不连续创新行为的影响，而之前的相关研究表明，企业规模、成长年限、研发强度等均会对企业不连续创新行为产生影响（Chandy & Tellis，1998；Cohen & Levinthal，2000；Zhou et al.，2005；Zhou et al.，2016；冯军政，2012），所以，参照以上学者的相关研究，我们将企业规模、企业的成长年限及企业的研发强度作为研究的控制变量。表5-1列出了本节研究所有变量的名称、代码及测度方法。

表 5 – 1 变量的名称及测度方法

变量名称及代码	测度方法
创新不连续性（Firm_DI）	参见第 4.2 节变量测量部分的内容
技术不连续创新（Technology_DI）	
市场不连续创新（Market_DI）	
主题网络密度分数（Tnds）	
企业规模（size）	企业年度资产总额的自然对数值[①]
成长年限（age）	观测年份减去企业成立年份
研发强度（R&D）	研发费用/销售收入

二、模型设定

1. 设定前的分析

鉴于实证研究采用的数据为面板数据（panel data）[②]，需要在建立相关计量模型前对采样数据所适用的计量模型的类型做出检验。一般情况下，面板数据适用的计量模型具有以下基本形式：

$$Y_{it} = \alpha_{it} + X'_{it}\beta_{it} + \mu_{it} \quad 其中，i = 1, 2, \cdots, N; \ t = 1, 2, \cdots, T$$

$$(5 – 1)$$

式（5 – 1）中，N 表示截面个体的数目；T 表示观测的期数或者时点数。Y_{it} 为被解释变量在第 i 个体、第 t 个时点上的观测值；X_{it} 为解释变量在第 i 个体、第 t 个时点上的观测值，$X'_{it} = (x_{1it}, x_{2it}, \cdots, x_{kit})'$ 是 $1 \times k$ 向量，表明模型中有 k 个解释变量；α_{it} 为整个模型在不同观测个体与观测时点上的均值项；β_{it} 为模型带估计参数向量 $\beta_{it} = (\beta_{1it}, \beta_{2it}, \cdots, \beta_{kit})$；$\mu_{it}$ 为随机误差项。由于面板数据模型是对时空数据的混合处理，所以基本

[①] 鉴于面板数据的时间跨度，企业资产总额的自然对数值进行了 CPI 的平减，以防止通货膨胀的影响。

[②] 常用于经济与管理研究的实证数据的结构形式一般分为四类：（1）横截面数据；（2）时间序列数据；（3）混合数据；（4）面板数据。其中，横截面数据表现为一组个体在单一时点上的观测值；时间序列数据表现为单一个体在不同时点上的观测值；混合数据与面板数据综合了多个个体以及不同时间点上的观测值，但前者的多个个体在不同时点的抽样值是随机的，而后者是固定的界面对象，即对固定观测对象的不同时点上采集样本数据。

形式中的随机误差项包括三个部分（Baltagi，2001），表示为：

$$\mu_{it} = \nu_i + \lambda_t + u_{it} \qquad (5-2)$$

式（5-2）中的 ν_i 表示由于观测个体的变化所产生的随机误差项，该项不会在不同的观测时点上改变；λ_t 表示由于观测时点的变化所产生的随机误差项，该项不会在不同的观测个体上改变；u_{it} 为混合随机误差项，同时包含了来自观测个体以及观测时点变化而改变的变量。当式（5-2）中的 ν_i 与 λ_t 任意一个为 0 时（$\nu_i = 0$ 或者 $\lambda_t = 0$），该模型为单向面板数据模型，其中当 $\lambda_t = 0$ 时，意味着模型忽略了个体在不同时点上的变化导致的随机误差，只考虑观测个体自身异质性带来的随机误差；当二者均不为 0 时，为双向面板模型。此外，根据 ν_i 与 λ_t 的不同情况，可以将面板数据模型设定为固定效应模型（fixed effects model）和随机效应模型（random effects model），即当 ν_i 是一个随机变量时，式（5-2）中 ν_i 的方差 $\mathrm{Var}(v_i) = \sigma_v^2 ee'$，$e = (1, \cdots, 1)'$，此时的模型为个体随机效应模型；反之，当 ν_i 固定时（常量），此时的模型设定为个体固定效应模型，对于 λ_t 的不同处理也是一样。因此，区别固定效应模型与随机效应模型的本质是固定效应模型中观测个体差异的截距是不同的，而随机效应模型是把各组的不同截距项看成是不同的随机扰动项 ν_i 相加而成（陈海燕，2010）。

关于面板数据模型设定时，将模型设定为固定效应模型还是随机效应模型的讨论均有不同程度的分析。例如，巴尔塔吉等（Baltagi et al.，2001）的研究认为，如果研究设计中面板数据模型的 μ_{it} 的均值不为 0（$E(\mu_{it} \mid X_{it}) \neq 0$）时，模型参数的普通最小二乘法估计量是有偏的，而当面板数据模型的 μ_{it} 的方差不为 0（$\mathrm{Var}(\mu_{it} \mid X_{it}) = \sigma^2 ee'$）时，模型参数的普通最小二乘法估计量不再有效。但是对于面板数据模型不满足 $E(\mu_{it} \mid X_{it}) = 0$ 假设情况下固定效应模型与随机效应模型的估计量存在很大的区别，具体而言，随机效应模型的 GLS 估计量是有偏的，而固定效应模型的组内估计量并不会受到 $E(\mu_{it} \mid X_{it}) \neq 0$ 条件的约束。

豪斯曼（Hausman，1978）关于计量经济学中设定检验的研究中认为，对于采用固定效应模型与随机效应模型的选择检验可以转化为检验解释变量与随机误差项是否相关的方法来进行。即检验 $E(\mu_{it} \mid X_{it}) = 0$ 是否成立。当 $E(\mu_{it} \mid X_{it}) = 0$ 成立时，意味着面板数据模型中不可观测因素是独立变化的，它的变化与模型中设定的解释变量不相关。此时面板数据模型可以设定为随机效应模型；当 $E(\mu_{it} \mid X_{it}) = 0$ 不成立时，意味着面板数据模型中不可观测因素是非随机变化的，它的变化与模型中设定的解释变量相关。此时面板数据模型可以设定为固定效应模型。

豪斯曼（Hausman）检验将原假设为 H_0：$E(\mu_{it} \mid X_{it}) = 0$；相应的备择假设为 H_1：$E(\mu_{it} \mid X_{it}) \neq 0$，其主要思想在于，检验当原假设不成立时广义最小二乘估计量与组内估计量的不同概率极限，检验操作步骤如下：

第一步：设定原假设 H_0 为模型的个体效应或时间效应与解释变量无关。

第二步：构造豪斯曼检验的 H 统计量。

$$H = [b - \hat{\beta}]' \hat{\Omega}^{-1} [b - \hat{\beta}] \qquad (5-3)$$

式（5-3）中的 b 为模型回归系数的最小二乘虚拟变量（LSDV）估计向量；$\hat{\beta}$ 为模型回归系数的广义最小二乘（GLS）估计向量。$\hat{\Omega}$ 为 b 和 $\hat{\beta}$ 之差的方差，即 $\hat{\Omega} = Var[b - \hat{\beta}]$。豪斯曼证明在原假设下，统计量 H 服从自由度为 k（解释变量的数目）的 χ^2 分布，即：

$$H = [b - \hat{\beta}]' \hat{\Omega}^{-1} [b - \hat{\beta}] \sim \chi^2(k) \qquad (5-4)$$

2. 个体效应显著性检验及模型筛选

选择合适的模型对面板数据进行估计非常重要。一般而言，有三种可能的模型对面板数据进行估计。第一种是不考虑个体效果的时候，选择混合 OLS 进行估计，如果采用混合 OLS 模型进行估计，相当于将面板数据视作一个截面资料进行估计；第二种是固定效应模型；第三种是随机效应模型。本节第一部分内容已经对固定效应模型与随机效应模型的估计原理进行阐释，在此就三种模型的选择进行判定。所涉及的实际操作可以分两步进行：

第一步：检验使用混合 OLS 还是固定效应模型/随机效应模型。

检验使用混合 OLS 还是固定效应模型/随机效应模型，其本质是检验个体效应是否显著存在，如果检验的结果显示，个体效应显著存在，则可以排除混合 OLS 模型；反之，则直接采用混合 OLS 直接回归。采用固定效应回归中的沃尔德（Wald）检验或格朗日（LR）检验和固定效应回归中的 B-P 检验或 LR 检验都可以对个体效应是否显著存在进行判定。以固定效应回归中的 Wald 检验进行判定。

采用 Wald 检验对混合 OLS 还是固定效应模型进行筛选，其基本方法是检验固定效应模型中 N-1 个虚拟变量是否联合显著（N 为截面的个数，是企业的个数），沃尔德检验采用一个 F 检验进行判断，其原假设是 N-1 个个体效应为 0（H_0：allu$_i$ = 0）。如果 F 检验拒绝了原假设，则认为个体效应显著，在混合 OLS 和固定效应模型的选择中排除了混合 OLS 模型，检验结果如表 5 – 2 所示。

表 5 – 2　　　混合 OLS 模型与固定效应模型筛选的沃尔德检验结果（一）

判别模型	观测值数	截面数	F 统计量	p 值
Tnds →Firm_DI	1125	203	2.52	0.0000
Tnds →Technology_DI	1179	203	2.42	0.0000
Tnds →Market_DI	1192	203	2.14	0.0000

注：Tnds 表示变量主题网络密度分数（代理高管团队注意力风格倾向）；Firm_DI 表示变量企业不连续创新；Technology_DI 表示变量企业技术不连续创新；Market_DI 表示变量企业市场不连续创新。

表 5 – 2 的 Wald 检验结果显示，本节涉及的三个模型的 p 值都等于 0.0000，在 1% 的显著性水平下拒绝了原假设，即认为个体效应显著存在，应该采用固定效应模型。

第二步：检验使用固定效应模型还是随机效应模型。

固定效应模型与随机效应模型的区别在于对 u_i 的不同处理，固定效应模型中 u_i 是 N – 1 个虚拟变量，是整个模型解释变量的一部分，是非随机的。而在随机效应模型中 u_i 可以看成随机干扰项的一部分，是随机变量。对固定效应模型与随机效应模型的筛选采用豪斯曼检验。前文所述，豪斯曼检验的基本思想是，如果 $\mathrm{Corr}(u_i, x_{it}) = 0$ 假设成立，采用固定效应模型与随机效应模型进行估计的结果都是一致的，但比较而言，随机效应模型更加有效，即估计系数的方差较小，可信度更高。因为固定效应模型由于设定了 N – 1 个虚拟变量而导致自由度损失较严重，特别是截面数大的时候尤为显著（Baltagi，2001；连玉君等，2014），应该选择随机效应模型。而如果 $\mathrm{Corr}(u_i, x_{it}) = 0$ 这个假设不成立，即意味着干扰项和解释变量相关，模型存在内生性的问题。此时固定效应模型仍然是无偏的，但随机效应模型是有偏的，应该采用固定效应模型。

Stata 12 进行豪斯曼检验时首先会估计一个固定效应模型，将它的估计结果储存之后再估计一个随机效应模型，将这个估计结果也储存起来，最后使用豪斯曼命令进行检验。豪斯曼检验会给出两种估计结果的系数及二者的差，然后根据（5 – 3）式来计算统计量，其原假设是固定效应模型和随机效应模型估计结果的系数在统计上不存在显著差异。如果拒绝原假设，则说明二者存在显著差异，因此会认为随机效应模型的假设 $Corr(u_i, x_{it}) = 0$ 不成立，采用固定效应模型较为适宜。对文中的面板数据进行豪斯曼检验结果如表 5 – 3 所示。

表 5 – 3   固定效应模型与随机效应模型筛选的豪斯曼检验结果 （一）

判别模型	观测值数	截面数	χ^2 统计量	p 值
Tnds →Firm_DI	1125	203	47. 86	0. 0000
Tnds →Technology_DI	1179	203	36. 15	0. 0000
Tnds →Market_DI	1192	203	14. 93	0. 0048

表 5 – 3 显示的豪斯曼检验结果表明，本节涉及的三个模型在 1% 的显著性水平下均拒绝了原假设，即随机效应模型的假设 $Corr(u_i, x_{it}) = 0$ 不成立，因此，对于本节实证研究采用固定效应模型比随机效应模型适宜。到此为止，基于的样本数据，采用固定效应回归模型中的 Wald 检验，排除了使用混合 OLS 模型；在此基础上又对模型进行豪斯曼检验，最终认为采用固定效应模型对面板数据进行估计。

3. 面板数据时间效应的显著性检验

面板数据的时间效应反映了随着时间的变化而产生的样本特征的变化。检验面板数据时间效应时，采用与检验个体效应相似的做法，即引入 T – 1 个[①]时间虚拟变量的方式进行判别（T 为面板数据的时期数）。我们采用 LR 检验（似然比检验）对面板数据的时间效应进行判定。

Stata 12 进行 LR 检验时需要估计两个模型，估计第一个模型时不附加时间虚拟变量，而在第二个模型中加入时间虚拟变量，对这两个模型进行分别估计之后，将估计的结果进行存储，然后使用 lrtest 命令进行似然比（likelihood ratio test）进行检验。其原假设是不含时间效应变量的模型与包含时间效应变量的模型是嵌套关系，前者包含了后者，即时间效应不显著。对本节内容涉及的模型进行时间效应的 LR 检验结果如表 5 – 4 所示。

---

① 实际上是引入了 T 个时间虚拟变量，为了防止多重共线性的发生，去掉了一个时间虚拟变量。

表 5 - 4　　　　　　时间效应显著性 LR 检验结果 （一）

判别模型	观测值数	截面数	LR 统计量	p 值
Tnds →Firm_DI	1125	203	99.72	0.0000
Tnds →Technology_DI	1179	203	23.20	0.0007
Tnds →Market_DI	1192	203	65.41	0.0000

表 5 - 4 显示的 LR 检验结果表明，本节涉及的三个模型在 1% 的显著性水平下均拒绝了原假设，即模型中的时间虚拟变量的系数整体上是显著的，时间效应是存在的。因为时间截面是以年为时间单位，所以样本数据年度效应存在。

4. 模型设定

依据模型设定前的相关分析以及假设 1，我们采用以下回归模型检验高管团队注意力风格倾向对企业不连续创新行为的影响。

$$Firm\_DI_{it} = \beta_0 + \beta_1 Tnds_{it} + \beta_2 Con\_v_{it} + \mu_i + \varepsilon_{it} \qquad (5-5)$$

按照模型设定前的相关分析以及假设 2 （包括假设 2a 和假设 2b），我们采用以下回归模型分别检验高管团队注意力风格倾向对企业技术不连续创新和市场不连续创新行为的影响。

$$Tec\_DI_{it} = \beta_{10} + \beta_{11} Tnds_{it} + \beta_{12} Con\_v_{it} + \mu_i + \varepsilon_{it} \qquad (5-6)$$

$$Mar\_DI_{it} = \beta_{20} + \beta_{21} Tnds_{it} + \beta_{22} Con\_v_{it} + \mu_i + \varepsilon_{it} \qquad (5-7)$$

回归方程式 （5 - 5）、式 （5 - 6） 及式 （5 - 7） 中，$Firm\_DI_{it}$、Tec_DI_{it} 和 Mar_DI_{it} 分别表示企业不连续创新、技术不连续创新和市场不连续创新。$Tnds_{it}$ 表示样本企业的主题网络密度分数 （代理高管团队注意力风格倾向）。Con_v_{it} 为控制变量，包括企业规模、成长年限以及研发强度。此外，上述三个模型中均引入了企业的个体效应 μ_i （以控制那些由于无法观测及量化的非时变影响因素） 和特异性误差 ε_{it}。依照回归模型的表达式可以直观地看到，系数 β_1、β_{11} 以及 β_{21} 的符号及显著性成为检验假设 1、假设 2 （包括假设 2a 和假设 2b） 是否成立的关键。如果这三个系数为负而且在统计上是显著的，即表明具有分析性的注意力风格倾向的高管团队有利于促进企业进行不连续创新 （包括技术不连续创新与市场不连续创新）。

三、估计问题处理

1. 多重共线性问题

当多个解释变量同时包含在回归方程中时,如果其中有两个或多个解释变量高度线性相关,则模型中存在多重共线性(潘省初,2013)。一般来说,多重共线性很难避免,但是严重的多重共线性会导致共线变量参数的普通最小二乘法估计值的方差很大,从而使得估计值的精度下降。在一般的统计规范中,解释变量的系数可以用来估计各解释变量对被解释变量的局部效应,而这个局部效应并不等同于被解释变量只对一个解释变量回归时产生的二元效应,因为解释变量一般相互关联或者与被解释变量共协方差。当一个解释变量是其他解释变量的线性函数时,该解释变量的信息实际上没有提供任何净分布信息(贡献),这样就不可能估计其对被解释变量的净影响效应。统计学意义上所谓的解释变量之间的"独立性"处理体现了研究者把与回归模型中其他解释变量相关的变异从被解释变量的分布中移除,对多重共线性的控制实质上是一个分割变异的过程,即当解释变量不能在样本中变化时,其相应的变异也就不会体现在被解释变量的分布中。所以,估计一个解释变量对被解释变量的偏效应时,不可以将其他解释变量的变异考虑在内。

方差膨胀因子(variance inflation factors,VIF)检验为验证回归方程解释变量相关性导致的多重共线性提供了有效途径,VIF 检验主要目的是通过检验特定的解释变量被其他解释变量解释的程度来检测多重共线性(潘省初,2013)。

如果原回归方程的形式为 $Y = \beta_0 + \beta_1 X_1 + \beta_2 X_2 + \cdots + \beta_k X_k + \mu$,VIF 检验就是对原方程中的每一个 X_i 对方程中的其他解释变量进行辅助回归,即:

$$X_1 = \alpha_{11} + \alpha_{12} X_2 + \alpha_{13} X_3 + \cdots + \alpha_{1k} X_k + \nu_1$$
$$X_2 = \alpha_{21} + \alpha_{22} X_1 + \alpha_{23} X_3 + \cdots + \alpha_{2k} X_k + \nu_2$$
$$\vdots$$
$$X_k = \alpha_{k1} + \alpha_{k2} X_1 + \alpha_{k3} X_2 + \cdots + \alpha_{kk} X_{k-1} + \nu_k \quad (5-8)$$

在此基础上计算原方程系数估计值 $\hat{\beta}_i$ 的 VIF 值:

$$VIF\left(\hat{\beta}_i\right) = \frac{1}{1 - R_i^2} \tag{5-9}$$

分母中的 $1 - R_i^2$ 为容忍度，R_i^2 为式（5-9）辅助回归的决定系数。VIF 的值越大表明多重共线性越强，经验法则表明，若某个解释变量的 VIF > 10，则该解释变量与其他解释变量存在较为严重的多重共线性，需要研究人员进行处理。解决多重共线性的方法包括但不限于增加数据、对模型施加约束、删除共线变量以及对模型进行适当的变形等方法（潘省初，2013）。书中凡是涉及可能产生多重共线性问题的回归模型都会对相关模型进行 VIF 检验，在 VIF 检验符合经验标准的前提下进行后续的回归分析及假设检验，凡是没有通过 VIF 检验而产生多重共线性问题的变量在模型设定之后、回归分析之前都详尽说明了相关处理方法。实际上，由于书中所有假设验证所需的数据均是面板数据，数据的多截面及若干时间序列有效保证了各解释变量的信息量对被解释变量的影响，在一定程度上规避了发生严重多重共线性的风险。

2. 异方差检验

经典线性回归模型的统计假设中，各期随机扰动零均值与同方差的假设是高斯—马尔科夫（Gauss - Markov）经典假设在理想状态下设定的基本条件。之所以说理想状态，是因为现实中很多情况下同方差的假设不成立，即随机误差项的方差并不是常数，此时就产生了异方差问题，由于异方差的存在而对其忽视容易造成后续对面板数据模型的参数估计与假设检验出现偏误，最终得出有偏差的研究结论（Kumbhakar，1997；任燕燕和朱孔来，2005）。前述内容在进行豪斯曼检验的结果证实，将研究的面板数据模型类型设定为固定效应模型较为适宜，在此基础上对所有参数进行估计之前，需要对面板异方差的存在性以及类型予以判别，从而对使用恰当的统计量给予指示（Guermat et al.，2003）。

需要说明的是，书中涉及的面板数据异方差检验主要关注的是组间异方差的检验及处理问题，即分析的对象是面板数据中截面（书中指的是每一个公司）。书中利用 Stata 12 中的 xttest3[①] 命令进行异方差检验，该检验

----

① xttest3 命令不是 Stata 软件自带的命令，该命令是由波士顿大学的教授编写（Baum，2000），需要下载到安装目录才能运行。

的原假设是截面间不存在异方差，最终的统计量是一个服从自由度为 203 的 χ^2 统计量。检验结果如表 5-5 所示。

表 5-5 面板数据组间异方差检验结果（一）

判别模型	观测值数	截面数	χ^2 值	p 值
Tnds →Firm_DI	1125	203	80334.99	0.0000
Tnds →Technology_DI	1179	203	1.2e+08	0.0000
Tnds →Market_DI	1192	203	3.7e+05	0.0000

表 5-5 的检验结果显示，所要判断模型的面板数据在 1% 的显著性水平下均拒绝了模型不存在异方差的原假设，说明存在组间异方差。常用的面板数据固定效应模型异方差处理方法有两种：其一是采用异方差稳健估计，即稳健性标准误估计量。这种方法操作较为简单，只需要在原估计的基础上增加稳健性选项就可以得到异方差稳健估计的结果。其二是采用引导程序（Bootstrap）得到的标准误进行估计，这种方法对模型随机误差项的分布不做任何假设，所以其标准误较为稳健。为了得到较为稳健的结果，有效控制组间异方差带来的偏误，文中的回归结果只报告了采用 White 稳健型标准误的异方差稳健估计结果，在本节最后的稳健性检验部分列示了 Bootstrap 标准误的估计结果。此外，陈海燕（2010）建议，直接运用 HC（heteroskedasticity certainty）检验，也可以对面板数据模型的异方差类型进行判断[1]，然后根据面板数据模型的类型对模型的估计采用适当方法以控制异方差的影响，例如，可行广义最小二乘法（FGLS）（Phillips，2010）。

3. 相关性检验

如果 $Cov(u_i, u_j) = E(u_i u_j) = 0$，$i \neq j$（$u_i$，$u_j$ 为任意两期的随机扰动）不成立，即线性回归方程模型扰动项的方差——协方差矩阵上非主对角元素不全为 0（非球形扰动），则称为扰动项自相关或序列相关（潘省初，

---

① 陈海燕（2010）关于随机效应模型的异方差总共分为 I 和 II 两大类。其中 I 类包括 3 个子类，分别标示为 B1、B2 和 B4；II 类包括 2 个子类，分别标示为 B3 和 B5。B1：$\nu_i \sim (0, \sigma^2_{\nu_i})$，$\mu_{it} \sim IID(0, \sigma^2_\mu)$；B2：$\nu_i \sim (0, \sigma^2_\nu)$，$\mu_{it} \sim IID(0, \sigma^2_{\mu_i})$；B3：$\nu_i \sim IID(0, \sigma^2_\nu)$，$\mu_{it} \sim IID(0, \sigma^2_{\mu_{it}})$；B4：$\nu_i \sim (0, \sigma^2_{\nu_i})$，$\mu_{it} \sim (0, \sigma^2_{\mu_i})$；B5：$\nu_i \sim (0, \sigma^2_{\nu_i})$，$\mu_{it} \sim (0, \sigma^2_{\mu_{it}})$。

2013）。序列相关表现了同一个变量（同一个截面）在任意两期扰动项相关，体现了不同时期系统冲击的记忆性（Wooldridge，2002），因为某种系统性冲击的延期影响经常存在，特别是在高频数据中尤为显著。同时，随着时期的不断延续，由于不同时期系统冲击的记忆也会衰减，所以，一阶自相关存在最为普遍（Jönsson，2005）。对于面板数据而言，由于样本数据同时体现了不同个体在跨期维度的共同信息，所以，其相关性可能会同时涉及不同界截面与不同时间序列的相关。对于序列相关的检验的思路是分析通过 OLS 估计获得的随机扰动项的近似估计量来判断随机误差项的相关性，比如杜宾（D. W）检验，在此基础上可以通过布鲁奇－戈弗雷检验（LM 检验）判别高阶序列相关的存在性。截面相关一般来源于某种共同的冲击（系统性冲击）对不同个体一致性影响使得回归的残差项显著相关。截面相关的检验从早期的 LM 检验到皮莎兰（Pcsaran，2004）提出的 CD 统计量以及韩本三等基于 CD 统计量的 NLM 统计量均做了广泛而深入的探索，甚至巴尔提哥等（Baltige et al.，2010）提出了基于面板数据的异方差、序列相关以及截面相关进行整体性检验的面板数据球形扰动检验（Baltagi et al.，2011；韩本三等，2011）。

鉴于书中的研究主要问题涉及高管团队注意力对企业不连续创新影响的作用机制，不同的样本企业可能会受到某种系统性冲击而表现出的一致性注意力，从而导致回归模型随机误差项相关。因此，着重考虑样本数据的截面相关对于修正模型偏误有重要意义，同时，在综合考虑序列相关与截面相关的基础上最大限度地保证估计结果的可靠性。

第一步：序列相关检验。

实际操作中，本书选择伍德里奇（Wooldridge，2002）建议的方法进行序列相关检验。Wooldridge 检验的基本思想是如果不存在序列相关，那么模型得到一阶差分的残差与其滞后项相关系数是 -0.5，其原假设是不存在一阶序列相关，检验结果如表 5 – 6 所示。

表 5 – 6　　　　　　　　序列相关伍德里奇检验结果（一）

判别模型	F 统计量	p 值
Tnds →Firm_DI	1.422	0.2345
Tnds →Technology_DI	2.387	0.1239
Tnds →Market_DI	2.886	0.0909

表5-6 的伍德里奇检验结果显示，在5%的显著性水平下不能拒绝原假设，即在5%的显著性水平下不存在一阶序列自相关。

第二步：截面相关检验。

Stata 软件对面板数据固定效应模型截面相关检验中提供了两种可行的方法。第一种采用 xttest2 命令进行检验，这种方法采用 B-P 检定，而且检验的过程中执行了 SUE 估计（seemingly unrelated regression estimation），因此，该方法适用于截面数目 N 小于时间序列 T 的情形，否则会由于模型相关系数矩阵的奇异性而无法估计。第二种方法采用 xtcsd 命令提供的方法进行判定，鉴于文中面板数据的结构属于典型的大 N 小 T 型面板数据，所以采用第二种方法进行截面相关检验，书中分别报告了皮莎兰检验、弗里德曼（Friedman）检验的结果，如表5-7 所示。

表5-7　　　　　　　　　　截面相关检验结果（一）

判别模型	检验方法	统计量值	P 值
Tnds →Firm_DI	Pesaran's test	0.276	0.7823
	Friedman's test	7.978	0.7868
Tnds →Technology_DI	Pesaran's test	1.384	0.1662
	Friedman's test	6.066	0.9127
Tnds →Market_DI	Pesaran's test	0.211	0.8331
	Friedman's test	5.083	0.8997

表5-7 的截面相关检验显示，无论是皮莎兰检验还是弗里德曼检验，其结果均不能拒绝原假设，即所判定模型不存在截面相关性。

四、内生性及选择性偏差处理

1. 内生性问题处理

当回归模型中的一个或者多个解释变量与随机误差项相关时，就会产生内生性（endogeneity）问题。在经典的线性回归假设中，X_{it} 是非随机解释变量，而 μ_{it} 是随机的，采用一般线性回归进行估计的前提是 X_{it} 和 μ_{it} 不相关，即 Cov（X，μ）=0，如果违背了这个基本假设就会导致估计的结果产生偏误。如果遗漏掉重要的解释变量、测量偏误以及联立性偏误（simultaneity bias）等都有可能发生内生性问题。对于研究涉及的主要内生性问题源于联立性偏误所带来估计结果的偏差。在回归分析中，其核心要义在于在给定的解释变量的情况下观察被解释变量的变化情况。然而，在实际操作中，无法确定解释变量的变化，因为解释变量变化的同时被解释变量也在变化，而被解释变量的变化又影响到了解释变量的变化，直接导致观测的结果是解释变量与被解释变量相互影响的结果，而这种变量之间的相互作用是无法进行直接观测的（Basen et al.，2002）。所以，从逻辑上很难确定被解释变量的变化是因解释变量的变化所引起的，这样就会产生联立性偏误的问题。

书中对高管团队注意力风格倾向与企业不连续创新影响研究中可能会产生内生性问题，即在起初一种高管团队注意力的风格会影响企业进行不连续创新行为，而在之后的决策（行为）选择上，企业的不连续创新又对高管团队的注意力模式发生影响进而改变其原有的注意力风格倾向。为了有效规避上述问题，书中的稳健性检验部分借鉴温托克等（Wintoki et al.，2012）学者的做法，运用广义矩估计①估计高管团队注意力风格倾向对企业不连续创新的影响，并将估计的结果与固定效应模型或者随机效应模型的估计结果进行比较，进而对内生性问题做出判断。其次，借鉴格肯等（Gerken et al.，2015）学者的建议，将可能存在内生性的解释变量当成内生变量，采用它们的滞后项来作为工具变量，然后执行 IV 估计或者 GMM 估计。

2. 样本选择性偏差问题

战略管理研究中的实证研究代表特定群体的观察样本，当研究使用样本来代表总体进行假设检验时样本的选择偏见就会产生（Certo et al.，2016）。在社会科学相关（因果）关系经验研究中，几乎所有的计量经济学家和统计学家都对随机抽样的黄金标准表示一致的认同，因为样本的随机性选择保证了可观测变量可以充分反映其所代表的总体特征，并有效降低了遗漏掉的因素对研究结果的影响（Vella，1998）。为了规避样本选择

---

① Stata 12 软件包中的"xtabond2"命令进行系统 GMM 估计。

性偏差的发生，首先通过选择多个行业的样本企业来避免样本选择性偏差。其次，选定相关行业后，并不会对样本企业进行主观筛选，避免由于遗漏样板数据而对结果产生偏误，所有的样本删除以及不纳入实证研究中的数据剔除都没有违反随机性选择规则。

3. 其他问题

对面板数据处理时除了上述提到的问题外还会涉及如数据的平稳性检验等问题。一般而言，按照面板数据的宏微观程度，可以将面板数据分为宏观面板数据（国家层面的较少个体 N 和较长时间序列 T）和微观面板数据（企业或家庭层面的个体 N 较多而时间 T 较短），对于期数较多的面板数据，考虑面板数据的平稳性是非常重要的，巴尔塔吉（2001）认为，宏观面板数据在时间序列较长的时候数据的平稳性问题对研究的结论有很大的影响，相应地会涉及单位根检验及协整分析。但是在微观面板数据中，特别是观测期数 T 较短（2 年 < T < 20 年）时，不需要考虑数据的非平稳问题。所以基于书中使用的微观面板数据，未对数据的平稳性问题进行检验。

五、高管团队注意力对企业不连续创新的回归结果

变量的描述性统计概括性表述了研究变量截取的观测数据之间的关联性。通过变量描述性统计分析可以初步判断研究变量的数值分布、极值大小以及各变量之间的相关情况。表 5 - 8 抽取了变量描述性统计分析中本节涉及变量的均值（mean）、标准差（standard deviation）以及书中各研究变量之间的皮尔森（Pearson）相关系数矩阵。变量描述性统计分析表明，代理企业高管注意力风格变量的主题网络密度分数分别与测度企业连续/不连续创新程度的变量以及不连续创新的两个子变量（或维度变量）技术不连续创新与市场不连续创新均显著负相关。此外，其他变量的数值均值、标准差及变量之间的相关系数一并反映在表 5 - 8 中，包括本节研究的被解释变量、解释变量以及控制变量。

表 5 - 8　　变量数据描述性统计及皮尔森相关系数矩阵（一）

变量	1	2	3	4	5	6	7
1. 创新不连续性（Firm_DI）	1						
2. 技术不连续创新（Technology_DI）	0.263*	1					
3. 市场不连续创新（Market_DI）	0.371*	0.079	1				
4. 主题网络密度分数（Tnds）	-0.291**	-0.174**	-0.311**	1			
5. 企业规模（size）	-0.077	-0.146	-0.132	0.031	1		
6. 成长年限（age）	-0.104	-0.056	-0.022*	-0.029	0.427**	1	
7. 研发强度（R&D）	0.370**	0.225**	0.172*	0.032	-0.194*	0.275*	1
均值（mean）	0.710	0.476	0.250	0.415	21.453	17.975	0.083
标准差（S. D. ）	0.133	0.102	0.072	0.127	1.070	4.132	0.082

注：* 表示皮尔森相关系数的显著性水平为 0.05；** 表示皮尔森相关系数的显著性水平为 0.01。

表 5-8 显示的变量数据描述性统计及皮尔森相关系数矩阵表明，各变量之间相关系数的符号与理论与假设中变量间的逻辑关系基本一致。其中，解释变量主题网络密度分数与企业创新不连续性、技术不连续创新以及市场不连续创新显著负相关。直观上可以看出，代理高管团队注意力风格倾向的主题网络密度分数越高，企业高管团队的注意力越倾向于整体性注意力风格，则企业越有可能进行不连续创新（同时包含技术不连续创新与市场不连续创新）。此外，企业规模与企业成长年限均与不连续创新及其两个维度负相关，但成长年限并不显著。而研发强度与创新不连续性以及技术不连续创新和市场不连续创新显著正相关。在对本节涉及的变量进行简单描述性统计的基础上，运用前文所构建的面板数据随机效应模型对式（5-5）进行估计，并给出了固定效应模型的检验结果，如表 5-9 所示。

表 5-9 　　　　　高管团队注意力风格对企业不连续创新回归结果

变量	Firm_DI			
	（1）	（2）	（3）	（4）
Size	-0.360 *** (0.071)	-0.360 *** (0.039)	-0.601 *** (0.043)	-0.265 *** (0.055)
Age	-0.167 (0.102)	-0.167 ** (0.076)	-0.414 *** (0.076)	-0.085 (0.072)
R&D	1.163 *** (0.234)	1.163 *** (0.208)	1.144 *** (0.197)	0.888 *** (0.180)
Tnds				-1.488 *** (0.106)
个体效应	No	Yes	Yes	Yes
年度效应	No	No	Yes	Yes
Groups	203	203	203	203
Number	1125	1125	1125	1125
adj-R^2	0.135	0.328	0.376	0.415

注：（1）　***、**、*分别表示在1%、5%、10%水平上显著；
　　（2）括号中的值是 White 稳健型标准误。

表 5-9 报告了高管团队注意力风格倾向对企业不连续创新的固定效

应模型回归结果。本节之前的 Wald 检验和 LR 检验表明，个体效应和年度效应显著存在，所以在回归分析的时候控制了二者的影响（叶德珠等，2012）。模型（1）作为基准模型只考虑控制变量对解释变量的影响。模型（2）增加了反映公司个体效应的虚拟变量，模型（3）进一步增加了反映年度效应的虚拟变量，模型（4）加入了反映企业高管团队注意力风格倾向性测度的代理变量，即主题网络密度分数。从表 5 - 9 报告中的第（1）至（4）列的回归结果可以看出，代理高管团队注意力风格倾向的变量，主题网络密度分数与被解释变量 Firm_DI 显著负相关相关，以模型（4）为例，估计系数为 $\beta_1 = -1.488$，$p < 0.01$。因此，实证结果表明主题网络密度分数越高（企业高管团队的注意力风格越倾向于整体性注意力），企业进行不连续创新行为的可能性越低，即主题网络密度分数越高（企业高管团队的注意力风格越倾向于整体性注意力）企业越可能倾向于进行连续性创新行为，反之，越有可能倾向于进行不连续创新行为。至此，假设 1 成立。

为了进一步验证企业高管团队注意力风格倾向对企业技术不连续创新行为以及企业市场不连续创新行为的影响，我们分别将企业技术不连续创新与市场不连续创新作为被解释变量进行了固定效应模型估计，回归结果如表 5 - 10 和表 5 - 11 所示。

表 5 - 10　　　　高管团队注意力风格倾向对企业技术不连续创新回归结果

变量	Technology_DI			
	(1)	(2)	(3)	(4)
Size	- 0. 044 ** (0. 018)	- 0. 044 ** (0. 018)	- 0. 605 ** (0. 021)	- 0. 034 * (0. 018)
Age	- 0. 086 ** (0. 034)	- 0. 086 ** (0. 036)	- 0. 109 *** (0. 039)	- 0. 078 ** (0. 034)
R&D	0. 508 *** (0. 120)	0. 508 *** (0. 101)	0. 498 *** (0. 101)	0. 480 *** (0. 120)
Tnds				- 0. 145 *** (0. 380)
个体效应	No	Yes	Yes	Yes

续表

变量	Technology_DI			
	(1)	(2)	(3)	(4)
年度效应	No	No	Yes	Yes
Groups	203	203	203	203
Number	1179	1179	1179	1179
adj $-R^2$	0.041	0.365	0.369	0.382

注：（1）***、**、*分别表示在1%、5%、10%水平上显著；
（2）括号中的值是White稳健型标准误。

表 5 – 11   高管团队注意力风格倾向对企业市场不连续创新回归结果

变量	Market_DI			
	(1)	(2)	(3)	(4)
Size	-0.146 *** (0.033)	-0.146 *** (0.020)	-0.246 *** (0.022)	-0.103 *** (0.028)
Age	-0.041 (0.048)	-0.041 (0.040)	-0.159 *** (0.041)	-0.005 (0.036)
R&D	0.349 *** (0.123)	0.349 *** (0.109)	0.331 *** (0.105)	0.219 ** (0.102)
Tnds				-0.678 *** (0.057)
个体效应	No	Yes	Yes	Yes
年度效应	No	No	Yes	Yes
Groups	203	203	203	203
Number	1192	1192	1192	1192
adj $-R^2$	0.071	0.235	0.272	0.296

注：（1）***、**、*分别表示在1%、5%、10%水平上显著；
（2）括号中的值是White稳健型标准误。

从回归的系数以及显著性情况看，反映企业高管团队注意力风格倾向的代理变量，Tnds 的回归系数在表 5 – 10 的模型（4）中显示为负数，而且在1%的显著性水平下显著。具体而言，Tnds 与企业技术不连续创新显著负相关（$\beta_{11} = -0.145$，$p < 0.01$），表明主题网络分数高的企业，即倾向于整体性注意力的高管团队对企业进行技术不连续创新行为有抑制作用；而倾向于分析性注意力的高管团队对企业进行技术不连续创新行为有促进作用，支持假设 2a；同样，在表 5 - 11 的模型（4）中，主题网络密度分数，与企业市场不连续创新显著负相关（$\beta_{21} = -0.678$，$p < 0.01$），表明主题网络分数高的企业，即倾向于整体性注意力的高管团队对企业进行市场不连续创新行为有抑制作用。相反，倾向于分析性注意力的高管团队对企业进行市场不连续创新行为有促进作用，支持假设 2b。至此，书中第二个假设包含的两个分假设均得到实证数据的支持。

六、稳健性检验

本章的第一节内容主要检验企业高管团队注意力风格倾向对企业进行连续性或不连续创新的影响，在此基础上进一步检验了企业高管团队注意力风格倾向对企业技术不连续创新与市场不连续创新的影响。虽然实证检验的结果很大程度上支持提出的理论假设，但上述结论是否具有稳健性仍然需要进一步检验。所以，为了进一步保证研究结论的可靠性，需要从以下三个方面进行稳健性检验。

第一，不同性质的企业由于管理模式、企业文化的差异可能会存在差异化的高管团队注意力风格，特别是国有企业与民营企业尤为显著。我们对企业高管团队注意力风格倾向的代理变量分别进行了不同企业性质检验，在不同企业性质类别的基础上重新检验了高管团队注意力风格倾向与企业不连续创新间的影响关系。

第二，不同的行业在进行企业不连续创新行为时可能存在较大差异，为了控制行业因素对企业不连续创新行为的影响，对代理高管团队注意力风格倾向的解释变量进行年度行业均值调整，以减轻不随时间变化的行业因素产生的问题（王勇等，2013），并进行稳健标准误固定效应回归。

以上稳健性检验结果见表 5 - 12。表 5 - 12 的稳健性检验结果表明，主题网络密度分数分别与企业不连续创新性、技术不连续创新以及企业市场不连续创新显著负相关。

表5 – 12　　高管团队注意力风格倾向对企业不连续创新影响的稳健性检验（一）

变量	分企业性质调整			分年度行业调整		
	Firm_DI	Technology_DI	Market_DI	Firm_DI	Technology_DI	Market_DI
Size	− 0. 123 * （0. 069）	− 0. 095 （0. 072）	− 0. 395 *** （0. 036）	− 0. 119 * （0. 070）	− 0. 048 （0. 038）	− 0. 409 *** （0. 036）
Age	− 0. 379 （0. 277）	− 0. 296 （0. 235）	− 0. 137 （0. 116）	0. 353 （0. 280）	− 0. 156 （0. 096）	1. 156 *** （0. 158）
R&D	0. 391 ** （0. 161）	0. 448 *** （0. 168）	0. 817 *** （0. 163）	0. 404 ** （0. 164）	0. 186 ** （0. 094）	0. 818 *** （0. 165）
Tnds	− 1. 843 *** （0. 072）	− 1. 662 *** （0. 072）	− 1. 510 *** （0. 068）	− 1. 784 *** （0. 072）	− 1. 338 *** （0. 066）	− 1. 470 *** （0. 069）
Groups	203	203	203	203	203	203
Number	1125	1179	1192	1125	1179	1192
adj − R^2	0. 342	0. 317	0. 296	0. 396	0. 390	0. 293

注：（1）*** 、** 、* 分别表示在1% 、5% 、10%水平上显著；
　　（2）括号中的值是 White 稳健型标准误。

第三，鉴于模型存在异方差的问题，虽然书中汇报的回归结果使用 White 稳健型标准误的回归结果，但仍然需要进一步使用其他方法检验异方差及可能的内生性对回归结果稳健性的影响（Temple，1998），为此，表5 – 13 显示的回归结果进一步检验了高管团队注意力风格倾向与企业不连续创新估计结果的稳健性。其中，模型（1）为普通固定效应模型回归，模型（2）为稳健标准误固定效应回归，模型（3）为 Bootstrap 标准误固定效应模型回归，模型（4）为 GMM 估计回归结果。从四个模型的回归结果来看，代理企业高管团队注意力风格倾向的自变量 Tnds 与三个被解释变量的估计系数的符号与显著性没有发生根本性变化，表明所采用的估计模型具有一定稳健性。

上述稳健性检验除了个别控制变量的显著性检验结果与原估计结果稍有偏差外，主要变量的检验结果与前面的理论及实证结果保持一致，企业高管团队注意力风格倾向于企业不连续创新的影响关系与前文的结论并未实质性差异，即所得的结论具有稳健性。

表5-13　高管团队注意力风格倾向对企业不连续创新影响的稳健性检验（二）

变量	Firm_DI				Technology_DI				Market_DI			
	普通固定效应模型（FE）	White稳健型标准误（FE）	Bootstrap标准误（FE）	GMM估计	普通固定效应模型（FE）	White稳健型标准误（FE）	Bootstrap标准误（FE）	GMM估计	普通固定效应模型（FE）	White稳健型标准误（FE）	Bootstrap标准误（FE）	GMM估计
Size	-0.265*** (0.033)	-0.265*** (0.055)	-0.265*** (0.047)	-0.111*** (0.018)	-0.034* (0.018)	-0.034* (0.018)	-0.034* (0.018)	-0.007 (0.009)	-0.103*** (0.018)	-0.103*** (0.028)	-0.103*** (0.030)	-0.049*** (0.010)
Age	-0.085 (0.064)	-0.085 (0.072)	-0.085 (0.077)	-0.133*** (0.042)	-0.078** (0.036)	-0.078** (0.034)	-0.078** (0.037)	-0.073*** (0.025)	-0.005 (0.035)	-0.005 (0.036)	-0.005 (0.042)	-0.029 (0.023)
R&D	0.888*** (0.174)	0.888*** (0.180)	0.888*** (0.181)	0.907*** (0.167)	0.480*** (0.101)	0.480*** (0.120)	0.480*** (0.119)	0.377*** (0.100)	0.219** (0.098)	0.219** (0.102)	0.219* (0.112)	0.276*** (0.092)
Tnds	-1.488*** (0.075)	-1.488*** (0.106)	-1.488*** (0.096)	-1.774*** (0.080)	-0.145*** (0.043)	-0.145*** (0.050)	-0.145*** (0.054)	-0.246*** (0.045)	-0.678*** (0.042)	-0.678*** (0.057)	-0.678*** (0.054)	-0.761*** (0.045)
Groups	203	203	203	203	203	203	203	203	203	203	203	203
Number	1125	1125	1125	1125	1179	1179	1179	1179	1192	1192	1192	1192
adj-R²	0.382	0.415	0.406	0.421	0.294	0.382	0.315	0.391	0.216	0.296	0.223	0.304

注：(1) ***、**、* 分别表示在1%、5%、10%水平上显著；
(2) FE表示使用固定效应估计，GMM表示采用广义矩估计。

七、具有不同注意力风格倾向的高管团队人口特征分析

1. 分析的目的

本章假设 1 验证了具有分析性注意力倾向的高管团队更倾向于进行不连续创新，同时，假设 2a 与假设 2b 验证了具有分析性注意力倾向的高管团队同时在促进企业技术不连续创新以及市场不连续创新行为时发挥了积极的作用。因此，具有分析性注意力风格倾向的高管团队要比具有整体性注意力风格的高管团队在实施不连续创新战略方面更具优势。既然如此，进一步研究两种注意力风格倾向的高管团队的人口特征将有利于回答一个重要的问题，即为什么有些企业的高管团队的注意力风格倾向于整体性的，而有些企业的注意力风格是倾向于分析性的？整体性注意力倾向与分析性注意力倾向的高管团队其人口特征分布有何差异？为此，基于高阶理论，本节对具有不同注意力风格倾向的高管团队的人口特征进行分析，研究结果反映了高管团队特征结构对其注意力风格倾向的影响具有重要启示，并可以指导管理决策。

2. 分析内容

汉布里克和梅森（1984）对高阶理论的精要观点进行总结时认为，面临复杂的环境，高管人员在其行为中注入了大量反映其自身经验、性格以及价值观等特征，从而对现实做出高度个性化的诠释，而高管的行为对企业战略形成与实施至关重要，组织因此成为高层管理人员的反映。然而，高阶理论的发展和构建如果仅仅停留在纸上而缺乏实证论据，其影响也不过是一种学术思考的空谈练习（史密斯，2010）。为此，众多学者对高阶理论的强化和拓展做出了贡献。经过对相关文献梳理后发现，多数实证研究采用了高管团队人口统计学特征作为代理高管团队的指标来检验高管团队对企业战略及绩效的影响。所以，有关高阶理论实证论据的研究集中在高管团队人口统计学特征变量如何影响组织绩效。

在梳理当前文献中探讨高管团队人口统计学特征影响组织后果的基础上，进一步研究人口统计学特征在不同注意力风格倾向高管团队中的分布以及与高管团队注意力倾向代理变量（Tnds）的相关关系。需要指出，高

阶理论的实质并未关注某一个高层管理者，而是将视野集中在整个高管团队的人口统计学特征，这个视角与汉布里克（2007）关于高管团队"内部一致性"的观点高度一致。即人口统计学特征附带着"团队"的标签，即使某项特征的取值源于对某个高管的观察，但是需要将其转化为整个高管团队的数值（一般为均值），例如高管团队的平均年龄。这个约束是汉布里克对高阶理论拓展的基本原则之一，因为 Hambrick 发现，很多高管团队只不过是形式上的"团队"，并不具有团队内部行动一致性的基本元素，即信息交换、协作行为及共享决策（Hambrick，2007）。

菲弗（Pfeffer，1983）关于组织人口统计学的开创性文章认为，组织学家过分关注组织观念和态度等不可观测的心理状态因素的影响，而忽视了组织的客观人口统计学特征等更基本的因素。而高阶理论研究的基本手段在一定程度上受到 Pfeffer 对人口统计学特征关注的启示，文献中为其提供经验支持常用的人口统计学变量主要包括高管团队的规模、平均年龄、教育程度、职能背景、任期及性别构成等。对这些变量的分析主要有两个方面，其一是均值特征指标，其二是异质性特征指标。例如，金伯利和伊万尼斯科（Kimberly & Evanisko，1981）关于高管教育水平与组织创新的研究中发现，医院负责人所接受的正规教育水平与医院采取的技术和管理创新正相关。查甘蒂和桑巴瑞亚（Chaganti & Sambharya，1987）关于战略导向与高管特征的研究发现，相比理性分析型和战略防御型公司而言，探索型公司高管团队中人员具有较高比例的营销和研发背景，而拥有财务背景的比例较低。托马斯等（Thomas et al.，1991）对电脑公司 CEO 职业背景的研究得到了类似的结论，认为探索型公司 CEO 倾向于"输出导向"（营销和研发），防御型公司的 CEO 倾向于"输入导向"（生产和财务）。蒂豪尼等（Tihanyi et al.，2000）关于高层管理团队的结构与企业国际化战略研究中认为，高管团队的教育水平均值有利于促进企业制定发展战略，而随着高管团队的平均年龄的增加，企业丧失投资机会的可能性也会增大。同样，孙海法等（2006）认为，高管团队的规模、平均任期与公司短期绩效正相关，与长期绩效负相关；高管团队的平均年龄与公司短期绩效负相关。林西和福斯（Lyngsie & Foss，2017）关于高管团队成员中性别比例的研究认为，高管团队成员中女性高管占有一定比例可以促进产生更多的创业成果。

另外，关于高管团队异质性特征的研究也取得了很多研究成果，卡朋特等（Carpenter et al.，2004）在对高阶理论进行总结时认为，高管团队的特征在动态时间中趋于同质性倾向或者异质性倾向，异质性的高管团队较同质性团队有较高的创新性。布恩等（Boone et al.，2004）关于高管团队多样化成因的研究中认为，面临激烈竞争的企业迫切需要进行多样化战略时，高管团队的同质性会被打破，在组织绩效不佳的时候尤为显著，但是当企业进行多元化战略需求较低时，高管团队的一致性不利于公司绩效的提升。文献中关于高管团队异质性与组织后果的结论并没有形成定论，主要是因为：第一，学者研究问题以及关注点的差异；第二，研究对象企业在研究期间所处发展阶段的差异；第三，企业战略意图的差异导致高管团队同质性与异质性不同的诉求。例如，当企业倾向于进行激进型变革或根本性创新时，异质性的高管团队有利于促进企业制定此类战略的形成。而且，企业在采取进攻性强的战略时，高管团队的异质性越高，其采取的战略频率也越高（Carpenter，2002）。当企业处于成长期时，高管团队异质性因为促进了企业战略扩张而导致成长业绩的增加，但对于成熟期的企业而言，高管团队的异质性加大了团队成员之间的冲突，从而增加了企业的管理成本，甚至耗费高管团队成员的时间和精力，所以高管团队的异质性可能是一把"双刃剑"（Hambrick et al.，1996；张必武和石金涛，2005）。

综上所述，学者们为高阶理论提供实证检验的基础是对高管团队成员人口统计特征的分析，虽然有些学者提出对这类指标指示高管团队在战略选择中的质疑。但其他更为丰富的指示性变量没有被系统地提出。所以，在分析不同注意力风格倾向的高管团队构成时，文中依旧选择高管团队的人口特征，为此，作者从文献中选取学者们常用的并公认的高管团队人口特征变量进行分析，主要包括高管团队规模、团队平均教育程度、高管团队平均任期、高管团队成员中女性所占的比例以及高管团队成员职能背景异质性等特征。每个团队人口特征变量的代码及测量方法如表5-14所示。

表5-14　　　　　　　　高管团队人口特征变量名称及测定方法

变量名称及代码	测定方法
高管团队规模（TMT_size）	公司年度报告中披露的所有高级管理人员的数目
高管团队平均教育程度（TMT_average education）	高中学历"1"、大专学历"2"、本科学历"3"、研究生学历"4"

续表

变量名称及代码	测定方法
高管团队平均任期 （TMT_average tenure）	高管团队成员任期的均值
女性高管人数所占的比例 （TMT_proportion of female）	高管团队中女性人数与高管团队总人数的比值
高管团队成员职能背景 异质性（TMT_diversity①）	Herfindahl 指数，简称 H 指数，介于 0～1 之间，反映多样性指标，H 指数越大，异质性程度（多样性程度越高）。 $H = 1 - \sum_{i=1}^{n} p_i^2$，i 表示职能类别（主要包括生产、销售、财务、行政管理、会计、人力资源管理等），p_i 为每一种类别所占的比例

注：高管团队成员包括上市公司年报中披露的高级管理人员。

3. 分析结果

为了从实证数据中获得不同注意力风格倾向下高管团队人口特征变量与高管团队注意力倾向的相关关系，我们首先采用单变量检验（univariate tests）进行初步判定。表 5 - 15 的单变量检验结果显示了 2011～2016 年中国上市公司样本中 1135 个企业高管团队人口特征变量均值和中位数的单变量比较。

表 5 - 15　　　　　　　　　　　　单变量检验结果

变量	第一四分位	第二四分位	第三四分位	第四四分位	t - 统计量 （p - value）
Tnds range	0.002 ～ 0.560	0.291 ～ 0.686	0.588 ～ 0.806	0.762 ～ 0.912	
Tnds	0.198 [0.165]	0.522 [0.537]	0.707 [0.710]	0.863 [0.856]	-76.213 (0.000)

① 高管团队异质性也被称为高管团队多样性，被定义为团队成员特征的变异程度（Hambrick et al. , 1996）。

续表

变量	第一四分位	第二四分位	第三四分位	第四四分位	t - 统计量 (p - value)
TMT_size	14. 29 [11. 53]	12. 37 [10. 57]	12. 77 [10. 68]	13. 30 [11. 04]	4. 581 (0. 000)
TMT_average education	3. 495 [3. 476]	3. 545 [3. 531]	3. 535 [3. 522]	3. 494 [3. 481]	0. 109 (0. 913)
TMT_average tenure	2. 645 [2. 708]	2. 651 [2. 712]	2. 737 [2. 745]	2. 756 [2. 773]	- 3. 518 (0. 000)
TMT_proportion of female	0. 176 [0. 138]	0. 161 [0. 126]	0. 144 [0. 121]	0. 112 [0. 110]	32. 450 (0. 000)
TMT_diversity	0. 582 [0. 573]	0. 512 [0. 519]	0. 479 [0. 483]	0. 395 [0. 380]	34. 672 (0. 000)

注：方括号中显示的是对应的中位数，圆括号中显示的是 p 值。

表 5 – 15 的第一列是变量的名称，第二列到第五列是 4 个数列区间，最后一列是对第二列和第五列之间的平均值是否存在显著差异所进行的 t 检验，进行单变量检验的基本目的是通过将代理高管团队注意力风格倾向的代理变量（Tnds）按照高低以 25%、50%、75% 三个分界点将各个年度上的观测值分成四组，进而比较每一组中高管团队人口特征变量的变化情况，因为四个数列区间的划分是从每个年度上进行而不是从整个样本上划分，所以四个四分位区间临界值之间存在重叠的部分。

从变量的变化趋势来看，高管团队注意力风格倾向于整体性注意力风格的高管团队，其团队规模最低组与最高组之间虽然存在显著的差异，但高管团队规模的均值并未呈现出与注意力风格倾向一致或相反的变化趋势。高管团队成员的平均教育程度高低两组之间并不存在显著差异（t = 0. 109，p > 0. 1）。高管团队任期均值的变化趋势与高管团队注意力风格倾向的变化趋势一致，随着团队任期均值的增加，高管团队注意力风格倾向于整体性注意力，而且，高低两组高管团队任期均值之间存在显著差异（t = - 3. 518，p < 0. 01）。最后两个高管团队特征变量，高管团队成员女性占比和高管团队成员职能背景异质性与高管团队注意力风格倾向的变化呈相反的趋势，即高管团队注意力风格越倾向于整体性的，其团队成员中

女性所占的比例的均值越低，同样，高管团队成员职能背景的异质性程度也越来越低，而且，对于这两个高管团队人口特征而言，其均值的最低组与最高组之间都存在显著的差异。

从上述单变量检验的结果可以初步判断影响高管团队注意力风格倾向的部分因素与团队注意力风格倾向之间的相关关系，但由于单变量检验是一种非条件期望的检验，所以很难对某个变量的净影响效果进行评价，通常要进行进一步回归分析，即在控制其他变量不变影响的前提下，某一个变量对被解释变量的影响（潘省初，2013），回归结果如表 5 – 16 所示。

表 5 – 16　　高管团队人口特征变量影响注意力风格倾向的回归结果

变量	Fama – MacBeth 模型（OLS）	横截面回归（OLS）	固定效应模型（FE）	年度行业调整（混合 OLS）
	(1)	(2)	(3)	(4)
TMT_size	– 0.061 (0.141)	0.354 (0.286)	– 0.601 *** (0.151)	– 0.061 (0.126)
TMT_average education	– 0.012 (0.125)	0.372 (0.280)	– 0.553 (0.338)	0.007 (0.115)
TMT_average tenure	– 0.091 (0.303)	– 0.274 (0.126)	0.967 ** (0.461)	0.388 (0.289)
TMT_proportion of female	– 0.138 * (0.059)	– 0.259 ** (0.112)	– 0.101 *** (0.030)	– 0.140 *** (0.041)
TMT_diversity	– 1.604 *** (0.119)	– 1.111 ** (0.430)	– 2.355 *** (0.243)	– 1.681 *** (0.183)
Number	6①	203	1098②	1132
adj – R^2	0.232	0.236	0.182	0.342

注：***、**、* 分别表示在1%、5%、10%水平上显著。

表 5 – 16 回归的被解释变量是 Tnds，为了得到稳健的结果，结果中分别汇报了 Fama – MacBeth 模型、截面回归、固定效应模型以及进行了年度

————————————

① 参与回归的观测值数目是1132，这里的6个观测值是在6个年度上取了平均值。

② 固定效应回归观测值数目小于混合 OLS 回归中观测值数目，是因为部分公司只包含1年的资料而无法参与回归。

和行业调整之后的回归结果。Fama-MacBe 模型是由法玛（Fama）和麦克白（MacBeth）于 1973 年提出的，其主要思路是首先在每个年度上进行一次截面 OLS 回归，之后将每个年度上得到的回归系数进行平均，这种回归方法可以有效避免时间序列回归残差的序列相关性问题（Fama & Macbeth，1973；Opler et al.，1999）。模型（2）是一个截面回归，是对每家公司 6 年的数据取均值后进行回归，样本数据总共包含 203 家公司，其结果反映不同公司之间的差别。模型（3）采取固定效应模型进行回归，模型（4）加入了年度虚拟变量和行业虚拟变量进行混合 OLS 回归。

表 5-16 中四个模型的回归结果显示两方面的信息。第一，高管团队规模、高管团队平均教育程度以及高管团队平均任期对高管团队注意力风格倾向的影响不太稳健，虽然固定效应模型回归的结果显示高管团队的规模与团队注意力风格倾向显著负相关；高管团队平均教育程度与团队注意力风格倾向显著正相关，但在其他模型中回归并不显著，甚至回归系数的符号也不一致，所以在当前研究情境及样本区间，无法得出这三个变量影响高管团队注意力风格倾向的稳健结论。第二，女性高管人数所占的比例和高管团队成员职能背景异质性两个变量在各种模型的设定下与高管团队注意力风格倾向显著负相关，回归结果与表 5-15 的单变量检验结果完全一致。由此可以认为，高管团队中女性人数的增加有利于高管团队的注意力风格倾向于分析性注意力风格，而且高管团队成员职能背景异质性越高，其团队的注意力风格越倾向于分析性注意力风格，在简单的 OLS 回归、混个 OLS 回归还是面板数据固定效应模型回归的结果中均较为稳健。

综合单变量检验以及混合 OLS 回归和固定效应回归的结果，我们对影响不同注意力风格倾向的高管团队人口特征因素进行进一步挖掘，按照高阶理论实证研究中常用的人口特征变量，验证了高管团队性别与职能背景的多样性有利于促进企业高管团队的倾向于分析性注意力风格，进而有利于企业进行以技术基础与市场基础发生变革的不连续创新。研究的结果不仅对上市公司高管团队的构成具有重要实践启示，而且在一定程度上对推动女性职业上升以及打碎"玻璃天花板"效应[1]提供实证支持。

---

① 希莫威茨（Hymowitz，1986）等在《华尔街日报》中企业女性专栏首次提出"玻璃天花板"一词，随后，有学者将"玻璃天花板"效应隐喻为一种对某些有资格的群体（特别是女性）设置的无形障碍，以对其职业发展和职位晋升产生阻碍（Morrison et al.）。

第二节　企业家社会资本对不连续创新的影响

检验企业家社会资本（制度社会资本、商业社会资本与技术社会资本）对企业不连续创新（技术不连续创新与市场不连续创新）的影响是研究的第二个主效应。主要目的是为了验证企业家社会资本的三个维度是否对企业进行不连续创新行为产生显著影响。本书第三章第二节的内容详细论述了企业家社会资本对企业不连续创新影响的理论机理，在此基础上提出3个研究假设和6个子假设为了检验实证数据对假设3、假设4及假设5的支持情况，本节的主要目的是通过大样本统计分析对研究假设进行检验，并给出相关实证结果。

一、研究变量与模型设定

1. 研究变量

本节内容涉及的解释变量是企业家社会资本。在耿新（2010）及王涛（2016）等学者的研究的基础上，将企业家社会资本划分为三个维度，分别是企业家商业社会资本、企业家制度社会资本以及企业家技术社会资本。企业家制度社会资本，综合反映了企业家与政府的社会网络关系资本（Acquaah，2007），我们对企业家制度社会资本的衡量侧重于企业家的政治背景，主要包括企业家在各级政府的任职情况，根据企业家任职国家机关的级别的高低对企业家制度社会资本进行从高到低的赋值（4~0）。企业家商业社会资本，集中表现了企业家与各种商业社会团体的社会网络关系的总和（Sauerwald et al.，2016），文中对企业家商业社会资本的衡量侧重于企业家与其他商业企业以及商会（协会）的社会网络关系，主要包括企业家是否曾经在其他商业企业出任过高管职位以及企业家在各级各类商会（协会）出任过领导职务或者隶属商会会员。其中与其他商业企业的社会网络关系通过出任过其他企业的数目衡量；与商会（协会）的网络关系按照在商会（协会）中的领导级别的高低进行不同程度赋值（3~0）。企业家技术社会资本综合反映了企业家与技术社会网络的关系资本，我们对企业家技术社会资本的衡量侧重于企业家与高等院校、科研技术研究院（所）的社会网络关系，主要包括企业家曾经或者当下是否在高等院校或者技术研究院所任职（0~1变量）（王涛，2016；张振刚等，2016）。

本节内容涉及的被解释变量是企业不连续创新，具体包括企业技术不连续创新和企业市场不连续创新，其中技术不连续创新反映了企业的技术基础发生了变化；市场不连续创新表示企业的市场基础发生了重大的不连续变革（冯军政，2012）。对企业技术不连续创新以及市场不连续创新的测量与前文中陈述的一致，限于篇幅限制，在此不再赘述。此外，关于验证企业家社会资本对企业不连续创新影响的作用关系部分涉及的控制变量与本章第一节内容中涉及的控制变量一致，前文总共涉及三个控制变量，分别是企业规模、企业成长年限以及企业的研发强度。

2. 模型设定前的检验与分析

（1）个体效应的显著性检验及模型的筛选。

首先，对使用混合 OLS 与固定效应模型/随机效应模型进行检验，其原理和检验方法与本章第一节介绍的完全相同，依然采用 Wald 检验对混合 OLS 还是固定效应模型进行筛选，检验结果如表 5-17 所示。

表 5-17 混合 OLS 模型与固定效应模型筛选的 Wald 检验结果（二）

判别模型	观测值数	截面数	F 统计量	p 值
Entrepreneur_SC →Technology_DI	1174	203	2.69	0.0000
Entrepreneur_SC →Market_DI	1187	203	2.61	0.0000

表 5-17 的 Wald 检验结果显示，本节涉及的两个模型的 p 值都等于 0.0000，在 1% 的显著性水平下拒绝了原假设，即认为个体效应显著存在，意味着采用固定效应模型或者随机效应模型要比混合 OLS 模型进行估计更适合。

其次，虽然 Wald 检验的结果排除了使用混合 OLS 模型，但是对使用固定效应模型还是随机效应模型需要进行进一步筛选。模型检验与筛选的方法与之前关于高管团队注意力风格倾向与企业不连续创新部分的检验方式完全相同，依然按照豪斯曼检验的结果进行判定，检验结果如表 5-18 所示。

表5-18　固定效应模型与随机效应模型筛选的豪斯曼检验结果（二）

判别模型	观测值数	截面数	χ^2 统计量	p 值
Entrepreneur_SC →Technology_DI	1174	203	41.06	0.0000
Entrepreneur_SC →Market_DI	1187	203	36.25	0.0000

表5-18 的豪斯曼检验结果表明，第一个判别模型的 χ^2 值为 41.06，相应的 p 值为 0.0000；第二个判别模型的 χ^2 值为 36.25，相应的 p 值为 0.0000。即本节涉及的两个模型在 1% 的显著性水平下均高度拒绝了原假设。由此，随机效应模型的假设 $Corr(u_i, x_{it}) = 0$ 不成立，所以，采用固定效应模型比随机效应模型更适合。至此，基于本书的样本数据，采用固定效应回归模型中的 Wald 检验，排除了混合 OLS 模型；在此基础上又对模型进行豪斯曼检验，最终认为采用固定效应模型对面板数据进行估计。

（2）时间效应的显著性检验。

时间效应是反映样本特征的变化随时间变化的显著性。本节对时间效应的检验继续使用上节内容引入的 T-1 个[①]时间虚拟变量进行判别。实际操作中采用 LR 检验（似然比检验）对时间效应的显著性进行检验。检验结果如表5-19 所示。

表5-19　时间效应显著性 LR 检验结果（二）

判别模型	观测值数	截面数	LR 统计量	p 值
Entrepreneur_SC →Technology_DI	1174	203	4.24	0.5156
Entrepreneur_SC →Market_DI	1187	203	5.32	0.4110

表5-19 显示的 LR 检验结果表明，本节涉及的两个模型在 5% 的显著性水平下均不能拒绝原假设，即模型中时间虚拟变量的系数整体上不显著。

3. 模型设定

按照本章模型设定前的相关分析以及假设 3 和假设 4（均包括两个子

---

① 实际上是引入了 T 个时间虚拟变量，为了防止多重共线性的发生，去掉了一个时间虚拟变量。

假设），我们采用以下回归模型分别检验企业家社会资本对企业技术不连续创新和市场不连续创新行为的影响。

$$Tec\_DI_{it} = \alpha_{10} + \alpha_{11} Entrepreneur\_SC_{it} + \alpha_{12} Con\_v_{it} + \nu_i + \varepsilon_{it} \quad (5-10)$$

$$Mar\_DI_{it} = \alpha_{20} + \alpha_{21} Entrepreneur\_SC_{it} + \alpha_{22} Con\_v_{it} + \nu_i + \varepsilon_{it} \quad (5-11)$$

回归方程式（5-10）和式（5-11）中，Tec_DI_{it} 和 Mar_DI_{it} 分别表示技术不连续创新和市场不连续创新。$Entrepreneur\_SC_{it}$ 表示企业家社会资本，具体包括 $Entrepreneur\_CSC_{it}$、$Entrepreneur\_SSC_{it}$ 及 $Entrepreneur\_TSC_{it}$。Con_v_{it} 为控制变量，包括企业规模、成长年限、研发强度以及所有制类型。此外，式（5-10）和式（5-11）两个模型中均引入了企业的个体效应 ν_i（用来控制那些由于无法观测及量化的非时变影响因素）和特异性误差 ε_{it}。式（5-10）和式（5-11）模型的表达式表明，估计系数[①] α_{11} 以及 α_{21} 的符号及显著性成为检验假设 3（包括假设 3a 和假设 3b）和假设 4（包括假设 4a 和假设 4b）是否成立的关键。

二、估计方法选择与估计问题处理

对企业家社会资本与不连续创新作用关系的实证检验，本节内容的方法选择与本章第一节相同。企业家社会资本三个维度的数据来源于上市公司公开数据的整理，企业不连续创新的数据与本章第一节使用的数据相同。所以，在估计方法及模型类型的选择上均参照了前文中的标准和步骤。此外，在做面板数据回归之前，对可能出现的变量之间的多重共线性、异方差性及个体截面相关与时间序列相关的问题进行妥善解决及修正是非常必要的（Baltagi，2001；Wooldridge，2010）。

1. 多重共线性

在进行模型设定的时候，企业家社会资本的三个维度同时作为解释变量出现在回归方程的右端。因此，避免解释变量之间出现严重的共线性是

[①] 鉴于企业家社会资本包括 $Entrepreneur\_CSC_{it}$、$Entrepreneur\_SSC_{it}$ 及 $Entrepreneur\_TSC_{it}$ 三个变量，所以为了简化模型的表达式 α_{11} 和 α_{21} 为一个向量系数，因为本节部分的假设检验需要分别验证企业家社会资本三个维度对企业不连续创新两个维度的影响关系，这样就形成一个 3×2 的 6 对关系的检验。

确保回归结果有效的前提。为了对变量的多重共线性做出判断，对面板数据回归分析之前，首先需要利用 VIF 检验判断变量的多重共线性是否严重，只要 VIF 值不超过标准值（VIF < 10）即认为变量之间的共线性不会对结果的准确性产生大的偏差。本节对变量的 VIF 检验结果显示，$VIF_1 = 3.214$，$VIF_2 = 2.171$，$VIF_3 = 5.503$，$VIF_{mean} = 3.629$，即不存在严重多重共线性。

2. 异方差

关于面板数据异方差的检验及分析本节不再重复。本节所采用的统计软件及其版本与前面检验使用一致，均为 Stata 12，所使用的原始数据库并未进行任何特别的处理及样本数据筛选。本节异方差的检验依然使用 Stata 12 中的 xttest3 命令，最终检验结果如表 5－20 所示。

表 5－20　　　　　　　　　面板数据组间异方差检验结果（二）

判别模型	观测值数	截面数	χ^2 值	p 值
Entrepreneur_SC →Technology_DI	1174	203	1.7e + 08	0.0000
Entrepreneur_SC →Market_DI	1187	203	1.7e + 06	0.0000

表 5－20 的检验结果显示，所判别模型的面板数据在 1% 的显著性水平下高度拒绝了原假设，即存在组间异方差。为了得到稳健的估计结果，最大程度控制组间异方差带来的偏误，本节的回归结果中报告了 White 稳健型标准误的异方差稳健估计结果。此外，德里斯科尔和克雷（Driscoll & Kraay, 1998）在研究基于空间面板数据的协方差矩阵估计问题中指出，对经过扩展的非参数协方差矩阵估计技术产生的标准误差估计是稳健的，所以，本节对于可能存在的异方差问题，采用德里斯科尔和克雷（1998）的建议，通过修正标准误的方法确保统计量判断标准的可靠性。当然，采用这种方法进行处理也存在一定的局限性，就像他们在探讨这种方法适用的情境时提到的那样，当面板数据的类型趋向于时间维度较大时，依赖于较大时间序列的时间因素在渐近性存在个体截面相关性的情况下可以提供一致的协方差矩阵估计。然而，当时间序列的期数非常小的时候（特别是只有一个单一的横截面时），涉及的异方差以及相关性问题似乎不太容易

处理。但是，按照哈伦加等（Halunga et al.，2017）对适用情境的解释，本节内容所涉及的问题并未违反相关基本原则，在尚未找到更好的处理方法之前，也存在一定合理性。

3. 相关性检验

面板数据区别于截面数据以及时间序列数据的典型特征就是综合了两者的特征，因为面板数据同时具备时序与截面的特征，所以在进行相关性检验的时候也包括序列相关检验以及截面相关检验。鉴于本章第一节已经详述了相关原理及检验步骤，所以关于序列相关的检验仍然选择伍德里奇（2002）建议的方法进行。而关于截面相关的检验继续使用 Stata 软件提供的 xtcsd 命令进行判定。序列相关的检验结果呈现在表 5 - 18 中，截面相关的检验结果呈现在表 5 - 21 中。

表 5 - 21 序列相关伍德里奇检验结果（二）

判别模型	F 统计量	p 值
Entrepreneur_SC →Technology_DI	3.085	0.0805
Entrepreneur_SC →Market_DI	1.394	0.2392

表 5 - 21 的 Wooldridge 检验结果显示，在 5% 的显著性水平下不能拒绝原假设，即在 5% 的显著性水平下模型不存在一阶序列相关。

表 5 - 22 截面相关检验结果（二）

判别模型	检验方法	统计量值	P 值
Tnds →Technology_DI	Pesaran's test	1.663	0.0963
	Friedman's test	101.418	0.0533
Tnds →Market_DI	Pesaran's test	1.411	0.1134
	Friedman's test	71.931	0.7282

表5-22 的截面相关检验显示，无论是皮沙兰检验还是弗里德曼检验，在5%的显著性水平下均不能拒绝原假设，即所判定模型的面板数据无截面相关。

三、企业家社会资本对不连续创新影响的回归结果

表5-23 给出了企业家社会资本对不连续创新影响检验中主要变量的描述性统计分析，主要描述了所涉及变量的均值、标准差以及皮尔森相关系数。通过对变量的描述性统计分析，可以得到以下三个方面的初步判断：

第一，企业家社会资本三个维度的变量（企业家制度社会资本、企业家商业社会资本及企业家技术社会资本）与企业不连续创新两个维度的相关性存在很大的差异。其中企业家制度社会资本与企业技术不连续创新和市场不连续创新均表现出正相关关系，但并不显著，而企业家商业社会资本对技术不连续创新与市场不连续创新分别表现相反的相关关系，与预期一致。此外，企业家技术社会资本对不连续创新两个维度的影响同时表现出显著的正相关关系。

第二，本节设定的控制变量（企业规模、企业成长年限以及企业研发强度）与企业技术不连续与市场不连续表现出不同的相关性，且在一定程度上保持显著的依存性，这也再次证明控制变量的设置在当前模型中较为适宜。

第三，变量之间不存在严重的多重共线性。基本上主要变量间的相关系数的绝对值均小于0.3。初步判断模型设置没有出现较大纰漏，以确保回归结果的有效性。

在对本节涉及的变量进行简单描述性统计的基础上，运用前文所构建的面板数据固定效应模型对式（5-9）和式（5-10）进行估计。回归结果如表5-24所示。

表 5 - 23　　　　企业家社会资本对不连续创新影响变量皮尔森相关系数矩阵

变量	1	2	3	4	5	6	7	8
1. 技术不连续创新（Technology_DI）	1							
2. 市场不连续创新（Market_DI）	0.079	1						
3. 企业家制度社会资本（Entrepreneur_SSC）	0.137*	0.082	1					
4. 企业家商业社会资本（Entrepreneur_CSC）	0.215**	-0.133*	0.091	1				
5. 企业家技术社会资本（Entrepreneur_TSC）	0.171**	0.174**	0.156*	0.152*	1			
6. 企业规模（size）	-0.146	-0.132	0.245**	0.240**	0.239**	1		
7. 成长年限（age）	-0.056	-0.022*	0.322**	0.334**	0.307**	0.427**	1	
8. 研发强度（R&D）	0.225**	0.172*	0.092	0.044	0.164*	-0.194*	0.275*	1
均值（mean）	0.476	0.250	0.483	2.006	0.213	21.453	17.975	0.083
标准差（S.D.）	0.102	0.072	1.072	1.341	0.067	1.079	4.132	0.082

注：***、**、*分别表示在1%、5%、10%水平上显著。

表 5 - 24　　　　　　企业家社会资本对企业技术不连续创新回归结果

变量	Technology_DI		
	（1）	（2）	（3）
Size	- 0. 044 **	- 0. 044 **	- 0. 025
	（0. 018）	（0. 018）	（0. 017）
Age	- 0. 086 **	- 0. 086 **	- 0. 052
	（0. 034）	（0. 036）	（0. 032）
R&D	0. 508 ***	0. 508 ***	0. 311 ***
	（0. 120）	（0. 101）	（0. 108）
Entrepreneur_SSC			0. 186 ***
			（0. 032）
Entrepreneur_CSC			0. 074 ***
			（0. 020）
Entrepreneur_TSC			0. 248 ***
			（0. 055）
Group	203	203	203
Number	1179	1179	1174
adj - R^2	0. 039	0. 231	0. 287

注：模型（2）和模型（3）的固定效应回归中控制了个体效应；括号中的值是 White 稳健型标准误；*** 、** 、* 分别表示在 1% 、5% 、10% 水平上显著。

　　表 5 - 24 的模型（1）只包括控制变量对被解释变量进行固定效应模型回归，模型（2）和模型（3）分别加入了企业个体效应虚拟变量以及三个解释变量。先前关于 LR 检验结果表明，本节涉及的两个模型在 5% 的显著性水平下时间虚拟变量的系数整体不显著，所以回归模型中并未控制年度效应。从影响关系上看，企业家社会资本的三个维度均正向影响企业技术不连续创新。具体而言，企业家制度社会资本在 1% 的显著性水平下与技术不连续创新正相关（$\alpha_{11}^1 = 0.186$，$p < 0.01$），即假设 3a 通过验证；企业家商业社会资本的估计系数显著为正（$\alpha_{21}^2 = 0.074$，$p < 0.01$）假设 4a 得到了支持；企业家技术社会资本的估计系数显著为正（$\alpha_{21}^3 = 0.248$，$p < 0.01$）假设 5a 通过验证。

　　为了验证企业家制度社会资本、商业社会资本以及技术社会资本对企业市场不连续创新的影响，我们进一步估计了它们对企业市场不连续创新的回归结果，模型的设置与检验企业家社会资本与技术不连续创新相同，回归结果显示在表 5 - 25 中。

表 5 - 25　　　　企业家社会资本对企业市场不连续创新回归结果

变量	Market_DI		
	(1)	(2)	(3)
Size	-0.146*** (0.033)	-0.146*** (0.020)	-0.117*** (0.030)
Age	-0.041 (0.048)	-0.041 (0.040)	-0.039 (0.045)
R&D	0.349*** (0.123)	0.349*** (0.109)	0.315*** (0.118)
Entrepreneur_SSC			0.007 (0.030)
Entrepreneur_CSC			-0.127*** (0.022)
Entrepreneur_TSC			0.200*** (0.067)
Group	203	203	203
Number	1192	1192	1187
adj - R^2	0.071	0.235	0.243

注：模型（2）和模型（3）的固定效应回归中控制了个体效应；括号中的值是 White 稳健型标准误；***、**、* 分别表示在 1%、5%、10% 水平上显著。

表 5 - 25 的回归结果显示，只包含控制变量的模型（1）的拟合程度较低，其调整后的 R^2 只有 0.071，模型（2）在基准模型的基础上控制了个体效应。模型（3）加入了企业家制度社会资本、企业家商业社会资本以及企业家技术社会资本三个变量，其拟合程度比模型（1）有较大幅度的增加，从 0.071 增加到 0.243。从模型（3）的回归结果来看，企业家社会资本的三个维度对企业市场不连续创新的影响方向及强度差异较大。

具体而言，企业家制度社会资本虽然对市场不连续创新表现出正向影响，但在5%的显著性水平下并不显著（$\alpha_{21}^1 = 0.007$，$p > 0.05$），即假设3b未能通过实证数据检验。对于这个结果，其原因可能包括但不限于以下三个方面：

第一，企业家制度社会资本的作用体现了政治关联对企业价值的促进，但是政治关联的维系需要企业家花费一定的时间与精力保持其生命力，而这种成本的支出弱化了企业家对技术创新管理的强度，从而导致不连续创新效率减损（于蔚，2013）。这样，虽然企业家制度社会资本为企业带来政策、融资及其他方面的利好，但可能由于政治关联的效率减损在一定程度上抵消了这种积极作用的存在，导致企业家制度社会资本对技术不连续创新与市场不连续创新的促进作用趋缓而表现得不显著（效率减损效应）。但从影响关系的方向来看，其影响还是积极的。

第二，不连续创新无论表现在技术基础的变革还是市场基础的重大不连续变革都与环境的高度不确定与动态性相关（冯军政，2012），企业家制度社会资本即使能够为企业未来战略定位提供资讯，但是其时间效应却带有一定的滞后性（Kishna et al. , 2016）。特别是面临高度复杂而动荡的决策情境下，企业家制度社会资本对企业进行不连续创新的影响可能并没有良好的表现（时间迟滞效应）。

第三，企业家制度社会资本表现了企业家以往的政治资源积累（Opper et al. , 2017），这些资源在转化为推动企业不连续创新行为的过程中对原有资源的依赖阻碍了企业家对新生事物的关注以及不连续创新所需新知识的吸收（认知惰性效应）。综合以上原因，企业家制度社会资本对不连续创新的影响中存在的效率减损、时间迟滞以及认知惰性很有可能在一定程度上抵消了其对不连续创新的积极作用，导致实证研究结果不显著。

另外，企业家商业社会资本负向影响企业市场不连续创新行为（$\alpha_{21}^2 = -0.127$，$p < 0.01$），即假设4b在1%的显著性水平下通过实证检验。需要说明的是，我们就企业家商业社会资本的内涵意指企业家已经存在的商业社会资本，因为区别已经存在的企业家商业社会资本与构建新的企业家商业社会资本对市场不连续创新的实施具有重要意义。首先，从已经存在的企业家商业社会资本来看，企业家商业社会资本中包含的商业利益束缚着企业进行市场不连续创新的动力，既得利益的捆绑使企业高层在战略选

择与资源分配中表现出对原有利益格局的眷顾。另外，已经存在的企业家商业社会资本在一定程度上同化了企业家对未来市场的敏感度和灵敏性（Liang et al.，2007），商业惯性导致利益绑定以及价值网络导致企业很难从现有的技术创新轨道实现跳跃性转变。最终导致已经存在的企业家商业社会资本抑制了企业进行市场不连续创新行为。其次，从构建新的企业家社会资本来看，不连续创新的实施又需要构建新的商业社会资本，通过构建新的商业联盟推动企业在实施市场不连续创新战略中获得成功。

假设 5b 提出企业家技术社会资本正向影响企业市场不连续创新。从表 5 – 17 模型（3）的报告结果显示，企业家技术社会资本正向影响企业市场不连续创新行为（$\alpha_{21}^{3} = 0.200$，$p < 0.01$），即假设 5b 在 1% 的显著性水平下通过实证检验。根据上述实证研究结果，总体上来看，除了企业家商业社会资本对企业技术不连续与企业市场不连续行为表现出不同的作用关系以外，企业家制度社会资本与企业家技术社会资本对企业技术不连续创新与市场不连续创新均表现出积极的作用。虽然企业家制度社会资本对企业技术不连续创新与市场不连续创新的积极作用不显著，但是依然可以看出其促进作用大于抑制作用。所以，本节的实证结果总体上支持本书第三章提出的部分假设。

四、稳健性检验

为了得到稳健的结论，本节在采取 Bootstrap 标准误固定效应模型回归以及 GMM 估计方法的基础上，为了进一步确保研究结论的稳健性，还对企业家制度社会资本、商业社会资本以及技术社会资本的测量进行其他指标变换。比如将企业家制度社会资本测量指标替换为企业家是否具有人大代表或政协委员的身份，将企业家技术社会资本测量指标换成企业家是否在国家或地方工程技术中等技术中介任职等（耿新和张体勤，2010）。此外对控制变量中的企业规模以年三年年均员工人数的自然对数替代总资产的自然对数等。回归结果显示与之前的实证研究保持一致，如表 5 – 26 所示。

表 5 - 26　企业家社会资本对不连续创新影响的稳健性检验结果

变量	Technology_DI				Market_DI			
	White 稳健型标准误 (FE)	Bootstrap 标准误 (FE)	GMM 估计	变量变换 (FE)	White 稳健型标准误 (FE)	Bootstrap 标准误 (FE)	GMM 估计	变量变换 (FE)
Size	-0.025 (0.017)	-0.025 (0.019)	-0.011 (0.009)	-0.024 (0.017)	-0.117*** (0.030)	-0.117*** (0.026)	-0.053*** (0.011)	-0.124*** (0.019)
Age	-0.052 (0.032)	-0.052* (0.032)	-0.049** (0.023)	-0.049 (0.033)	-0.039 (0.045)	-0.039 (0.044)	-0.097*** (0.027)	-0.042 (0.038)
R&D	0.311*** (0.108)	0.311*** (0.102)	0.273*** (0.095)	0.337*** (0.096)	0.315*** (0.118)	0.315*** (0.118)	0.388*** (0.102)	0.268** (0.109)
Entrepreneur_SSC	0.186*** (0.032)	0.186*** (0.036)	0.159*** (0.021)	0.195*** (0.018)	0.007 (0.030)	0.007 (0.031)	0.027 (0.021)	-0.012 (0.021)
Entrepreneur_CSC	0.074*** (0.020)	0.074*** (0.021)	0.044*** (0.008)	0.075*** (0.015)	-0.127*** (0.022)	-0.127*** (0.020)	-0.060*** (0.007)	-0.134*** (0.017)
Entrepreneur_TSC	0.248*** (0.055)	0.248*** (0.052)	0.174*** (0.039)	0.244*** (0.043)	0.200*** (0.067)	0.200** (0.081)	0.134*** (0.042)	0.206*** (0.050)
Groups	203	203	203	203	203	203	203	203
Number	1174	1174	1174	1048	1187	1187	1187	1061
adj - R²	0.287	0.276	0.292	0.227	0.243	0.235	0.297	0.230

注：回归中控制了个体效应，***、**、* 分别表示在 1%、5%、10% 水平上显著。

第三节　高管团队注意力风格与不连续创新：
企业家社会资本的调节效应

本章前两节的内容分别探讨了影响企业不连续创新的两个重要的前因变量，为了深入分析企业高管团队注意力风格倾向与不连续创新的作用机理，按照本书的研究设计，本节内容将对企业家社会资本的调节效应进行实证检验。本书第三章第三节的内容详尽阐述了企业家社会资本在高管团队注意力风格与不连续创新影响过程中的调节效应，在此基础上提出 3 个研究假设。为了验数据对以上 3 个假设的支持情况，本节的主要目的是通过大样本统计分析对相关假设进行检验。

一、研究变量与模型设定

本节内容涉及的被解释变量是企业不连续创新，解释变量是高管团队注意力风格倾向（用主题网络密度分数代理），调节变量是企业家社会资本（包括企业家制度社会资本、商业社会资本及技术社会资本）。对高管注意力风格、企业技术不连续创新、企业家社会资本以及控制变量的测量与前文保持一致，限于篇幅限制，在此不再赘述。

1. 模型设定前的分析

按照本章第一节内容与第二节内容的结构安排，本节实证研究中对计量模型设定前的分析只给出相关的检验结果，对于涉及的原理以及检验说明将不再详述。分析的内容包括：个体效应的显著性检验与模型筛选；时间效应的显著性检验。

第一步：个体效应的显著性检验与模型筛选。

采用 Wald 检验对混合 OLS 与固定效应模型进行筛选，检验结果如表 5 – 27 所示。

表 5－27　　　混合 OLS 模型与固定效应模型筛选的 Wald 检验结果 （三）

判别模型	观测值数	截面数	F 统计量	p 值
Tnds $\xrightarrow{\text{Entrepreneur\_ssC}}$ Firm_DI	1074	203	2.66	0.0000
Tnds $\xrightarrow{\text{Entrepreneur\_csC}}$ Firm_DI	1120	203	2.81	0.0000
Tnds $\xrightarrow{\text{Entrepreneur\_tsC}}$ Firm_DI	1120	203	2.77	0.0000

表 5－27 的 Wald 检验结果显示，本节涉及的三个模型的 p 值都等于 0.0000，在 1% 的显著性水平下拒绝了原假设，即认为个体效应显著存在，应该采用固定效应模型。个体效应显著存在，可以认为采用混合 OLS 模型进行估计不太适合，为了进一步检验采用固定效应模型还是随机效应模型，从而对最终模型进行筛选，需要进行豪斯曼检验，按照检验结果的 χ^2 统计量及相应的 p 值进行判定。

表 5－28　　　固定效应模型与随机效应模型筛选的豪斯曼检验结果 （三）

判别模型	观测值数	截面数	χ^2 统计量	p 值
Tnds $\xrightarrow{\text{Entrepreneur\_ssC}}$ Firm_DI	1074	203	46.01	0.0000
Tnds $\xrightarrow{\text{Entrepreneur\_csC}}$ Firm_DI	1120	203	63.33	0.0000
Tnds $\xrightarrow{\text{Entrepreneur\_tsC}}$ Firm_DI	1120	203	57.82	0.0000

从表 5－28 的豪斯曼检验结果中 χ^2 统计量及相应的 p 值来看，本节涉及的三个模型在 1% 的显著性水平下均拒绝了原假设，因此，对于本节实证研究采用固定效应模型比随机效应模型适宜。

第二步：时间效应的显著性检验。

一般而言，采用 LR 检验 （似然比检验） 对面板数据的时间效应进行判定，LR 检验最终要估计两个模型，第一个模型中没有附加时间虚拟变量，第二个模型中附加了 N－1 个时间虚拟变量。通过对这两个模型进行分别估计之后，将估计的结果进行存储，最后使用 lrtest 命令进行检验。其原假设估计模型的时间效应不显著，对企业家社会资本调节作用的 LR 检验结果如表 5 - 29 所示。

表 5 - 29　　　　　　时间效应显著性 LR 检验结果 （三）

判别模型	观测值数	截面数	LR 统计量	p 值
Tnds $\xrightarrow{\text{Entrepreneur\_ssC}}$ Firm_DI	1074	203	88.64	0.0000
Tnds $\xrightarrow{\text{Entrepreneur\_csC}}$ Firm_DI	1120	203	99.26	0.0007
Tnds $\xrightarrow{\text{Entrepreneur\_tsC}}$ Firm_DI	1120	203	102.58	0.0000

表 5 - 29 显示的 LR 检验结果表明，本节涉及的三个模型在 1% 的显著性水平下均拒绝了原假设，即模型中的时间虚拟变量的系数整体上是显著的，时间效应存在。

2. 模型设定

按照本章模型设定前的相关分析以及假设 6、假设 7 以及假设 8，我们采用以下回归模型分别检验企业家社会资本的三个维度对高管团队注意力风格倾向、对企业不连续创新影响的调节作用。

$$\text{Firm\_DI}_{it} = \beta_{01} + \beta_{11}\text{Tnds}_{it} + \beta_{21}\text{Entrepreneur\_SSC}_{it} + \beta_{31}\text{Tnds}_{it}$$
$$\times \text{Entrepreneur\_SSC}_{it} + \beta_{41}\text{Con\_v}_{it} + \mu_i + \varepsilon_{it} \quad (5-12)$$

$$\text{Firm\_DI}_{it} = \beta_{02} + \beta_{12}\text{Tnds}_{it} + \beta_{22}\text{Entrepreneur\_CSC}_{it} + \beta_{32}\text{Tnds}_{it}$$
$$\times \text{Entrepreneur\_CSC}_{it} + \beta_{42}\text{Con\_v}_{it} + \mu_i + \varepsilon_{it} \quad (5-13)$$

$$\text{Firm\_DI}_{it} = \beta_{03} + \beta_{13}\text{Tnds}_{it} + \beta_{23}\text{Entrepreneur\_TSC}_{it} + \beta_{33}\text{Tnds}_{it}$$
$$\times \text{Entrepreneur\_TSC}_{it} + \beta_{43}\text{Con\_v}_{it} + \mu_i + \varepsilon_{it} \quad (5-14)$$

回归方程式 （5 - 12）、式 （5 - 13） 和式 （5 - 14） 中，Firm_DI_{it} 为被解释变量表示企业不连续创新。Tnds_{it} 为解释变量表示主题网络密度分数 （用来代理高管团队的注意力风格），企业家社会资本的三个维度，企业家制度社会资本 $\text{Entrepreneur\_SSC}_{it}$、企业家所有社会资本 $\text{Entrepreneur\_CSC}_{it}$ 以及企业家技术社会资本 $\text{Entrepreneur\_SSC}_{it}$ 为三个调节变量。此外，模型（5-12）、模型（5-13）和模型（5-14）中均包含了解释变量与调节变量的交互项。与前文模型设定一致，Con_v_{it} 为控制变量，包括企业规模（Size）、成长年限（Age）以及研发强度（R&D）；三个模型中均引入了企业的个体效应 ν_i（用来控制那些由于无法观测及量化的非时变影响因素）和特异性误差 ε_{it}。模型（5-11）、模型（5-12）以及模型（5-13）的表达式显示，估计系数 β_{31}、β_{32} 以及 β_{33} 的符号及显著性成为检验假设6、假设7和假设8是否成立的关键。

二、估计方法选择与估计问题处理

检验企业家社会资本的调节效应模型对异方差及相关性问题的考虑依然必要。虽然同方差假设可能会限制面板数据模型在实证研究中的应用，但修正的异方差具有的稳健标准差不仅是无偏的，而且有效。巴尔塔吉等（2001）认为对于个体规模不变的面板数据，单因素误差模型一般不会出现异方差。面板数据的相关性涉及不同的个体效应以及设定的传统单因素误差项具有时间上的相关性。忽视这些相关性的存在依然会导致回归系数的估计是非有效的，而且其标准差也是有偏差的。对于上述两个方面问题的处理，本节依然采用德里斯科尔和克雷（1998）的建议，通过修正标准误的方法确保统计量判断标准的可靠性。

本章前两节的估计方法与估计问题处理部分探讨了关于可能存在的多重共线性问题、内生性问题以及可能遗漏重要解释变量的问题，由于在检验企业家社会资本调节效应设定的过程中模型的基本形式以及变量的基本属性以及主要变量的数目、含义、测量的方法并未发生变化，所以，前面对上述相关问题的讨论以及对可能涉及问题的处理方法依然是有效的。因此，在检验企业家社会资本三个维度（企业家制度社会资本、企业家商业社会资本和企业家技术社会资本）对高管团队注意力风格影响企业不连续创新的调节作用中不再重复讨论。但是对于模型中可能存在的异方差以及截面相关仍然需要检验分析。

1. 异方差检验

面板数据中的异方差问题较为常见，异方差的存在可能会对面板数据模型参数估计与假设检验出现偏误，导致研究结论产生偏误。前述内容在进行豪斯曼检验的结果证实，将研究的面板数据模型类型设定为固定效应模型较为适宜，在此基础上对所有参数进行估计之前，需要对面板异方差的存在性进行判断，通过对 Stata 软件统计结果中 χ^2 统计量及 p 值的判断以确定是否存在异方差，检验结果如表 5-30 所示。

表 5-30 面板数据组间异方差检验结果（三）

判别模型	观测值数	截面数	χ^2 值	p 值
Tnds $\xrightarrow{\text{Entrepreneur\_ssC}}$ Firm_DI	1074	203	1.1e+06	0.0000
Tnds $\xrightarrow{\text{Entrepreneur\_csC}}$ Firm_DI	1120	203	56290.12	0.0000
Tnds $\xrightarrow{\text{Entrepreneur\_tsC}}$ Firm_DI	1120	203	58499.99	0.0000

表 5-30 的检验结果显示，所要判断模型的面板数据在 1% 的显著性水平下均拒绝了模型不存在异方差的原假设，说明组间异方差存在。为了得到稳健的估计结果，最大程度控制组间异方差带来的偏误，本节的回归结果中报告了 White 稳健型标准误的异方差稳健估计结果。

2. 相关性检验

对于面板数据而言，由于样本数据同时体现了不同个体在跨期维度的共同信息，所以，其相关性可能会同时涉及不同界截面与不同时间序列的相关。首先采用 Wooldridge（2002）建议的方法进行序列相关检验。Wooldridge 检验的判断标准认为，如果模型不存在序列相关，那么得到的一阶差分残差与其滞后项相关系数是 -0.5，其原假设是不存在一阶序列相关，检验结果如表 5-31 所示。

表 5-31 序列相关伍德里奇检验结果（三）

判别模型	F 统计量	p 值
Tnds $\xrightarrow{\text{Entrepreneur\_ssC}}$ Firm_DI	1.497	0.1059

判别模型	F 统计量	p 值
Tnds $\xrightarrow{\text{Entrepreneur\_csC}}$ Firm_DI	1.473	0.2263
Tnds $\xrightarrow{\text{Entrepreneur\_tsC}}$ Firm_DI	1.504	0.2215

　　表 5 - 31 的伍德里奇检验结果显示，在 10% 的显著性水平下不能拒绝原假设，即在 10% 的显著性水平下模型不存在一阶序列相关。其次，对判别模型进行截面相关检验。本节继续采用 Stata 软件的 xtcsd 命令提供的方法进行判定，相应的皮沙兰检验和弗里德曼检验结果如表 5 - 32 所示。

表 5 - 32　　　　　　　　　　截面相关检验结果（三）

判别模型	检验方法	统计量值	P 值
Tnds $\xrightarrow{\text{Entrepreneur\_ssC}}$ Firm_DI	Pesaran's test	0.630	0.5289
	Friedman's test	6.593	0.8833
Tnds $\xrightarrow{\text{Entrepreneur\_csC}}$ Firm_DI	Pesaran's test	1.039	0.2990
	Friedman's test	7.516	0.8217
Tnds $\xrightarrow{\text{Entrepreneur\_tsC}}$ Firm_DI	Pesaran's test	0.878	0.3801
	Friedman's test	8.901	0.7114

　　表 5 - 32 的皮沙兰检验与弗里德曼检验显示所判定模型不存在截面相关性。

三、企业家社会资本调节效应的回归结果

　　表 5 - 33 给出了企业家社会资本的三个维度作为调节变量时所涉及主要变量的描述性统计分析结果，主要描述了所涉及变量的均值、标准差以及皮尔森相关系数。样本数据来源于制造业（包括电子业和医药、生物制品业）和信息技术业（主要包括计算机及相关设备制造业、计算机应用服务业及通信及相关设备制造业）的 203 家上市公司 2011 ~ 2016 年

的观测值，而且数据属于典型的大 N（截面）小 T（序列）面板数据。此外，表 5-33 的皮尔森相关系数矩阵显示，解释变量之间以及解释变量与控制变量之间不存在较强的相关关系，基本上可以排除变量存在严重多重共线性的可能。

表 5-33   企业家社会资本调节效应变量皮尔森相关系数矩阵

变量	1	2	3	4	5	6	7	8
1. Size	1							
2. Age	0.427 **	1						
3. R&D	-0.194 *	0.275 *	1					
4. Tnds	0.031	-0.029	0.032	1				
5. Entrepreneur_SSC	0.245 **	0.322 **	0.092	0.029	1			
6. Entrepreneur_CSC	0.240 **	0.334 **	0.044	0.072	0.107	1		
7. Entrepreneur_TSC	0.239 **	0.307 **	0.164 *	0.061	0.113 *	0.080	1	
8. Firm_DI	-0.077	-0.104	0.370 **	-0.291 **	0.177	0.292 **	0.207 **	1
Mean	21.453	17.975	0.083	0.415	0.483	2.006	0.213	0.710
S. D.	1.079	4.132	0.082	0.127	1.072	1.341	0.067	0.133

注：** 、* 分别表示在 5%、10% 水平上显著。

通过对变量的描述性统计分析，可以得到以下三个方面的初步判断：

第一，从控制变量的描述性统计分析来看，样本企业的平均年龄为 17.98（截止到 2016 年），说明样本企业的成长年限均值超过 10 年达到近 20 年。样本企业的研发强度平均为 8.32%，说明不连续技术密集型行业的研发强度较高。国有企业平均占比 20.2%，说明不连续创新在民营企业中更有可能发生。

第二，主题网络密度分数的均值为 0.415，表明样本企业的注意力风格具有分析注意力倾向。企业家制度社会资本的均值为 0.483，说明样本企业的企业家的政治关联度较低，这个结果可能与样本企业中国有企业占比较低有关。企业家商业社会资本的均值为 2.006，说明样本企业的企业家的商业关联度较高，企业的主要领导者在进行不连续创新的过程中扮演了重要的外部商业联络者角色。企业家技术社会资本的均值为 0.213，说明 21.3% 的样本企业的企业家至少与高等院校或科研机构存在密切的合作关系。

第三，将企业家社会资本三个维度作为调节变量统一加入回归模型中进行综合考虑时，并没有影响高管团队注意力风格倾向与不连续创新之间的负相关关系，而且在一定程度上强化了这种关系，这也在某种程度上初步预期了企业家制度社会资本、商业社会资本以及技术社会资本的调节作用，但最终的结论还要依据回归分析的结果。在对本节涉及的变量进行简单描述性统计的基础上，运用前文所构建的面板数据固定效应模型对式（5-12）、式（5-13）和式（5-14）进行估计，回归结果如表 5-34 所示。

表 5-34　　　　　　　　　企业家社会资本调节效应回归结果

变量	（1）	（2）	（3）	（4）	（5）
Size	-0.277*** (0.063)	-0.401*** (0.066)	-0.392*** (0.066)	-0.397*** (0.067)	-0.405*** (0.066)
Age	-0.137 (0.091)	-0.253*** (0.076)	-0.230*** (0.074)	-0.249*** (0.073)	-0.246*** (0.075)
R&D	0.919*** (0.224)	0.772*** (0.168)	0.735*** (0.170)	0.770*** (0.167)	0.771*** (0.167)
Entrepreneur_SSC	0.178*** (0.048)	0.160*** (0.037)	0.002 (0.059)	0.171*** (0.036)	0.154*** (0.037)
Entrepreneur_CSC	-0.180*** (0.043)	-0.146*** (0.034)	-0.143*** (0.034)	-0.259*** (0.052)	-0.144*** (0.034)
Entrepreneur_TSC	0.620*** (0.121)	0.252** (0.107)	0.224** (0.107)	0.235** (0.106)	0.085 (0.151)
Tnds		-1.259*** (0.105)	-1.363*** (0.112)	-1.426*** (0.123)	-1.317*** (0.107)
Tnds × Entrepreneur_SSC			0.138 (0.106)		
Tnds × Entrepreneur_CSC				0.196*** (0.066)	
Tnds × Entrepreneur_TSC					0.428* (0.232)

续表

变量	(1)	(2)	(3)	(4)	(5)
Groups	203	203	203	203	203
Number	1120	1120	1074	1120	1120
adj – R^2	0.232	0.388	0.392	0.396	0.391

注：括号内的数值是 White 稳健型标准误，***、**、* 分别表示在1%、5%、10%水平上显著。

表 5 – 34 报告了企业家制度社会资本、企业家商业社会资本以及企业家技术社会资本对企业技术不连续创新与市场不连续创新的固定效应模型回归结果。其中模型（1）作为基准模型，只包括所有的控制变量和调节变量。模型（2）~模型（5）均在控制个体效应与时间效应和解释变量的基础上顺次加入三个交互项。

假设6提出，企业家制度社会资本对于高管注意力风格与企业不连续创新之间的关系具有正向调节作用。模型（3）包括了解释变量和企业家制度社会资本的交互项，交互项的估计系数为正，但并不显著（$\beta_{31}^1 = 0.138$，$p > 0.1$），即假设6未获得支持。其原因可能包括两个方面：（1）按照本章第二节的实证结果及其分析，企业家制度社会资本对不连续创新影响的作用过程中受到效率减损、时间迟滞以及认知惰性效应的影响导致企业家制度社会资本对于不连续创新的影响效果减弱；（2）我们对企业家社会资本的取样数据只关注了企业家在各级政府中的任职情况，可能在一定程度上限制了企业家制度社会资本的内容效度（Jinyu & Huang，2015），从而导致企业家社会资本的调节效应减弱。假设7认为企业家商业社会资本对于高管注意力风格与企业不连续创新之间的关系具有正向调节作用。模型（4）包括了解释变量和企业家商业社会资本的交互项，交互项的估计系数显著为正（$\beta_{31}^2 = 0.196$，$p < 0.01$），因此，假设7获得了数据的支持，通过验证。假设8认为企业家技术社会资本对于高管注意力风格与企业不连续创新之间的关系具有正向调节作用。模型（5）包括了解释变量和企业家技术社会资本的交互项，交互项的估计系数显著为正（$\beta_{31}^3 = 0.428$，$p < 0.1$），因此，假设8通过了实证验证。

四、稳健性检验

本节内容的主要目的是检验企业家社会资本在高管团队注意力风格倾向影响企业不连续创新行为过程中的调节作用。为了确保研究结论的可靠性，本节进一步执行稳健性检验。主要包括以下三个方面：

第一，企业家制度社会资本、商业社会资本与技术社会资本是本节研究的重要变量。因此，对企业家制度社会资本、商业社会资本、技术社会资本以及部分控制变量的测量按照本章第二节内容稳健性检验的方法进行替换，重新进行固定效应估计。结果显示各主要变量估计系数的方向与显著性并未发生根本性变化，估计结果具有稳健性。

第二，为了控制企业性质差异以及行业类别差异对研究结论可靠性产生影响，本节继续在企业性质与年度行业分别调整的基础上进一步使用固定效应模型进行估计，结果具有稳健性。

第三，为了减缓或消除异常样本观测值对估计结果产生偏误，本节在基准回归样本变量数据的基础上对连续性变量在第 1 百分位和第 99 百分位进行缩尾处理，经过对缩尾处理后的样本数据执行固定效应估计的结果并未发生实质性变化。此外，本节仍然采取 Bootstrap 标准误固定效应模型回归以及 GMM 估计方法对模型进行重新估计，回归结果所呈现的结果与先前的实证基本一致，以上稳健性检验结果如表 5 - 35 所示。

第四节　本 章 小 结

本章运用制造业（主要涉及电子业和医药生物制品业）与信息技术业（主要涉及计算机及相关设备制造业、计算机应用服务业及通信及相关设备制造业）的 203 家上市公司 2010 ~ 2016 年的面板数据检验了企业高管注意力风格倾向及企业家社会资本对不连续创新的主效应，在此基础上验证了企业家社会资本在高管团队注意力风格倾向影响企业不连续创新作用中的调节效应。通过对高管团队注意力风格倾向、企业家社会资本与企业不连续创新的全面考察，为分析性高管注意力风格的高管团队更倾向于进行不连续创新行为提供了可靠证据。同时也印证了企业家社会资本对不连续创新的影响。

表 5-35　企业家社会资本对不连续创新影响的稳健性检验

变量	分企业性质调整（FE）	分年度行业调整（FE）	离群值缩尾调整（FE）	White 稳健型标准误（FE）	Bootstrap 标准误（FE）	GMM 估计	变量变换（FE）
Size	-0.215*** (0.049)	-0.215*** (0.050)	-0.511*** (0.042)	-0.392*** (0.067)	-0.392*** (0.074)	-0.383*** (0.050)	-0.146*** (0.021)
Age	-0.052 (0.063)	-0.064 (0.063)	-0.377*** (0.072)	-0.221*** (0.071)	-0.221*** (0.071)	-0.221*** (0.058)	-0.315*** (0.057)
R&D	0.679*** (0.177)	0.728*** (0.173)	0.958*** (0.188)	0.733*** (0.168)	0.733*** (0.151)	0.731*** (0.146)	1.065*** (0.195)
Entrepreneur_SSC	0.008 (0.065)	0.007*** (0.122)	0.161*** (0.036)	0.043 (0.059)	0.043 (0.059)	0.042 (0.054)	0.197*** (0.034)
Entrepreneur_CSC	-0.118*** (0.036)	-0.247*** (0.053)	-0.207*** (0.030)	-0.258*** (0.052)	-0.258*** (0.046)	-0.260*** (0.041)	-0.082*** (0.017)
Entrepreneur_TSC	0.323*** (0.113)	0.333*** (0.109)	0.461*** (0.088)	0.052 (0.144)	0.052 (0.143)	0.074 (0.116)	0.398*** (0.070)
Tnds	-1.471*** (0.112)	-1.547*** (0.123)	-1.511*** (0.042)	-1.573*** (0.130)	-1.573*** (0.128)	-1.574*** (0.099)	-1.263*** (0.095)
Tnds × Entrepreneur_SSC	0.171 (0.152)	0.156 (0.117)	0.177 (0.139)	0.163 (0.107)	0.163 (0.099)	0.164 (0.102)	0.142 (0.081)
Tnds × Entrepreneur_CSC	0.226*** (0.064)	0.231*** (0.067)	0.226*** (0.064)	0.203*** (0.066)	0.203*** (0.059)	0.201*** (0.053)	0.194*** (0.053)

续表

变量	分企业性质调整（FE）	分年度行业调整（FE）	离群值缩尾调整（FE）	White 稳健型标准误（FE）	Bootstrap 标准误（FE）	GMM 估计	变量变换（FE）
Tnds × Entrepreneur_TSC	0.389* (0.164)	0.389* (0.164)	0.460** (0.218)	0.403* (0.227)	0.403* (0.237)	0.409** (0.201)	0.220* (0.121)
Groups	203	203	203	203	203	203	203
Number	1074	1074	1074	1074	1074	1074	1074
adj – R^2	0.361	0.363	0.410	0.421	0.418	0.428	0.392

注：回归中控制了个体效应和年度效应；括号内的数值是 White 稳健型标准误，***、**、* 分别表示在 1%、5%、10% 水平上显著。

本章的实证研究总共包括三个方面，前两节主要检验企业不连续创新在高管团队认知及企业家社会资本的相关关系，在此基础上进一步检验了企业家社会资本三个维度对第一个主效应的调节效应。这两个方面的检验构成了对企业不连续创新在高管与企业家层面的前因机理。如图 5 – 1 所示。

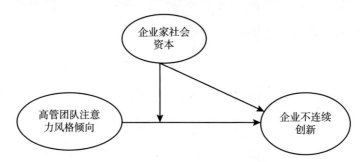

图 5 – 1　企业不连续创新的前因机制假设检验

为了对本书提出的 8 个假设（包括 8 个子假设）进行验证，每部分的内容均对相关主题的研究变量及模型设定、估计方法选择与估计问题处理、描述性统计分析与实证回归解释做了详细的阐述。总体上讲，本书第三章提出的大部分假设通过了实证数据的检验，对于未通过验证的假设均给出了可能的原因。表 5 – 36 汇总了本书涉及假设的实证验证情况。

表 5 – 36　　　　　　　　　预设假设的实证验证结果汇总

序号	假设描述	验证结果
假设 1	高管团队越倾向于整体性注意力风格，企业进行不连续创新的倾向性越弱；高管团队越倾向于分析性注意力风格，企业进行不连续创新的倾向性越强	通过
假设 2	高管团队倾向于分析性注意力风格的企业比那些倾向于整体性注意力风格的企业，在促进企业技术不连续创新与市场不连续创新方面同时起到积极的作用	
假设 2a	高管团队越倾向于整体性注意力风格，企业进行技术不连续创新的倾向性越弱；高管团队越倾向于分析性注意力风格，企业进行技术不连续创新的倾向性越强	通过
假设 2b	高管团队越倾向于整体性注意力风格，企业进行市场不连续创新的倾向性越弱；高管团队越倾向于分析性注意力风格，企业进行市场不连续创新的倾向性越强	

续表

序号	假设描述	验证结果
假设 3	企业家制度社会资本正向影响企业不连续创新	部分通过
假设 3a	企业家制度社会资本正向影响企业技术不连续创新	通过
假设 3b	企业家制度社会资本正向影响企业市场不连续创新	未通过
假设 4	企业家商业社会资本对不同类型的不连续创新影响不同	
假设 4a	企业家商业社会资本正向影响企业技术不连续创新	通过
假设 4b	企业家商业社会资本负向影响企业市场不连续创新	
假设 5	企业家技术社会资本正向影响企业不连续创新	
假设 5a	企业家技术社会资本正向影响企业技术不连续创新	通过
假设 5b	企业家技术社会资本正向影响企业市场不连续创新	
假设 6	企业家制度社会资本对高管团队注意力风格倾向与企业不连续创新之间的关系具有正向调节作用	未通过
假设 7	企业家商业社会资本对高管团队注意力风格倾向与企业不连续创新之间的关系具有正向调节作用	通过
假设 8	企业家技术社会资本对高管团队注意力风格倾向与企业不连续创新之间的关系具有正向调节作用	通过

第六章　研究结论、启示及展望

从绪论开始，经过理论基础与文献综述、理论推演与研究假设、研究设计与方法，直到假设检验与研究发现，本书的前五章内容对高管团队注意力风格倾向、企业家社会资本以及企业不连续创新之间的作用关系进行了深入的理论分析与实证检验。本章作为全书的总结，将对前面的章节内容进行概括性总结。主要涉及三方面内容：（1）阐述高管团队注意力风格倾向与企业家社会资本对企业不连续创新行为的影响机制及主要结论；（2）根据全书的研究结论总结研究的理论与实践启示；（3）分析本书研究中存在的局限性以及对未来研究的方向进行展望。

第一节　研究结论

不连续创新对于商界乃至整个社会的影响从未像今天这样巨大，技术追赶与超越成为很多技术密集型企业的标配，而新时代新一轮不连续创新将成为中国企业实现技术领先及弯道超车的重要路径（潘秋玥，2016）。不连续创新理论的提出、发展以及渐进性成熟为处于创新发展困境中的中国企业带来希望。越来越多的学者、企业家开始关注不连续创新，由此引发的研究热潮取得了重大理论和实践成果。但是，当前关于不连续创新理论与实践的研究更多地聚焦于不连续创新环境下企业的应对决策和战略选择，同时对提升企业不连续创新能力在外部环境层面、企业网络层面以及企业内部层面进行的研究，而对于企业高管层面及企业家个人层面如何影响企业不连续行为缺乏深入的研究和探索。

本书的主要目的是为了研究企业不连续创新行为在高管团队及企业家层面的影响因素。前面的实证结果基本上与理论假设的预期相一致，即企业家高管团队的注意力风格倾向暗含了高管团队在思维方式上对企业未来环境的认知、识别与解释，可能是理解企业行为的一个重要的解释因素（Kaplan et al.，2003），或者可以认为，差异化的高管团队注意力风格倾向与企业家社会资本在影响企业不连续创新的过程中表现出不同的作用。所以，为了回答最初提出的基本问题及两个子问题，我们将研究的中心聚焦于不同的高管团队注意力风格如何影响企业不连续创新（主效应），在此基础上进一步探讨企业家社会资本对不连续创新的影响及调节效应，具体包括以下四个方面：

第一，高管团队注意力风格的倾向性与企业进行不连续创新的倾向性密切相关。具体而言，高管团队越倾向于整体性注意力风格，企业进行不连续创新的倾向性越弱；高管团队越倾向于分析性注意力风格，企业进行不连续创新的倾向性越强。进一步讲，高管团队倾向于分析性注意力的企业比那些倾向于整体性注意力的企业，在促进企业技术不连续创新与市场不连续创新方面同时起到积极的作用。

第二，高管团队在性别与职能背景构成上的异质性有利于促进其形成分析性注意力风格，进而推动企业进行不连续创新。高管团队在性别与成员职能背景上的多样性不仅为高层管理团队带来了信息和社会多样性优势，而且有利于企业创建吸收差异文化、识别新的商业机会以及构建不连续创新战略实施的顶层设计。

第三，企业家社会资本的三个维度（企业家制度社会资本、商业社会资本与技术社会资本）对企业不连续创新行为的影响各不相同。首先，企业家制度社会资本对企业技术不连续创新表现出显著的正向影响，而对市场不连续创新影响的正向效应可能受到企业家政治关联中效率减损效应、时间迟滞效应以及认知惰性效应的影响而有所减弱，从而导致对市场不连续创新的影响不显著。其次，企业家商业社会资本在对技术不连续创新与市场不连续创新影响的过程中扮演了完全相反的角色。具体而言，企业家商业社会资本促进了企业技术不连续创新而抑制了市场不连续创新。最后，企业家技术社会资本对于企业进行技术不连续创新与市场不连续创新都表现出积极的促进作用。

第四，企业家社会资本影响企业不连续创新的同时调节了高管团队注意力风格倾向与企业不连续创新的关系，但其三个维度的调节效应同样表现出较大的差异性。具体表现为，首先，企业家制度社会资本虽然正向调节了高管团队注意力风格倾向对企业不连续创新的影响，但这种调节效应在统计上并不显著。其次，企业家商业社会资本和技术社会资本对高管团队注意力风格倾向对企业不连续创新的影响均表现了显著的正向调节作用。

以上四个结论系统地回答了本书在绪论中提出的两个子问题，即（1）企业高管团队注意力风格如何影响企业不连续创新；（2）企业家社会资本在企业不连续创新中扮演了什么样的角色。而且，这四个结论丰富了不连续创新理论中关于企业高管与企业家层面的因素对企业不连续创新影响机理的内容，同时也扩展了注意力基础观与高阶理论在企业不连续创新行为中的应用。

第二节 研究启示

一、理论启示

在现有研究的基础上，结合本书前期的理论分析及实证研究，本书的理论启示主要体现在以下两个方面：

第一，以企业高管团队注意力风格倾向以及企业家社会资本为预测因子构建企业不连续创新的影响机制分析框架，包括三个方面的理论启示。首先，就当前对于企业不连续创新的前因影响因素而言，组织与战略管理理论在解释高管或企业家层面的异质性对企业不连续创新行为影响的研究并不充分（Eggers & Kaplan，2013），因此，对企业高管注意力风格及企业家社会资本如何影响企业不连续创新行为的系统研究有重要的理论意义。其次，就企业不连续创新自身的内在含义而言，以不连续创新发生在当前技术领域还是新技术领域来判断不同类型的不连续创新丰富了企业不连续创新的理论内涵和意义构建。

第二，丰富和完善了企业不连续创新行为的形成机制。先前的研究在关注不连续创新环境中企业应对技术（市场）不连续的同时主要关注企业不连续创新在企业外部环境层面（Zhou et al.，2005）、企业间竞争与合作网络层面（Rothaermel，2000，2002）、企业自身层面（Jiang et al.，2015）的影响因素识别。个别学者虽然探讨了高管层管理者认知因素对企业不连续创新的影响（Eggers & Kaplan, 2009；Kaplan et al., 2003），但是，对影响企业不连续创新能动因素的高管团队和企业家社会资本的挖掘并不充分，本书的研究在此层面上进行了补充。

二、实践启示

本书的主要目的是研究影响企业不连续创新在高管团队注意力及企业家社会资本层面的因素。研究表明，高管团队越倾向于整体性注意力风格，企业进行不连续创新的倾向性越弱；高管团队越倾向于分析性注意力风格，企业进行不连续创新的倾向性越强。同时，分析性注意力高管团队在影响企业在现有领域进行的技术不连续创新与在新的领域进行的市场不连续创新均有明显的促进作用。通过分析企业高管团队注意力风格差异对不连续创新的影响，我们认为，一些具有分析性注意力高管团队的企业无论是在技术不连续创新还是在市场不连续创新方面都具有认知优势。以下从四个方面阐述本书的实践启示：

第一，对那些处于快速变革中的技术密集型企业而言，创新（特别是不连续创新，包括技术不连续创新和市场不连续创新）是企业适应环境要求获取可持续竞争优势的重要手段。如果中国的企业能够在现有产品领域或者新兴市场进行以技术基础及市场基础发生变革的不连续创新，那么，它们很有可能实现技术赶超或弯道超车。当高管团队注意力与企业家社会资本被纳入企业创新战略选择、创新决策制定以及创新行为实施等关键环节时，企业不仅在现有领域进行技术不连续创新的可能性会增加，在新的市场领域进行市场不连续创新的可能性也会增加。此外，我们的研究结论对那些希望在过度拥挤、需求匮乏的市场上避免直接与竞争对手竞争的企业具有启示作用，通过构建高管层面的优势注意力风格，帮助企业开创新的市场。

第二，高管团队注意力及企业家社会资本直接与企业不连续创新行为相关。对于企业管理实践而言，即使不改变当前正式（非正式）的组织结构、不需要获得新的资源，只要在高管团队的认知模式上具有优势，也可以有效促进不连续创新活动。虽然之前的研究试图揭开影响企业创新结果的企业层面异质性的面纱，但他们多数将研究的重点放在了基于组织结构变革或者组织资源的重构上。这在一定程度上忽视了企业高管团队以及企业家个人的能动作用。因为企业不连续创新从创新决策制定、创新战略选择到创新行为实施多个环节均要通过企业高层领导者来运作，他们对信息的关注、对机会的识别以及对未来的感知都将成为企业战略价值构成中重要的影响因素。

第三，企业高管团队在性别与职能背景方面的异质性有利于促进其形成分析性注意力风格进而推动企业进行不连续创新。高管团队的多样性有利于促进团队成员关注新的商业机会，或者以新的方式对当前的创新机会予以阐释。从性别多样性的视角来看，女性高管比例的增加丰富了高管团队的内容构成，因为显著异于男性的管理风格、沟通方式以及思维模式增强了整个高管团队的内部丰富性。同时，女性在高层管理中的代表性不仅为高层管理团队带来了信息和社会多样性等优势，而且有利于激励女性进入中层管理层，进而为女性的职业发展和职位晋升提供支持。从高管团队成员职能背景异质性的视角来看，在推进不连续创新战略中，企业需要创建一种更有可能吸收文化差异的气氛，以发现当前战略布局中潜在的机遇，同时也有利于高管团队与信息时代的网络型和知识型组织架构匹配。事实上，高管团队成员职能背景多样性已经在公司治理与战略管理研究中引起很多学者的关注，然而，尽管学者们基于高阶理论验证了职能背景多元化对组织后果的积极影响，但仍然缺乏关于高层管理人员职能背景异质性如何影响高管团队注意力风格倾向从而促进企业进行不连续创新的系统证据。

第四，对高管团队及企业家个人的关注将有利于企业防止管理者认知的僵化与近视性倾向。一旦企业的高管意识到认知方式对不连续创新的影响，他们可能会有意识地改变其认知模式及注意力模式，从而辨识在进行不连续创新方面的任何商业机会。这种认知模式的改变相比那些通过调整组织设计、资源获取和重组以及与其他企业联盟的形成来促进不连续创新的创新战略存在固有的优势，且实施起来代价也更低。

第三节　研究局限与展望

一、研究局限

本书首先在基本研究问题的基础上对相关研究领域的重要文献进行回

参 考 文 献

［1］宝贡敏，刘枭．关系理论研究述评［J］．技术经济，2008（4）．

［2］白璇，李永强，赵冬阳．企业家社会资本的两面性：一项整合研究［J］．科研管理，2012（3）．

［3］边燕杰，丘海雄．企业的社会资本及其功效［J］．中国社会科学，2000（2）．

［4］曾宪聚，吴建祖，王欣然．国外注意力基础观研究现状探析与未来展望［J］．外国经济与管理，2009（6）．

［5］曾宪聚，吴建祖．关注注意力：定义、元理论和经验证据［J］．管理学家（学术版），2011（11）．

［6］陈德球，金雅玲，董志勇．政策不确定性、政治关联与企业创新效率［J］．南开管理评论，2016（4）．

［7］陈海燕．面板数据模型的检验方法研究［D］．天津大学，2010．

［8］陈爽英，井润田，龙小宁，邵云飞．民营企业家社会关系资本对研发投资决策影响的实证研究［J］．管理世界，2010（1）．

［9］陈晓萍，徐淑英，樊景立．组织与管理研究的实证方法［M］．北京：北京大学出版社，2012．

［10］成瑾，白海青，刘丹．CEO如何促进高管团队的行为整合——基于结构化理论的解释［J］．管理世界，2017（2）．

［11］慈玉鹏．作为摩门教徒的创新大师：克里斯滕森［J］．管理学家：实践版，2010（10）．

［12］冯军政．环境动荡性、动态能力对企业不连续创新的影响作用研究［D］．浙江大学，2012．

［13］耿新，张体勤．企业家社会资本对组织动态能力的影响——以组织宽裕为调节变量［J］．管理世界，2010（6）．

［14］关斌，吴建祖．高管团队特征对企业国际市场进入模式的影响

研究——注意力的中介作用 [J]. 管理评论, 2015 (11).

[15] 郭建永, 蔡勇, 甄艳霞. 基于文本聚类技术的主题发现 [J]. 计算机工程与设计, 2008 (6).

[16] 韩本三, 徐凤, 黎实. 面板数据模型的截面相关检验研究 [J]. 统计研究, 2011 (12).

[17] 姜晨, 谢富纪, 赵良杰. 不连续创新中技术组织结构与绩效研究 [J]. 科学学研究, 2011 (3).

[18] 姜黎辉, 张朋柱, 龚毅. 不连续技术创新研究回顾与展望 [J]. 研究与发展管理, 2009 (3).

[19] 姜卫韬. 中小企业自主创新能力提升策略研究——基于企业家社会资本的视角 [J]. 中国工业经济, 2012 (6).

[20] 克雷纳·斯图尔特, 吕佳译. 管理百年 [M]. 北京: 中国人民大学出版社, 2013.

[21] 黎楠, 杜永萍, 何明. 基于主题发现的专利发明人推荐方法 [J]. 情报工程, 2015 (3).

[22] 李扬, 张晓晶. "新常态": 经济发展的逻辑与前景 [J]. 经济研究, 2015 (5).

[23] 连玉君, 王闻达, 叶汝财. Hausman 检验统计量有效性的 Monte Carlo 模拟分析 [J]. 数理统计与管理, 2014 (5).

[24] 廖中举. 企业认知地图研究: 内涵、形成与效应 [J]. 外国经济与管理, 2014 (10).

[25] 刘景江, 王文星. 管理者注意力研究: 一个最新综述 [J]. 浙江大学学报: 人文社会科学版, 2014 (2).

[26] 刘小元, 林嵩. 地方政府行为对创业企业技术创新的影响——基于技术创新资源配置与创新产出的双重视角 [J]. 研究与发展管理, 2013 (5).

[27] 马奇, 王元歌, 章爱民. 决策是如何产生的 [M]. 北京: 机械工业出版社, 2013.

[28] 买忆媛, 叶竹馨. 创业团队的认知结构与创新注意力: 基于 TMS 视角的多案例研究 [J]. 管理评论, 2016 (4).

[29] 潘秋玥. 后发企业如何实现技术追赶: 技术不连续性和制度型市场交互驱动作用 [D]. 浙江大学, 2016.

［30］潘省初. 计量经济学中级教程 ［M］. 北京：清华大学出版社，2013.

［31］彭长桂，吕源. 制度如何选择：谷歌与苹果案例的话语分析 ［J］. 管理世界，2016 (2).

［32］仇中宁，陈传明. 企业家社会资本、决策冲突与决策质量的实证研究——战略决策视角 ［J］. 科学学与科学技术管理，2015 (12).

［33］任颋，茹璟，尹潇霖. 所有制性质、制度环境与企业跨区域市场进入战略选择 ［J］. 南开管理评论，2015 (2)

［34］任燕燕，朱孔来. 平行数据模型中的异方差问题的处理 ［J］. 统计研究，2005 (2).

［35］尚航标，黄培伦. 管理认知与动态环境下企业竞争优势：万和集团案例研究 ［J］. 南开管理评论，2010 (3).

［36］史密斯，徐飞，路琳译. 管理学中的伟大思想 ［M］. 北京：北京大学出版社，2010.

［37］孙俊华，陈传明. 企业家社会资本与公司绩效关系研究——基于中国制造业上市公司的实证研究 ［J］. 南开管理评论，2009 (2).

［38］汪丁丁. "注意力"的经济学描述 ［J］. 经济研究，2000 (10).

［39］王海龙，王国红，武春友. 面向不连续创新的科技创业企业绩效实证研究 ［J］. 科研管理，2008 (6).

［40］王海龙，武春友. 不连续创新与创业绩效实证文献的元研究 ［J］. 科学学研究，2008 (2).

［41］王庆福，王兴国. 基于 LDA 的网络评论主题发现研究 ［J］. 无线互联科技，2016 (11).

［42］王涛. 企业家社会资本对中小企业技术创新能力的影响研究 ［D］. 山东大学，2016.

［43］王小华，徐宁，谌志群. 基于共词分析的文本主题词聚类与主题发现 ［J］. 情报科学，2011 (11).

［44］王勇，刘志远，郑海东. 政府干预与地方国有企业市场竞争力——基于现金持有竞争效应视角 ［J］. 经济与管理研究，2013 (8).

［45］隗玲，许海云，刘春江，李婧，方曙. 技术领域主题发现研究——以基因工程疫苗领域为例 ［J］. 数字图书馆论坛，2017 (1).

［46］魏江，冯军政，王海军. 制度转型期中国本土企业适应性成长

路径——基于海尔不连续创新的经验研究 [J]. 管理学报, 2011 (4).

[47] 魏江, 应瑛, 刘洋. 研发网络分散化, 组织学习顺序与创新绩效: 比较案例研究 [J]. 管理世界, 2014 (2).

[48] 魏江, 冯军政. 国外不连续创新研究现状评介与研究框架构建 [J]. 外国经济与管理, 2010 (6).

[49] 吴建祖, 曾宪聚. 管理决策的注意力基础观 [J]. 管理学家: 学术版, 2010 (12).

[50] 吴建祖, 曾宪聚, 赵迎. 2016. 高层管理团队注意力与企业创新战略——两职合一和组织冗余的调节作用 [J]. 科学学与科学技术管理, 2016 (5).

[51] 吴利学, 叶素云, 傅晓霞. 中国制造业生产率提升的来源: 企业成长还是市场更替 [J]. 管理世界, 2016 (6).

[52] 迈克尔·希特, 闫明等译. 布莱克威尔战略管理手册 [M]. 上海: 东方出版社, 2008.

[53] 肖海林. 不连续技术创新的风险探究——基于与连续创新的比较 [J]. 经济管理, 2011 (9).

[54] 肖书锋, 吴建祖. 创新注意力转移、研发投入跳跃与企业绩效——来自中国 A 股上市公司的经验证据 [J]. 南开管理评论, 2016 (2).

[55] 萧延高, 翁治林. 企业竞争优势理论发展的源与流 [J]. 电子科技大学学报: 社会科学版, 2010 (6).

[56] 谢德仁, 林乐. 管理层语调能预示公司未来业绩吗——基于我国上市公司年度业绩说明会的文本分析 [J]. 会计研究, 2015 (2).

[57] 谢青, 田志龙. 创新政策如何推动我国新能源汽车产业的发展——基于政策工具与创新价值链的政策文本分析 [J]. 科学学与科学技术管理, 2015 (6).

[58] 徐业坤, 钱先航, 李维安. 政治不确定性、政治关联与民营企业投资——来自市委书记更替的证据 [J]. 管理世界, 2013 (5).

[59] 杨大鹏. 组织二元性的认知前因和绩效影响研究 [D]. 浙江大学, 2017.

[60] 杨鹏鹏, 万迪昉, 王廷丽. 企业家社会资本及其与企业绩效的关系——研究综述与理论分析框架 [J]. 当代经济科学, 2005 (4).

[61] 叶德珠, 连玉君, 黄有光. 消费文化、认知偏差与消费行为偏

差 [J]. 经济研究, 2012 (2).

[62] 叶静怡, 李晨乐, 雷震, 曹和平. 专利申请提前公开制度、专利质量与技术知识传播 [J]. 世界经济, 2012 (8).

[63] 于蔚. 规模扩张和效率损失: 政治关联对中国民营企业发展的影响研究 [D]. 浙江大学, 2013.

[64] 于蔚, 汪淼军, 金祥荣. 政治关联和融资约束: 信息效应与资源效应 [J]. 经济研究, 2012 (9).

[65] 张必武, 石金涛. 国外高管团队人口特征与企业绩效关系研究新进展 [J]. 外国经济与管理, 2005 (6).

[66] 张敏, 张胜, 申慧慧, 王成方. 政治关联与信贷资源配置效率——来自我国民营上市公司的经验证据 [J]. 管理世界, 2010 (11).

[67] 张振刚, 李云健, 袁斯帆, 高晓波. 企业家社会资本、产学研合作与专利产出——合作创新意愿的调节作用 [J]. 科学学与科学技术管理, 2016 (7).

[68] 张志学, 鞠冬, 马力. 组织行为学研究的现状: 意义与建议 [J]. 心理学报, 2014 (2).

[69] 中国企业家调查系统. 企业家对宏观形势及企业经营状况的判断、问题和建议——2016·中国企业经营者问卷跟踪调查报告 [J]. 管理世界, 2016 (12).

[70] 周浩, 龙立荣. 共同方法偏差的统计检验与控制方法 [J]. 心理科学进展, 2004 (6).

[71] 周小虎. 企业家社会资本及其对企业绩效的作用 [J]. 安徽师范大学学报: 人文社科版, 2002 (1).

[72] 朱建安, 陈凌. 管理理论、中国情境与家族企业研究——第九届创业与家族企业国际研讨会侧记 [J]. 管理世界, 2014 (7).

[73] 庄涛, 吴洪. 基于专利数据的我国官产学研三螺旋测度研究——兼论政府在产学研合作中的作用 [J]. 管理世界, 2013 (8).

[74] Abatecola, G. , Cristofaro, M. . How Do Organizations Adapt: Reviewing the Evolving Contribution of Upper Echelons Theory [C]. Paper presented at the Conference of the European Academy of Management, 2016.

[75] Abernathy, W. J. , Clark, K. B. Innovation: Mapping the winds of creative destruction [J]. Research Policy, 1985, 14 (1): 3-22.

[76] Abrahamson E, Hambrick D C. Attentional homogeneity in indus-tries: the effect of discretion [J]. Journal of Organizational Behavior, 1997, 18 (S1): 513 –532.

[77] Acquaah, M. Managerial social capital, strategic orientation, and organizational performance in an emerging economy [J]. Strategic Management Journal, 2007, 28 (12): 1235 –1255.

[78] Adler P S. Social Capital: Prospects for a New Concept [J]. Academy of Management Review, 2002, 27 (1): 17 –40.

[79] Agrawal, A., Knoeber, C. R. Do Some Outside Directors Play a Political Role [J]. Journal of Law & Economics, 2001, 44 (1): 179 –198.

[80] Ahi, P., Searcy, C. Measuring social issues in sustainable supply chains [J]. Measuring Business Excellence, 2015, 19 (1): 33.

[81] Anderson, P., Tushman, M. L. Technological Discontinuities and Dominant Designs: A Cyclical Model of Technological Change [J]. Administrative Science Quarterly, 1990, 35 (4): 604 –633.

[82] Anderson, P., Tushman, M. L. Managing Through Cycles of Technological Change [J]. Research – Technology Management, 1991, 34 (3): 26 –31.

[83] Ashby, N. J. S., Rakow, T. Eyes on the Prize? Evidence of Diminishing Attention to Experienced and Foregone Outcomes in Repeated Experiential Choice [J]. Journal of Behavioral Decision Making, 2016, 29 (11): 183 – 193.

[84] Baltagi, B. H. Econometric Analysis of Panel Data [M]. John Wiley, 2001: 17 –25.

[85] Baltagi, B. H., Feng, Q., Kao, C. Testing for sphericity in a fixed effects panel data model [J]. Econometrics Journal, 2011, 14 (1): 25 –47.

[86] Baum C F. XTTEST3: Stata module to compute Modified Wald statistic for groupwise heteroskedasticity [J]. Statistical Software Components, 2000 (11): 1 –10.

[87] Barnett, M. L. An Attention – Based View of Real Options Reasoning [J]. Academy of Management Review, 2008, 33 (3): 606 –628.

[88] Barney, J. B. Is the resource-based "view" a useful perspective for

strategic management research? [J]. Academy of Management Review, 2001, 26 (1): 41 – 56.

[89] Barney, J. Firm Resources and Sustained Competitive Advantage [J]. Journal of Management, 1991, 17 (1): 99 – 120.

[90] Barney, J. , Wright, M. , Jr Ketchen, D. J. The resource-based view of the firm: Ten years after 1991 [J]. Journal of Management, 2001, 27 (6): 625 – 641.

[91] Barr, P. S. , Stimpert, J. L. , Huff, A. S. Cognitive change, strategic action, and organizational renewal [J]. Strategic Management Journal, 1992, 13 (1): 15 – 36.

[92] Basen, T. , Rothhaupt, K. O. , Martin – Creuzburg, D. Financial development and international trade: Is there a link? [J]. Journal of International Economics, 2002, 57 (1): 107 – 131.

[93] Batjargal, B. , Liu, M. . Entrepreneurs' Access to Private Equity in China: The Role of Social Capital [J]. Organization Science, 2004, 15 (2): 159 – 172.

[94] Benner, M. J. , Tushman, M. L. Exploitation, Exploration, and Process Management: The Productivity Dilemma Revisited [J]. Academy of Management Review, 2003, 28 (2): 238 – 256.

[95] Bergek, A. , Berggren, C. , Magnusson, T. , Hobday, M. Technological discontinuities and the challenge for incumbent firms: Destruction, disruption or creative accumulation? [J]. IEEE Engineering Management Review, 2013, 42 (7): 1210 – 1224.

[96] Bergman J P, Jantunen A, Tarkiainen A. Managerial cognition and dominant logic in innovation management: empirical study in media industry [J]. International Journal of Business Innovation & Research, 2015, 9 (3): 253 – 272.

[97] Bessant, J. Enabling Continuous and Discontinuous Innovation: Learning From the Private Sector [J]. Public Money & Management, 2005, 25 (1): 35 – 42.

[98] Bettman, J. R. , Weitz, B. A. Attributions in the Board Room: Causal Reasoning in Corporate Annual Reports [J] . Administrative Science

Quarterly, 1983, 28 (2): 165 - 183.

[99] Bhaskaran, S. Incremental Innovation and Business Performance: Small and Medium – Size Food Enterprises in a Concentrated Industry Environment [J]. Journal of Small Business Management, 2006, 44 (1): 64 - 80.

[100] Blei, D. M. , Ng, A. Y. , Jordan, M. I. Latent dirichlet allocation [J]. Journal of Machine Learning Research, 2003, (3): 993 - 1022.

[101] Bouquet, C. , Morrison, A. , Birkinshaw, J. International Attention and Multinational Enterprise Performance [J]. Journal of International Business Studies, 2009, 40 (1): 108 - 131.

[102] Bourgeois, L. J. Strategic Goals, Perceived Uncertainty, and Economic Performance in Volatile Environments [J]. Academy of Management Journal, 1985, 28 (3): 548 - 573.

[103] Bourletidis, D. The Strategic Model of Innovation Clusters: Implementation of Blue Ocean Strategy in a Typical Greek Region [J]. Procedia – Social and Behavioral Sciences, 2014, 148 (1 - 2): 645 - 652.

[104] Bowman. Strategy, annual reports, and alchemy [J]. California Management Review, 1978, 20: 64 - 71.

[105] Burgelman, R. A. , Grove, A. S. Let chaos reign, then rein in chaos-repeatedly: managing strategic dynamics for corporate longevity [J]. Strategic Direction, 2008, 28 (2): 965 - 979.

[106] Burt, R. S. Structural holes [M]. Harvard University Press, 1992: 72 - 89.

[107] Burt R S. Structural holes and good ideas [J]. American Journal of Sociology, 2004, 110 (2): 349 - 399.

[108] Burt, R. S. The Network Structure of Social Capital [J]. Research in Organizational Behavior, 2000, 22 (00): 345 - 423.

[109] Buyl, T. , Boone, C. , Matthyssens, P. Upper echelons research and managerial cognition [J]. Strategic Organization, 2011, 9 (3): 240 - 246.

[110] Cao, Q. , Simsek, Z. , Jansen, J. J. P. CEO social capital and entrepreneurial orientation of the firm: Bonding and bridging effects [J]. Journal of Management, 2015, 41 (7): 1957 - 1981.

[111] Carpenter M A. The implications of strategy and social context for

the relationship between top management team heterogeneity and firm perform-
ance [J]. Strategic Management Journal, 2002, 23 (3): 275 – 284.

[112] Carnabuci, G. , Diószegi, B. Social networks, cognitive style,
and innovative performance: A contingency perspective [J]. Academy of Man-
agement Journal, 2015, 58 (3): 881 – 905.

[113] Certo, S. T. , Busenbark, J. R. , Woo, H. S. , Semadeni, M.
Sample selection bias and Heckman models in strategic management research
[J]. Strategic Management Journal, 2016, 37 (13): 2639 – 2657.

[114] Chandy, R. K. , Tellis, G. J. Organizing for Radical Product In-
novation: The Overlooked Role of Willingness to Cannibalize [J]. Journal of
Marketing Research, 1998, 35 (4): 474 – 487.

[115] Chandy, R. K. , Tellis, G. The Incumbent's Curse? Incumbency,
Size, and Radical Product Innovation [J]. Journal of Marketing, 2000, 64
(6): 1 – 17.

[116] Chang, T. Y. , Little, D. R. , Yang, C. T. Selective attention
modulates the effect of target location probability on redundant signal processing
[J]. Attention, Perception, Psychophysics, 2016, 78 (6): 1 – 22.

[117] Cheng, C. S. A. , Chen, C. J. P. Firm Valuation of Advertising
Expense: An Investigation of Scaler Effects [J]. Managerial Finance, 1997,
23 (10): 41 – 62.

[118] Child, J. Organization Structure, Environment, and Performance:
The Role of Strategic Choice [J]. Sociology, 1972, 6 (1): 1 – 22.

[119] Cho, T. S. , Hambrick, D. C. Attention as the Mediator between
Top Management Team Characteristics and Strategic Change: The Case of Air-
line Deregulation [J]. Organization Science, 2006, 17 (4): 453 – 469.

[120] Christensen, C. M. The Rigid Disk Drive Industry: A History of
Commercial and Technological Turbulence [J]. Business History Review,
1993, 67 (4): 531 – 588.

[121] Christensen, C. M. The Innovator's Dilemma: When New Technol-
ogies Cause Great Firms to Fail [M]. Harvard Business Review Press, 1997:
58 – 79.

[122] Christensen, C. M. The Ongoing Process of Building a Theory of

Disruption [J]. Journal of Product Innovation Management, 2006, 23 (1): 39 – 55.

[123] Christensen, C. M., Raynor, M., Mcdonald, R. What is disruptive innovation? [J]. Harvard Business Review, 2015, 93 (12): 44 – 53.

[124] Christensen, C. M., Suárez, F. F., Utterback, J. M. Strategies for survival in fast-changing industries [J]. Management Science, 1996, 44 (12): 1057 – 1059.

[125] Christensen, C. M., Bower, J. L. Customer power, strategic investment, and the failure of leading firms [J]. Strategic Management Journal, 1996, 17 (3): 197 – 218.

[126] Claessens, Erik Feijen, Luc Laeven. Political connections and preferential access to finance: The role of campaign contributions [J]. Journal of Financial Economics, 2008, 88 (3): 554 – 580.

[127] Clayton M C, Raynor M E. The Innovator's Solution [J]. Journal of the American College of Radiology Jacr, 2003, 8 (6): 1 – 15.

[128] Cohen, W. M., Levinthal, D. A. Absorptive Capacity: A New Perspective on Learning and Innovation [J]. Strategic Learning in A Knowledge Economy, 2000, 35 (1): 39 – 67.

[129] Coleman, James. Foundations of social theory [M]. Harvard University Press, 1990: 199 – 210.

[130] Collins, C. J., Clark, K. D. Strategic Human Resource Practices, Top Management Team Social Networks, and Firm Performance: The Role of Human Resource Practices in Creating Organizational Competitive Advantage [J]. Academy of Management Journal, 2003, 46 (6): 740 – 751.

[131] Colombo, M. G., Franzoni, C., Veugelers, R. Going radical: producing and transferring disruptive innovation [J]. The Journal of Technology Transfer, 2015, 40 (4): 1 – 7.

[132] Cooper, R. G., Edgett, S. J. Best Practices in the Idea-to – Launch Process and Its Governance [J]. Research – Technology Management, 2012, 55 (2): 43 – 54.

[133] Corner, P. D., Kinicki, A. J., Keats, B. W. Integrating Organizational and Individual Information Processing Perspectives on Choice [J]. Or-

ganization Science, 1994, 5 (3): 294 – 308.

[134] Corso, M. , Pellegrini, L. Continuous and Discontinuous Innovation: Overcoming the Innovator Dilemma [J]. Creativity & Innovation Management, 2007, 16 (4): 333 – 347.

[135] Cowden, B. J. , Alhorr, H. S. Disruptive innovation in multinational enterprises [J]. Multinational Business Review, 2013, 21 (4): 358 – 371.

[136] Csaszar F A, Levinthal D A. Mental representation and the discovery of new strategies [J]. Strategic Management Journal, 2016, 37 (10): 2031 – 2049.

[137] Cyert, R. M. , March, J. G. A Behavioral Theory of the Firm [M]. Prentice – Hall Press, 1963: 93 – 107.

[138] Damanpour, Gopalakrishnan, F. Theories of organizational structure and innovation adoption: the role of environmental change [J]. Journal of Engineering and Technology Management, 1998, 15 (1): 1 – 24.

[139] Danneels, E. Trying to become a different type of company: dynamic capability at Smith Corona [J]. Strategic Management Journal, 2015, 32 (1): 1 – 31.

[140] Dearborn D C, Simon H A. Selective perception: A note on the departmental identifications of executives. [J]. Sociometry, 1958, 21 (2): 140 – 144.

[141] De Brentani, U. , Reid, S. E. The Fuzzy Front—End of Discontinuous Innovation: Insights for Research and Management [J]. Journal of Product Innovation Management, 2012, 29 (1): 70 – 87.

[142] Ding, H. B. , Peters, L. S. Inter-firm knowledge management practices for technology and new product development in discontinuous innovation [J]. International Journal of Technology Management, 2000, 20 (5): 588 – 600.

[143] Dr. Mann, S. Research Methods for Business: A Skill-Building Approach [J]. Leadership & Organization Development Journal, 2013, 34 (7): 700 – 703.

[144] Driscoll, J. C. , Kraay, A. C. Consistent Covariance Matrix Estimation with Spatially Dependent Panel Data [J]. Review of Economics & Statis-

tics, 1998, 80 (4): 549 – 560.

[145] Drucker, P. F. , Wells, M. Innovation and Entrepreneurship [J]. Compendium of Continuing Education in Dentistry, 2015, 26 (6): 416 – 420.

[146] Duysters, G. Collaboration and innovation: a review of the effects of mergers, acquisitions and alliances on innovation [J]. Strategic Direction, 2006, 25 (5): 1377 – 1387.

[147] Dyer, J. H. , Gregersen, H. B. , Christensen, C. M. The innovator's DNA [J]. Harvard Business Review, 2009, 87 (12): 60 – 67, 128 – 140.

[148] Eggers, J. P. Competing technologies and industry evolution: The benefits of making mistakes in the flat panel display industry [J]. Strategic Management Journal, 2014, 35 (10 – 10): 159, 178.

[149] Eggers, J. P. , Kaplan, S. Cognition and Renewal: Comparing CEO and Organizational Effects on Incumbent Adaptation to Technical Change [J]. Organization Science, 2009, 20 (2): 461 – 477.

[150] Eggers, J. P. , Kaplan, S. Cognition and Capabilities [J]. The Academy of Management Annals, 2013, 7 (1): 293 – 338.

[151] Ehrnberg, E. On the definition and measurement of technological discontinuities [J]. Technovation, 1995, 15 (7): 437 – 452.

[152] Ethiraj, S. K. , Gambardella, A. , Helfat, C. E. Reviews of strategic management research [J] . Strategic Management Journal, 2016, 38 (1): 1 – 10.

[153] Evans, D. S. , Leighton, L. S. Retrospective Bias in the Displaced Worker Surveys [J]. Journal of Human Resources, 1995, 30 (2): 386 – 396.

[154] Faccio, M. Politically Connected Firms [J]. The American Economic Review, 2006, 96 (1): 369 – 386.

[155] Faccio, M. Differences between Politically Connected and Nonconnected Firms: A Cross-Country Analysis [J]. Financial Management, 2010, 39 (3): 905 – 928.

[156] Faccio, M. , Masulis, R. W. , Mcconnell, J. J. Political Connections and Corporate Bailouts [J] . The Journal of Finance, 2006, 61 (6): 2597 – 2635.

[157] Fama E F, Macbeth J D. Risk, Return, and Equilibrium: Empir-

ical Tests [J]. Journal of Political Economy, 1973, 81 (3): 607 –636.

[158] Fan, J. , Mccandliss, B. D. , Fossella, J. , Flombaum, J. I. , Posner, M. I. The activation of attentional networks [J]. Neuroimage, 2005, 26 (2): 471 –482.

[159] Fiol, C. M. A Semiotic Analysis of Corporate Language: Organizational Boundaries and Joint Venturing [J]. Administrative Science Quarterly, 1989, 34 (2): 277 –303.

[160] Fiol, C. M. Corporate Communications: Comparing Executives' Private and Public Statements [J]. Academy of Management Journal, 1995, 38 (2): 522 –536.

[161] Fornoni, M. , Arribas, I. , Vila, J. E. An entrepreneur's social capital and performance [J]. Journal of Organizational Change Management, 2013, 25 (5): 682 –698.

[162] Freeman, C. The Economics of Industrial Innovation [J]. General, 1982, 7 (2): 215 –219.

[163] Galunic, D. C. , Eisenhardt, K. M. Architectural Innovation and Modular Corporate Forms [J]. Academy of Management Journal, 2001, 44 (44): 1229 –1249.

[164] Garcia, R. , Calantone, R. A critical look at technological innovation typology and innovativeness terminology: a literature review [J]. Journal of Product Innovation Management, 2002, 19 (2): 110 –132.

[165] Gavetti, G. , Levinthal, D. A. The Strategy Field from the Perspective of Management Science: Divergent Strands and Possible Integration [J]. Management Science, 2004, 50 (10): 1309 –1318.

[166] Gavetti, G. , Levinthal, D. Looking Forward and Looking Backward: Cognitive and Experiential Search [J]. Administrative Science Quarterly, 2000, 45 (1): 113 –137.

[167] Gavetti, G. , Rivkin, J. W. On the Origin of Strategy: Action and Cognition over Time [J]. Organization Science, 2007, 18 (3): 420 –439.

[168] Geletkanycz, M. A. , Hambrick, D. C. The External Ties of Top Executives: Implications for Strategic Choice and Performance [J]. Administrative Science Quarterly, 1997, 42 (4): 654 –681.

［169］Gerken, J. M. , Moehrle, M. G. , Walter, L. One year ahead! Investigating the time lag between patent publication and market launch: insights from a longitudinal study in the automotive industry ［J］. R & D Management, 2015, 45 (3): 287 - 303.

［170］Gilbert, Clark G. Unbundling the Structure of Inertia: Resource versus Routine Rigidity ［J］. Academy of Management Journal, 2005, 48 (5): 741 - 763.

［171］Goire, D. A. , Barr, P. S. , Shepherd, D. A. Cognitive Processes of Opportunity Recognition: The Role of Structural Alignment ［J］. INFORMS, 2009, 21 (2): 413 - 431.

［172］Granovetter, M. S. The Strength of Weak Ties ［J］. American Journal of Sociology, 1973, 78 (6): 347 - 367.

［173］Griffiths, T. L. , Steyvers, M. Finding scientific topics ［J］. Proceedings of the National Academy of Sciences of the United States of America, 2004, 101 (1): 5228 - 5235.

［174］Guermat, C. , Hadri, K. , Whittaker, J. M. Estimating Farm Efficiency in the Presence of Double Heteroscedasticity Using Panel Data ［J］. Journal of Applied Economics, 2003, 6 (1): 255 - 268.

［175］Gupta A K, Govindarajan V. Business Unit Strategy, Managerial Characteristics, and Business Unit Effectiveness at Strategy Implementation ［J］. Academy of Management Journal, 1984, 27 (1): 25 - 41.

［176］Halunga, A. , Orme, C. D. , Yamagata, T. A Heteroskedasticity robust Breusch - Pagan test for Contemporaneous correlation in dynamic panel data models ［J］. Journal of Econometrics, 2017, 26 (26): 330 - 335.

［177］Hambrick, D. C. , Cho T S, Chen M J. The Influence of Top Management Team Heterogeneity on Firms' Competitive Moves ［J］. Administrative Science Quarterly, 1996, 41 (4): 659 - 684.

［178］Hambrick, D. C. Environment, strategy, and power within top management teams ［J］. Administrative Science Quarterly, 1981, 26 (2): 253 - 275.

［179］Hambrick, D. C. Upper Echelons Theory: An Update ［J］. Academy of Management Review, 2007 32 (2): 334 - 343.

［180］ Hambrick, D. C. , Mason, P. A. Upper Echelons: The Organization as a Reflection of Its Top Managers ［J］. Academy of Management Review, 1984, 9 (2): 193 –206.

［181］ Hang, C. , Neo, K. , Chai, K. Discontinuous Technological Innovations: A Review of Its Categorization ［C］. Paper presented at the IEEE International Conference on Management of Innovation and Technology, 2006 (1): 253 –257.

［182］ Hannan, M. T. , Freeman, J. Structural Inertia and Organizational Change ［J］. American Sociological Review, 1984, 49 (2): 149 –164.

［183］ Hausman, J. A. A Specification Test in Econometrics ［J］. Econometrica, 1978, 46 (185): 1251 –1271.

［184］ Hedlund, G. A Model of Knowledge Management and the N – Form Corporation ［J］. Strategic Management Journal, 2007, 15 (S2): 73 –90.

［185］ Helfat, C. E. , Peteraf, M. A. Managerial cognitive capabilities and the microfoundations of dynamic capabilities ［J］. Strategic Management Journal, 2015, 36 (6): 831 –850.

［186］ Helfat, C. E. , Quinn, J. B. Open Innovation: The New Imperative for Creating and Profiting from Technology by Henry Chesbrough ［J］. Innovation, 2004, 21 (3): 241 –244.

［187］ Helpman, E. Innovation, Imitation, and Intellectual Property Rights ［J］. Review of Development Economics, 2016, 20 (1): 835 –848.

［188］ Henderson, R. M. , Clark, K. B. Architectural Innovation: The Reconfiguration of Existing Product Technologies and the Failure of Established Firms ［J］. Administrative Science Quarterly, 1990, 35 (1): 9 –30.

［189］ Herrmann, P. , Datta, D. K. Relationships between Top Management Team Characteristics and International Diversification: an Empirical Investigation ［J］. British Journal of Management, 2005, 16 (1): 69 –78.

［190］ Hoffman A J, Ocasio W. Not All Events Are Attended Equally: Toward a Middle – Range Theory of Industry Attention to External Events ［J］. Organization Science, 2001, 12 (4): 414 –434.

［191］ Hoffman J J, Hoelscher M L, Sherif K. Social capital, knowledge management, and sustained superior performance ［J］. Journal of Knowledge

Management, 2005, 9 (3): 93 – 100.

[192] Hoshi T, Kashyap A K, Scharfstein D. Corporate structure, liquidity, and investment: evidence from Japanese panel data [J]. Quarterly Journal of Economics, 1991, 106: 33 – 60.

[193] Hymowitz, C. & Schellhardt, T. D. The glass-ceiling: Why women can't seem to break the invisible barrier that blocks them from top jobs [Z]. The Wall Street Journal, 1986, (3).

[194] Ingram R W, Frazier K B. Narrative disclosures in annual reports [J]. Journal of Business Research, 1983, 11 (1): 49 – 60.

[195] Iyer, G. R. , Laplaca, P. J. , Sharma, A. Innovation and new product introductions in emerging markets: Strategic recommendations for the Indian market [J]. Industrial Marketing Management, 2006, 35 (3): 373 – 382.

[196] Jansen, J. J. P. , den Van, B. F. A. J. , Volberda, H. W. Exploratory Innovation, Exploitative Innovation, and Performance: Effects of Organizational Antecedents and Environmental Moderators [J]. Erim Report, 2006, 52 (11): 1661 – 1674.

[197] Jiang, Lin, Tan, Justin, Thursby, Marie. Incumbent Firm Invention in Emerging Fields: Evidence from the Semiconductor Industry [J]. Strategic Management Journal, 2015, 32 (32): 55 – 75.

[198] Jinyu, H. E. , Huang, Z. Board Informal Hierarchy and Firm Financial Performance: Exploring a Tacit Structure Guiding Boardroom Interactions [J]. Academy of Management Journal, 2015, 54 (6): 1119 – 1139.

[199] Jönsson, K. Cross-sectional Dependency and Size Distortion in a Small-sample Homogeneous Panel Data Unit Root Test [J]. Oxford Bulletin of Economics & Statistics, 2005, 67 (3): 369 – 392.

[200] Jr, R. W. V. Discontinuous innovation and the new product development process [J]. Journal of Product Innovation Management, 2010, 15 (4): 304 – 321.

[201] Junarsin, E. Managing Discontinuous Innovation [J]. International Management Review, 2009, 5 (2): 10 – 18.

[202] Kaber, D. , Hancock, P. , Jagacinski, R. , Parasurman, R. , Wickens, C. , Wilson, G. , Hancock, P. , Kaber, D. , Bass, E. , Feigh,

K. Pioneers in Cognitive Engineering & Decision Making Research – Foundational Contributions to the Science of Human – Automation Interaction [C]. Paper presented at the Human Factors and Ergonomics Society Meeting, 2011.

[203] Kaplan, S. Cognition, capabilities, and incentives: assessing firm response to the fiber – optic revolution [J]. Academy of Management Journal, 2008, 51 (4): 672 –695.

[204] Kaplan, S. , Murray, F. , Henderson, R. Discontinuities and senior management: assessing the role of recognition in pharmaceutical firm response to biotechnology [J]. Industrial & Corporate Change, 2003, 12 (2): 203 – 233.

[205] Kaplan, S. , Tripsas, M. Thinking about technology: Applying a cognitive lens to technical change [J]. Research Policy, 2008, 37 (5): 790 – 805.

[206] Kaplan, S. , Vakili, K. The double-edged sword of recombination in breakthrough innovation [J]. Strategic Management Journal, 2015, 36 (10): 1435 –1457.

[207] Katila, R. , Chen, E. L. Effects of Search Timing on Innovation: The Value of Not Being in Sync with Rivals [J]. Administrative Science Quarterly, 2008, 53 (53): 593 –625.

[208] Kimberly J R, Evanisko M J. Organizational Innovation: The Influence of Individual, Organizational, and Contextual Factors on Hospital Adoption of Technological and Administrative Innovations [J]. Academy of Management Journal Academy of Management, 1981, 24 (4): 689.

[209] Kishna, M. , Negro, S. , Alkemade, F. , Hekkert, M. Innovation at the end of the life cycle: discontinuous innovation strategies by incumbents [J]. Industry & Innovation, 2016, 24 (3): 1 –17.

[210] Koberg, C. S. , Detienne, D. R. , Heppard, K. A. An empirical test of environmental, organizational, and process factors affecting incremental and radical innovation [J]. Journal of High Technology Management Research, 2003, 14 (1): 21 –45.

[211] Koka, B. R. , Prescott, J. E. Strategic alliances as social capital: a multidimensional view [J]. Strategic Management Journal, 2002, 23 (9):

795 – 816.

[212] Krippendorff, K. Validity in Content Analysis [J]. Computer strategien, 1980, 2 (7): 69 – 112.

[213] Krishnan H A, Park D. A few good women – On top management teams. [J]. Journal of Business Research, 2005, 58 (12): 1712 – 1720.

[214] Kristiansen, J. N. , Gertsen, F. Is radical innovation management misunderstood? problematising the radical innovation discipline [J]. International Journal of Innovation Management, 2015, 19 (6): 1.

[215] Kumbhakar, S. C. Efficiency estimation with heteroscedasticity in a panel data model [J]. Applied Economics, 1997, 29 (3): 379 – 386.

[216] Landry, R. , Amara, N. , Lamari, M. Does social capital determine innovation? [J]. Technological Forecasting & Social Change, 2002, 69 (7): 681 – 701.

[217] Lee, M. , Na, D. Determinants of Technical Success in Product Development When Innovative Radicalness Is Considered [J]. Journal of Product Innovation Management, 1994, 11 (1): 62 – 68.

[218] Leifer, R. Implementing Radical Innovation in Mature Firms: The Role of Hubs [J]. The Academy of Management Executive, 2001, 15 (3): 102 – 113.

[219] Lewis, K. , Herndon, B. Transactive Memory Systems: Current Issues and Future Research Directions [J]. Organization Science, 2001, 22 (5): 1254 – 1265.

[220] Liang, H. , Saraf, N. , Hu, Q. , Xue, Y. Assimilation of enterprise systems: the effect of institutional pressures and the mediating role of top management [J]. Mis Quarterly, 2007, 31 (1): 59 – 87.

[221] Liebowitz, S. J. , Margolis, S. E. Winners, Losers & Microsoft: Competition and Antitrust in High Technology [J]. Independent Institute, 1999, 117 (1): 433 – 441.

[222] Lin, B. W. , Lee, Y. , Hung, S. C. R&D intensity and commercialization orientation effects on financial performance [J]. Journal of Business Research, 2006, 59 (6): 679 – 685.

[223] Lin, G. Higher Education Research Methodology-Literature Method

[J]. International Education Studies, 2009, 2 (4): 179 – 181.

[224] Lin, N. , Ensel, W. M. , Vaughn, J. C. Social Resources and Strength of Ties: Structural Factors in Occupational Status Attainment [J]. American Sociological Review, 1981, 46 (4): 393 – 405.

[225] Liu, X. , Buck, T. Innovation performance and channels for international technology spillovers: Evidence from Chinese high-tech industries [J]. Research Policy, 2007, 36 (3): 355 – 366.

[226] Loewenstein, G. , Rick, S. , Cohen, J. D. Emotionalizing Strategy Research with the Repertory Grid Technique: Modifications and Extensions to a Robust Procedure for Mapping Strategic Knowledge [J]. Advances in Strategic Management, 2015, 32 (2): 505 – 547.

[227] March, J. G. , Simon, H. A. Organizations [M]. Wiley – Blackwell Press, 1958: 105 – 132.

[228] Mark J. Flannery, Kasturi P. Rangan. Partial adjustment toward target capital structures ☆ [J]. Journal of Financial Economics, 2006, 79 (3): 469 – 506.

[229] Markides, C. Disruptive Innovation: In Need of Better Theory [J]. Journal of Product Innovation Management, 2006, 23 (1): 19 – 25.

[230] Markus H R, Kitayama S. Culture and the Self: Implications for Cognition, Emotion, and Motivation. [J]. Psychological Review, 1991, 98 (2): 224 – 253.

[231] Maskell P. Social Capital, Innovation, and Competitiveness [C]. International Conference on IEEE, 2000: 1 – 5.

[232] Masuda, T. , Nisbett, R. E. Attending holistically versus analytically: comparing the context sensitivity of Japanese and Americans [J]. Journal of Personality & Social Psychology, 2001, 81 (5): 922 – 934.

[233] Maula, M. V. J. , Keil, T. , Zahra, S. A. Top Management's Attention to Discontinuous Technological Change: Corporate Venture Capital as an Alert Mechanism [J]. Organization Science, 2013, 24 (3): 926 – 947.

[234] Mcgrath, R. G. , Macmillan, I. C. , Tushman, M. L. The role of executive team actions in shaping dominant designs: Towards the strategic shaping of technological progress [J]. Strategic Management Journal, 1992, 13

(2): 137 - 161.

[235] Mcintyre, D. P. , Srinivasan, A. Networks, platforms, and strategy: Emerging views and next steps [J]. Strategic Management Journal, 2016, 38 (11): 141 - 160.

[236] Meyer, D. E. , Kieras, D. E. , Lauber, E. , Schumacher, E. H. , Glass, J. , Zurbriggen, E. , Gmeindl, L. , Apfelblat, D. Adaptive executive control: Flexible multiple-task performance without pervasive immutable response-selection bottlenecks [J]. Acta Psychologic, 1995, 90 (1): 163 - 190.

[237] Meyer D E, Kieras D E. A computational theory of executive cognitive processes and multiple-task performance [J]. Psychological Review, 1997, 104 (1): 3 - 65.

[238] Miller D, Dröge C. Psychological and traditional determinants of structure. [J]. Administrative Science Quarterly, 1986, 31 (4): 539 - 560.

[239] Miller, W. R. , Johnson, W. R. A natural language screening measure for motivation to change [J]. Addictive Behaviors, 2008, 33 (9): 1177 - 1182.

[240] Miyamoto, Y. , Nisbett, R. E. , Masuda, T. Culture and the physical environment. Holistic versus analytic perceptual affordances [J]. Psychological Science, 2006, 17 (2): 113 - 119.

[241] Moran, P. Structural vs. relational embeddedness: social capital and managerial performances [J]. Strategic Management Journal, 2005, 26 (12): 1129 - 1151.

[242] Morris, L. Three Dimensions of Innovations [J]. International Management Review, 2013, 9 (2): 5 - 10.

[243] Morrison A M. Breaking the glass ceiling: can women reach the top of America's largest corporations? [M]. Addison - Wesley Pub. Co. 1988: 12 - 20.

[244] Munir, K. A. Competitive dynamics in face of technological discontinuity: a framework for actions [J]. Journal of High Technology Management Research, 2003, 14 (1): 93 - 109.

[245] Munir, K. A. , Jones, M. Discontinuity and After: the Social Dy-

namics of Technology Evolution and Dominances [J]. Organization Studies, 2004, 25 (4): 561 –581.

[246] Nadkarni, S., Barr, P. S. Environmental Context, Managerial Cognition, and Strategic Action: An Integrated Views [J]. Strategic Management Journal, 2008, 29 (13): 1395 –1427.

[247] Nahapiet, J., Ghoshal, S. Social Capital, Intellectual Capital, and the Organizational Advantages [J]. Academy of Management Review, 1998, 23 (2): 242 –266.

[248] Nasukawa, T., Nagano, T. Text analysis and knowledge mining systems [J]. Ibm Systems Journal, 2009, 40 (4): 967 –984.

[249] Newman, D., Asuncion, A. U., Smyth, P., Welling, M. Distributed Inference for Latent Dirichlet Allocations [C]. Paper presented at the Conference on Neural Information Processing Systems, 2007.

[250] Nielsen, S. Top Management Team Diversity: A Review of Theories and Methodologies [J]. International Journal of Management Reviews, 2010, 12 (3): 301 –316.

[251] Nisbett, R. E., Peng, K., Choi, I., Norenzayan, A. Culture and systems of thought: holistic versus analytic cognitions [J]. Psychological Review, 2001, 108 (2): 291 –310.

[252] Noke, H., Perrons, R. K., Hughes, M. Strategic dalliances as an enabler for discontinuous innovation in slow clockspeed industries: evidence from the oil and gas industrys [J]. R&D Management, 2008, 38 (2): 129 –139.

[253] Norman, P. M. Knowledge acquisition, knowledge loss, and satisfaction in high technology alliancess [J]. Journal of Business Research, 2004, 57 (6): 610 –619.

[254] Ocasio, W. Towards an Attention – Based View of the Firms [J]. Strategic Management Journal, 1997, 18 (18): 187 –206.

[255] Ocasio, W. Attention to Attentions [J]. Organization Science, 2011, 22 (22): 1286 –1296.

[256] Ocasio, W. Holistic and Analytic Attention: A New Cognitive Mechanism on Organization Learning and Strategic Adaptations [J]. Indian Pediatrics, 2012, 49 (6): 494 –495.

［257］ Ocasio W, Joseph J. Rise and Fall-or Transformation ［J］. Long Range Planning, 2008, 41 (3): 248 - 272.

［258］ O'connor, G. C. Market Learning and Radical Innovation: A Cross Case Comparison of Eight Radical Innovation Projects ［J］. Journal of Product Innovation Management, 1998, 15 (2): 151 - 166.

［259］ O'Connor, G. C. Major Innovation as a Dynamic Capability: A Systems Approach ［J］. Journal of Product Innovation Management, 2008, 25 (4): 313 - 330.

［260］ Oh, H. , Labianca, G. , Chung, M. H. A Multilevel Model of Group Social Capital ［J］. Academy of Management Review, 2006, 31 (3): 569 - 582.

［261］ Opper S, Nee V, Holm H J. Risk Aversion and Guanxi Activities: A Behavioral Analysis of CEOs in China ［J］. Academy of Management Journal, 2017, 60 (4): 1504 - 1630.

［262］ Osborne, J. D. , Stubbart, C. I. , Ramaprasad, A. Strategic groups and competitive enactment: a study of dynamic relationships between mental models and performance ［J］. Strategic Management Journal, 2001, 22 (5): 435 - 454.

［263］ Park S H, Luo Y. Guanxi and organizational dynamics: organizational networking in chinese firms ［J］. Strategic Management Journal, 2001, 22 (5): 455 - 477.

［264］ Paswan, A. K. The Innovator's DNA: Mastering the Five Skills of Disruptive Innovators ［J］. Journal of Product & Brand Management, 2014, 87 (3): 681 - 683.

［265］ Pavlou, P. A. Consumer Acceptance of Electronic Commerce: Integrating Trust and Risk with the Technology Acceptance Model ［J］. International Journal of Electronic Commerce, 2002, 7 (3): 101 - 134.

［266］ Peng, K. , Nisbett, R. E. Culture, dialectics, and reasoning about contradiction ［J］. American Psychologist, 1999, 54 (9): 741 - 754.

［267］ Peng, M. W. Perspectives—From China Strategy to Global Strategy ［J］. Asia Pacific Journal of Management, 2005, 22 (2): 123 - 141.

［268］ Peng, M. W. , Luo, Y. Managerial Ties and Firm Performance in a Transition Economy: The Nature of a Micro – Macro Link [J]. Academy of Management Journal, 2000, 43 (3): 486 – 501.

[269] Pérez – Luño, A. , Medina, C. C. , Lavado, A. C. , Rodríguez, G. C. How social capital and knowledge affect innovation [J]. Journal of Business Research, 2011, 64 (12): 1369 – 1376.

[270] Pfeffer J. Organizational demography. [J]. Research in Organizational Behavior, 1983, 5: 299 – 357.

[271] Phillips, R. F. Iterated Feasible Generalized Least – Squares Estimation of Augmented Dynamic Panel Data Models [J]. Journal of Business & Economic Statistics, 2010, 28 (3): 410 – 422.

[272] Podsakoff PM, MacKenzie SB, Lee JY, et al. Common method biases in behavioral research: A critical review of the literature and recommended remedies [J]. Journal of Applied Psychology, 2003, 88 (5): 879 – 903.

[273] Portes, A. Social Capital: Its Origins and Applications in Modern Sociology [J]. Knowledge & Social Capital, 2000, 24 (1): 43 – 67.

[274] Posner, M. I. , Rothbart, M. K. , Voelker, P. Developing brain networks of attention [J]. Current Opinion in Pediatrics, 2016, 28 (6): 1 – 5.

[275] Provost, F. , Fawcett, T. Data science and its relationship to big data and data-driven decision making original article [J]. Big Data, 2013, 1 (1): 1 – 19.

[276] Richter, B. K. , Cohen, K. , Harrington, J. Do business and politics mix? [J]. Harvard Business Review, 2014, 92 (11): 12 – 17.

[277] Ritala, P. , Hurmelinna – Laukkanen, P. Incremental and Radical Innovation in Coopetition—The Role of Absorptive Capacity and Appropriability [J]. Journal of Product Innovation Management, 2013, 30 (1): 154 – 169.

[278] Rosenberg N. Technology and American Economic Growth [M]. Technology and American economic growth. Harper & Row, 1972: 83.

[279] Rothaermel, F. T. Technological Discontinuities and the Nature of Competition [J] . Technology Analysis & Strategic Management, 2000, 12 (2): 149 – 160.

[280] Rothaermel, F. T. Technological discontinuities and interfirm cooperation: What determines a startup's attractiveness as alliance partner [J]. So-

cial Science Electronic Publishing, 2002, 49 (4): 388 – 397.

[281] Rothaermel, F. T. , Hill, C. W. L. Technological Discontinuities and Complementary Assets: A Longitudinal Study of Industry and Firm Performance [J]. Organization Science, 2005, 16 (1): 52 – 70.

[282] Rothwell, R. , Gardiner, P. Re‐innovation and robust designs: Producer and user benefits [J]. Journal of Marketing Management, 1988, 3 (3): 372 – 387.

[283] Sauerwald, S. , Lin, Z. , Peng, M. W. Board social capital and excess CEO returns [J]. Strategic Management Journal, 2016, 37 (3): 498 – 520.

[284] Seibert, S. E. , Kraimer, M. L. , Liden, R. C. A Social Capital Theory of Career Success [J]. Academy of Management Journal, 2001, 44 (2): 219 – 237.

[285] Seidel V P, Langner B, Sims J. Dominant Communities and Dominant Designs: Community – Based Innovation in the Context of the Technology Life Cycle [J]. Strategic Organization, 2016, 14 (2): 220 – 241.

[286] Simon, H. A. The Architecture of Complexity [J]. Proceedings of the American Philosophical Society, 1962, 27 (6): 467 – 482.

[287] Solow, R. M. Technical Change and the Aggregate Production Function [J]. Review of Economics & Statistics, 1957, 39 (3): 554 – 562.

[288] Sood, A. , James, G. M. , Tellis, G. J. , Zhu, J. Predicting the Path of Technological Innovation: SAW vs. Moore, Bass, Gompertz, and Kryder [J]. Marketing Science, 2012, 31 (6): 964 – 979.

[289] Sood, A. , Tellis, G. J. Technological Evolution and Radical Innovation [J]. Journal of Marketing, 2013, 69 (3): 152 – 168.

[290] Stam W, Arzlanian S, Elfring T. Social capital of entrepreneurs and small firm performance: A meta-analysis of contextual and methodological moderators [J]. Journal of Business Venturing, 2014, 29 (1): 152 – 173.

[291] Sullivan B N. Competition and Beyond: Problems and Attention Allocation in the Organizational Rulemaking Process [M]. INFORMS, 2010.

[292] Tasi, W. Knowledge transfer in intraorganizational networks: Effects of network posit [J]. Academy of Management Journal, 2001, 44 (5): 996 –

1004.

[293] Teece D. J. Profiting from technological innovation: Implications for integration, collaboration, licensing and public policy [J]. Research Policy, 1986, 15 (6): 285 – 305.

[294] Teece, D. J., Pisano, G., Shuen, A. Dynamic capabilities and strategic management [J]. Strategic Management Journal, 1997, 18 (7): 509 – 533.

[295] Tellis, G. J. Disruptive Technology or Visionary Leadership? [J]. Journal of Product Innovation Management, 2006, 23 (1): 34 – 38.

[296] Temple J R W. Robustness tests of the augmented Solow model [J]. Journal of Applied Econometrics, 1998, 13 (4): 361 – 375.

[297] Tihanyi L, Ellstrand A E, Daily C M, et al. Composition of the top management team and firm international diversification [J]. Journal of Management, 2000, 26 (6): 1157 – 1177.

[298] Tripsas M. Technology, Identity, and Inertia through the Lens of "The Digital Photography Company" [J]. Organization Science, 2009, 20 (2): 441 – 460.

[299] Tripsas, M., Gavetti, G. Capabilities, cognition, and inertia: evidence from digital imaging [J]. Strategic Management Journal, 2000, 21 (10 – 11): 1147 – 1161.

[300] Tsai, W., Ghoshal, S. Social Capital and Value Creation: The Role of Intrafirm Networks [J]. Academy of Management Journal, 1998, 41 (4): 464 – 476.

[301] Tushman, M. L., Anderson, P. Technological Discontinuities and Organizational Environments [J]. Administrative Science Quarterly, 1986, 31 (3): 439 – 465.

[302] Tyler, B. B., Caner, T. New product introductions below aspirations, slack and R&D alliances: A behavioral perspective [J]. Strategic Management Journal, 2016, 37 (5): 896 – 910.

[303] Utterback, J. M. Mastering the dynamics of innovation [J]. Research – Technology Management, 1994, 37 (1): 1, 16.

[304] Vella, F. Estimating Models with Sample Selection Bias: A Survey

[J]. Journal of Human Resources, 1998, 33 (1): 127 – 169.

[305] Venkatraman, N. V. Advancing Strategic Management Insights: Why Attention to Methods and Measurement Matters [J]. Organizational Research Methods, 2008, 11 (4): 790 – 794.

[306] Veryzer Jr, R. W. Discontinuous Innovation and the New Product Development Process [J]. Journal of Product Innovation Management, 1998, 15 (4): 304 – 321.

[307] Virany, B. , Tushman, M. L. Top management teams and corporate success in an emerging industry [J]. Journal of Business Venturing, 1986, 1 (3): 261 – 274.

[308] Von Hippel, E. The Sources of Innovation [J]. Psychopharmacology Bulletin, 31 (2): 50 – 58.

[309] Walker, G. , Kogut, B. , Shan, W. Social Capital, Structural Holes and the Formation of an Industry Network [J]. Knowledge & Social Capital, 2000, 8 (2): 225 – 254.

[310] Weber, M. Objetivity in Social Science and Social Policy [M]. New York: Free Press, 1904.

[311] Weerawardena, J. , Mavondo, F. T. Capabilities, innovation and competitive advantage [J]. Industrial Marketing Management, 2011, 40 (8): 1220 – 1223.

[312] Wernerfelt, B. A resource-based view of the firm [J]. Strategic Management Journal, 1984, 5 (2): 171 – 180.

[313] Whittington, K. B. , Owen – Smith, J. , Powell, W. W. Networks, Propinquity, and Innovation in Knowledge – Intensive Industries [J]. Administrative Science Quarterly, 2009, 54 (1): 90 – 122.

[314] Winter, S. G. , Nelson, R. R. An evolutionary theory of economic change [M]. Harvard University Press, 1982.

[315] Wintoki, M. B. , Linck, J. S. , Netter, J. M. Endogeneity and the dynamics of internal corporate governance [J]. Journal of Financial Economics, 2012, 105 (3): 581 – 606.

[316] Witkin, H. A. , Goodenough, D. R. Field dependence and interpersonal behavior [J]. Psychological Bulletin, 1977, 84 (4): 661 – 689.

[317] Wooldridge, J. M. Econometric Analysis of Cross – Section and Panel Data [M]. Mit Press Books, 2002: 206 – 209.

[318] Wyer R S. Cognitive organization and change: an information processing approach [M]. Lawrence Erlbaum Associates, 1974: 477 – 493.

[319] Xin, K. R. , Pearce, J. L. Guanxi: Connections as substitutes for formal institutional support [J]. Academy of Management Journal, 1996, 39 (6): 1641 – 1658.

[320] Xu, C. , Yan, M. Radical or Incremental Innovations: R&D Investment around CEO Retirement [J]. Journal of Accounting, Auditing and Finance, 2014, 29 (4): 547 – 576.

[321] Yadav, M. S. , Prabhu, J. C. , Chandy, R. K. Managing the Future: CEO Attention and Innovation Outcomes [J]. Journal of Marketing, 2013, 71 (4): 84 – 101.

[322] Yasuda, T. Firm Growth, Size, Age and Behavior in Japanese Manufacturing [J]. Small Business Economics, 2005, 24 (1): 1 – 15.

[323] Yu, D. , Hang, C. C. A Reflective Review of Disruptive Innovation Theory [C]. Paper presented at the Portland International Conference on Management of Engineering & Technology, 2008.

[324] Zeng, J. , Glaister, K. W. Competitive Dynamics between Multinational Enterprises and Local Internet Platform Companies in the Virtual Market in China [J]. British Journal of Management, 2016, 27 (3): 479 – 496.

[325] Zhang G, Duan H, Zhou J. Small worldliness, Chinese culture, and firm innovation performance: an empirical study based on patent collaboration data of China [J]. Asian Journal of Technology Innovation. 2015, 23 (2): 189 – 204.

[326] Zhou, K. Z. , Chi, K. Y. , Tse, D. K. The Effects of Strategic Orientations on Technology-and Market—Based Breakthrough Innovations [J]. Journal of Marketing, 2005, 69 (4): 42 – 60.

[327] Zhou, K. Z. , Gao, G. Y. , Zhao, H. State Ownership and Firm Innovation in China [J]. Administrative Science Quarterly, 2016, 62 (2): 1 – 30.